포스트차이나시대, 뉴비즈니스파트너

베트남, 인도와 협상하기

안세영 · 김형준

박영사

머리말

인도 베트남의 시대가 다가온다!

　인도와 베트남에 심취한 두 협상학자가 이번에 국제 정치경제 환경의 변화에 발맞추어 다문화협상전략(cross-cultural negotiation) 서적을 출간하게 되었습니다.

　잘 아시는 바대로 갈수록 치열해지는 미중무역전쟁으로 脫중국화가 가속되고 있습니다. 그간 우리의 최대 무역 및 투자대상국이었던 중국의 위상이 내려앉고, 우리 기업인의 새로운 비즈니스 파트너로서 베트남과 인도가 부상하고 있습니다. "VI 수출을 늘려라!" 요즘 우리 기업인 사이에 오가는 뜨거운 화두입니다. 물론 VI란 베트남과 인도를 말합니다.

　그런데 두 나라는 우리에게 가까우면서도 먼 나라입니다. 인도는 천 년 전 신라 때 혜초대사가 방문한 나라이고, 과거 한자·유교 문화권이었던 베트남은 동남아국가 중에서 우리와 가장 가까운 문화적 배경을 가진 나라입니다.

　하지만 앞으로 우리 기업이 베트남과 인도에 본격적으로 진출하기 위해서는 두 나라의 상관습과 독특한 협상술은 물론 역사와 문화까지 충분히 이해해야 합니다.

　베트남은 지난 천 년간 중국의 침략에 끊임없이 시달렸으며 지난 세기에는 세계 3대 강국인 프랑스, 미국 그리고 중국과 싸워 나라를 지켰습니다. 그래서 자긍심이 대단한 민족입니다. 성공적으로 베트남에 진출하기 위해서는 이들의 역사적, 문화적 자긍심을 인정해 주면서 협상에 활용해야 합니다.

인도도 마찬가지입니다. 라다끄리슈난(Radhakrishnan)은 자신의 저서 『동양종교와 서양사상(Eastern Religions and Western Thought)』에서 강조했듯이 인도는 외래문화의 유입에 저항하여 자신들만의 문화를 지키려 하기 보다는 용해시켜 인도화함으로써 열려진 인도문화를 형성해 왔습니다.

특히 인도는 '제2의 중국'으로서 글로벌 제품 생산기지로 변화하고 있으며, 거대한 내수시장과 글로벌 제조허브로서 두 마리 토끼를 한꺼번에 잡을 수 있는 전략적 요충지로 떠오르고 있습니다.

본서에서는 '히스토리텔링'을 강조하였습니다. 인도, 베트남같이 오랜 역사와 문화, 그리고 자신들의 정체성에 대해 자긍심이 강한 파트너와 협상할 때는 '먼저 마음의 문을 여는 것'이 가장 중요합니다.

이를 위해 두 나라의 역사, 문화와 그들의 사고방식을 이해하는 데 많은 지면을 할애하였습니다. 이를 바탕으로 효과적인 협상전략을 제시하고, 실제 협상사례를 많이 인용하였으며, 각 사례에 대해 협상이론과 연계하여 분석하였습니다.

인도 부분은 SK그룹 임원 재직 시 인도를 위시한 해외 여러 나라와 에너지 트레이딩 및 투자협상 경험을 쌓고 대학과 기업에서 국제협상전략을 강의한 김형준 교수가 작성하였습니다. 그리고 베트남 부분은 박영사 『글로벌협상전략』을 저술한 안세영 교수가 작성하였습니다.

인도와 베트남 협상전략 모두 다음과 같이 크게 6장으로 나누어 구성하였습니다.

1. 인도와 베트남 바로 알기(역사, 문화, 언어, 종교, 인종 등)
2. 히스토리텔링(인도, 베트남과 우리나라와의 역사적 인연, 관계 등)
3. 인도와 베트남과 협상하기(두 나라 문화적 차이를 고려한 협상전략)
4. 스마트 협상(효과적 협상에 필요한 세심한 프로토콜, 상대방의 몸짓 언어, 음식문화, 선물문화 등)
5. 협상에서 금기사항(두 나라에서 피해야 할 민감한 이슈, 예를 들면 베트남에서 화교 이야기, 인도에서 갈등 문제 등)

6. 협상사례(구체적 사례를 소개하고 이를 협상이론으로 분석)

베트남과 인도는 역사적 배경과 문화가 달라 내용이 상이하므로 PART 01과 PART 02로 나누어 편집하였으며 PART 01에는 베트남에 대해, PART 02에는 인도와의 협상 내용을 기술하였습니다. PART 02에는 외국인이 본 인도문화를 추가하였습니다. 내용이 다소 길어지는 부분은 흐름이 끊어지지 않도록 각주로 설명을 첨가하고 세부 관련 내용은 부록에서 상세하게 다루었습니다.

저자의 경험에 의하면 외국 기업과 협상을 성공적으로 이끌기 위해서는 다문화협상(cross-cultural negotiation)에 대한 이해를 먼저 해야 한다는 것입니다. 우리가 단일민족이며 하나의 언어를 사용하며 동일한 문화권에 속한다는 것이 글로벌 협상에서는 장애요인으로 작용할 수도 있습니다. 우리 기준으로 판단해 인도와 베트남인들도 우리와 별반 다르지 않을 것이라 생각하면 큰 오산입니다.

그들은 지역, 종족, 언어, 종교, 신분차이 등 다양한 문화권으로 구성되어 있어 이들의 특성을 한마디로 설명하기 어렵습니다. 이 나라 협상당사자들이 우리의 사고방식과 크게 다르다는 것을 먼저 이해하고 협상상대방의 특성을 파악한 다음 이에 맞게 대응해야 합니다. 따라서 편집을 하면서 인도와 베트남의 협상문화를 이해하는 데 많은 비중을 두었습니다.

아무쪼록 이 책이 베트남과 인도와 협상을 준비하는 기업인들이나 두 나라와의 성공적인 협상에 대해 전반적으로 관심을 가지고 계신 분들에게 도움이 되기를 바랍니다.

끝으로 인도와 베트남에서 사업과 협상경험을 바탕으로 많은 도움을 주신 전 LG통신 인도법인장 김원철 님과 인도 현지사업의 실무를 담당하신 이창이 님, 베트남에서 직접 사업을 하신 이성호 사장님, 박영사 장규식 과장님, 정연환 님 그리고 황정원 님의 헌신적인 수고에 깊은 감사를 드립니다.

목차

PART 01 베트남과 협상전략

PART 02 인도와 협상전략

베트남과 협상전략

Ⅰ

베트남 바로 알기

1. 베트남문화 IQ

－얼마나 베트남에 대해 알고 있나요?

Q1 베트남 사람들은 국민적 영웅 '호찌민'을 어떻게 부르나요?

① 위대한 호찌민   ② 지도자 동지 호찌민

③ 호 아저씨   ④ 호찌민 수령

Q2 베트남인은 중국을 좋아할까요?

① 베트남전쟁 때 동맹국이었기 때문에 아주 좋아한다.

② 조금 좋아한다.

③ 관심이 없다.

④ 중국을 경계한다.

Q3 베트남 사람들도 우리와 같이 스승과 노인을 존경할까요?

① 프랑스 식민지배 때문에 경로사상이 없다.
② 자유분방해서 경로사상이나 스승과 제자관계에 관심이 없다.
③ 우리와 비슷한 유교문화의 영향으로 스승과 노인을 존경한다.
④ 스승과 노인을 친구처럼 대한다.

Q4 베트남에도 중국처럼 소수민족이 있을까요?

① 단일민족이라 소수민족이 없다.
② 2-3개 정도의 소수민족이 있다.
③ 다양한 소수민족이 있고 주로 도시에 거주한다.
④ 다양한 소수민족이 있고 주로 산악지대에 거주한다.

Q5 베트남과 미국 사이의 관계는?

① 아주 적대적이다.
② 서먹서먹한 관계이다.
③ 서로 관심이 없다.
④ 다시 경제적, 군사적으로 밀착하고 있다.

Q6 베트남의 최북단에서 최남단 사이의 거리는?

① 부산-신의주 거리이다.
② 서울-베이징 거리이다.
③ 서울-홍콩 거리이다.
④ 서울-두바이 거리이다.

(정답: Q1-6 순서대로 ③, ④, ③, ④, ④, ③)

2. 베트남의 역사와 문화

동아시아에서 중국의 영토에 편입되고 한자 문명권에 들어갔다가 빠져나온 나라는 두 나라뿐이다.

우리나라와 베트남!

우리가 한사군시대 중국의 일부가 되었다가 3국시대에 빠져나왔듯이, 베트남도 BC 111년부터 한나라의 지배를 받아 명나라시대까지 천여 년(BC 111-AD 983)간 중국의 그늘 아래 있다가 독립하였다.

하노이시내 중심에 있는 호타이 호수에 가면 한자가 쓰여진 낡은 비석들이 남아 있다. 옛날에는 그들도 우리처럼 한자를 썼다. 17세기 프랑스 선교사 알렉산드르 디 드로가 알파벳을 이용해 오늘날의 베트남 문자를 만들면서 한자와 유교 문명권에서 빠져나온 것이다.

또한 베트남은 1857년부터 약 100여 년간 프랑스의 식민지배를 받았다. 역사적으로 인도차이나 반도의 강자는 앙코르와트를 만든 캄보디아, 버마(지금의 미얀마), 그리고 샴왕국(지금의 태국)이었다.

과거 베트남의 중심지는 북부지방인 지금의 하노이 인근이었다. 중부지방은 말레이계의 참족을 중심으로 하는 참파왕국이 있었고 힌두국가와 무슬림국가들과 교역을 하였다. 그리고 남부 메콩멜타지역은 캄보디아인이 세운 크메르제국이 지배하고 있었다.

그런데 베트남이 꾸준한 남진정책을 펼친 결과 앞의 지도에서 보는 바와 같이 1832년에 참파왕국을 정복하고 메콩멜타까지 영토를 확장하여 오늘날의 베트남 국가를 건설하였다.

베트남 공산당의 특징

미·중 갈등으로 '제2의 중국'으로 부상하는 베트남

베트남이 제2의 중국으로 부상하여 우리 기업이 중국을 떠나 베트남으로 가는 이유는 미국과 중국 사이의 갈라서기, 즉 디커플링(decoupling) 때문이다. 2017년부터 시작된 두 나라 사이의 관세분쟁만 해도 단순한 무역갈등이었다.

그런데 중국에서 발생하여 전 세계로 번진 코로나 위기로 미중 양국의 관계는 단순한 무역갈등, 경제전쟁을 넘어 체제갈등으로 비화되어 신냉전(Ideology Decoupling)시대에 진입하였다.

지금까지는 미국이 '차이나'를 단순한 아시아의 가난한 나라로 인식하고 세계자유무역체제에 받아주었다. 그런데 시진핑 주석이 2050년까지 미국을 제치고 세계 제1의 경제대국·군사대국이 되겠다는 '중국몽'과 '군사몽'을 내세우면서 미국을 긴장시켰다. 만약 중국몽이 실현되면 30년 후에 미국은 세계의 패권을 빼앗기고 이등 국가로 전락하는 것이다.

더욱이 우한에서 발생한 코로나 위기에 대해 '미군 발원설'을 주장하고, 마스크 외교를 통해 "중국 사회주의체제가 미국, 유럽 등의 자본주의, 민주주의체제보다 우수하다"는 체제홍보(propaganda)를 했다. 이는 결국 미국으로 하여금 지금까지의 '차이나'가 아닌 중국 공산당(Chinese Communist Party)이 지배하는 붉은 중국이란 경계심을 갖게 하였다.

그래서 2020년 5월 백악관이 의회에 제출한 '미국의 대(對)중국 전략보고서'에서 보듯이 미국의 안보를 위협하는 중국 공산당의 도전에 대응하기 위해 미국은 중국에 대한 강력한 압박정책을 추진하기로 했다.

이 같은 미국의 정책 중 가장 핵심이 지금까지 중국을 세계의 공장으로 만든 글로벌 가치사슬(Global Value Chain)을 재편하여 중국에 진출한 미국기업을 탈(脫)중국화시키는 것이다. 이러한 미국의 정책에 따라 미국기업뿐만 아니라 일본, 한국, 유럽 기업들이 대거 베트남으로 공장을 이전하고 있다.

중국 공산당과 다른 베트남 공산당

그런데 문제는 베트남도 공산당이 지배하는 나라이다. 공산 블록과 자본주의 블록이라는 신냉전체제에서 공산국가인 베트남이 중국이 주도하는 공산블록에 들어가 미국과 대립하면 베트남에 투자한 외국기업들은 상당한 문제에 직면한다. 호랑이 굴을 빠져나와 늑대 굴에 들어가는 셈이 된다.

이 같은 우려에 대한 답을 찾기 위해서는 중국 공산당과 베트남 공산당 사이의 차이점에 대해 알아볼 필요가 있다. 간단히 말하면 같은 공산당이라도 두 나라 공산당은 뿌리부터 아주 다르다.

첫째, 창당배경과 주된 투쟁대상이 다르다.

1920년 상하이에서 창당된 중국 공산당은 중국 대륙을 공산화시키기 위한 것이다. 이에 반해 베트남 공산당은 프랑스의 식민지 지배와 태평양전쟁 때 진주한 일본 제국주의로부터 벗어나기 위한 것이다. 간판은 같은 공산당이라도 뿌리가 완전히 다르다. 따라서 그들의 투쟁대상도 중국 공산당은 당시 중국을 지배하고 있던 장제스의 국민당인 반면, 베트남 공산당은 당연히 프랑스와 제국주의 일본이었다.

디엔비엔푸 大승리!
지압장군

지압장군

호찌민

둘째, 두 나라 공산당 지도자의 차이를 보아도 베트남 공산당이 중국 공산당과 다르다는 점을 쉽게 알 수 있다. 마오쩌둥은 순수 국내파이다. 해외라고는 모스크바에 가본 정도이다.

호찌민은 이미 1911년에 프랑스에 유학한 국제파이다. 반프랑스 사상과 민족주의 사상을 가졌다는 이유로 학교에서 쫓겨난 그는 미국 보스턴과 뉴욕에서 GM의 영업사원까지 하면서 다양한 경험을 쌓았다. 후에 모스크바에서 공부도 하였다. 그는 7개 국어를 말했다. 영어, 불어, 중국어, 러시아어, 태국어, 스페인어를 유창하게 구사했다. 1924년 5차 코민테른에서 동아시아 담당 상임위원을 할 정도로 국제 공산당 사회에서도 활발한 활동을 하였다.

1924년이면 중국 공산당이 상하이에서 창당을 한 다음 베이징 등으로 세력을 넓혀갈 때이다. 공산당원이 된 동기도 마오쩌둥과 다르다. 베트남 공산당을 프랑스 식민지로부터 독립시키기 위해서다. 말하자면 항불운동을 통한 독립이 목표였던 그에게 공산주의는 독립운동을 위한 하나의 수단에 불과했다.

많은 역사가들은 그를 공산주의자라기보다는 철저한 민족주의자라고 말한다. 그래서 항불·항일운동을 위해서라면 미국과도 손을 잡았다. 태평양전쟁 때 북부 베트남 산악지대에서 무장활동을 하던 호찌민군은 미국 첩보부대 OSS의 도움으로 게릴라 훈련을 하기도 했다.

실용적 민족주의자 성격이 강했던 그는 독립을 위해 충칭에 있던 국민당정부와 협력도 모색했고, 우리 임시정부 요원들과도 교류했다.

마오와 호찌민의 가장 큰 차이는 우상화이다. 베트남에 가면 길거리에서 호찌민 동상을 찾아볼 수 없다. 대신 건물 내 회의실에 가면 조그만 흉상이 있다. "나를 우상화시키지 마라! 국민들이 나를 단순히 호 아저씨라고 부르게 해라"라고 말한 그가 남긴 물건은 낡은 타자기가 거의 전부였다고 한다.

물론 자기세력을 심기 위한 후계자도 지명하지 않고, 트로이카체제로 권력이 어느 한 사람에게 독점되지 않도록 하였다. 즉 공산당 주석, 국가원수, 행정수반에 서로 다른 사람들을 임명해 서로 견제하도록 하였다.

마지막으로 중국몽으로 미국에 도전하는 중국 공산당과 달리 베트남 공산당은 최근 실용주의 외교노선을 걷고 있다. 남중국해 파라셀 군도를 무력점령하고 1979년 베트남을 침공한 중국을 견제하기 위해 과거의 적이었던 미국과 손을 잡고 경제적, 군사적으로 밀착하고 있다.

이같이 중국 공산당과 베트남 공산당은 DNA가 다르므로 붉은 차이나 리스크 같은 붉은 베트남 리스크는 우려하지 않아도 된다.

세계 3대 강국을 물리친 나라

베트남과 협상할 때 "자존심이 아주 강한 민족이다"라는 점을 잊지 말아야 한다. 지난 세기 프랑스, 미국, 중국과 싸워서 지지 않은 민족이다.

태평양전쟁 때 일본군이 베트남을 무력으로 점령하였다. 북부 베트남에서 항일 무장 투쟁을 하던 호찌민은 1943년 9월 '베트남 임시 과도정부'를 수립하였다. 대한민국 임시정부와 비슷한 것이다.

1945년 8월 15일 일본이 무조건 항복을 하자 17일 호찌민군이 하노이에 입성하고 9월 2일 일제가 항복문서에 서명하자 정식으로 베트남 민주공화국 수립을 선포하였다. 이어서 일본군대가 철수한 남쪽 호찌민, 메콩델타까지 무력으로 점령했다. 이 정도면 완전히 독립을 되찾았다고 모든 베트남인이 환호하였다.

그런데 문제는 프랑스이다. 일본군에게 쫓겨나간 프랑스군이 1945년 10월 식민지를 되찾겠다고 호찌민을 섬령한 후 하노이까지 밀고 올라와 괴뢰정권을 세웠다. 프랑스 식민지와 일본군 점령시절에 허수아비 노릇을 하던 바오다이를 황제 자리에 앉힌 것이다. 베트남인들이 도저히 받아들일 수 없는 굴욕이었다.

그래서 1946년 12월부터 프랑스군과 호찌민군 사이에 1차 인도차이나 전쟁이 벌어진다. 그런데 1954년 봄 정말 어처구니없는 일이 벌어진다.

1954년 3월 13일부터 디엔비엔푸라는 북부 산악지대에 난공불락의 요새를 만든 프랑스군과 호찌민군 사이에 정말 치열한 전투가 벌어진다. 전 세계는 탱크, 전투기, 대포로 무장한 프랑스군이 당연히 압승할 것이라고 보았다.

프랑스 최정예 부대원 1만여 명이 포로로 끌려가는 모습

두 달 동안의 치열한 전투에서 프랑스 최정예 부대원 1만 천여 명이 호찌민군에게 포로로 잡힌다. 여기엔 장군도 포함되어 있다. 서구제국주의

침략에 아시아의 많은 나라가 저항운동을 하였지만 제국주의 군대를 이렇게 궤멸시킨 역사는 없다.

당황한 프랑스는 베트남과 제네바에서 만나 협정을 맺는다. 베트남을 둘로 나누어 북위 17도선 이북은 즉시 호찌민군이 진주하고, 17도 이남에 대해서는 당분간 시간을 달라고 한다. 프랑스인 철수 등을 위해 시간이 필요하다는 핑계이다. 일정 기간 후 자유선거를 통해 베트남인들이 원하는 정부를 스스로 선택하게 하겠다고 약속한 것이다.

그런데 프랑스가 배신한다. 남베트남에 친(親)프랑스 괴뢰정권을 세우고, 그 후 미국이 멋모르고 진흙탕에 들어가 2차 인도차이나 전쟁(1964-1975)이 벌어진다.

이어서 1979년 3차 인도차이나 전쟁을 중국 인민해방군과 벌인다. 당시 베트남 주력 정규군은 캄보디아에 나가 있었으므로 총을 들고 중국군과 맞서 싸운 사람들은 민병대뿐이었다. 대전차포도 제대로 갖추지 못하고 개인 화기만 들고 베트남 북부 산악지대에서 싸워 중국군의 탱크를 막아냈다. 국경을 넘어 침범한 40여 만의 중국군을 물리쳐 대승을 거둔 것이다. 중국 정부가 창피해 공식적인 숫자는 밝히지 않지만 전과(戰果) 면에서 베트남의 압승(壓勝)이었다. 베트남이 미국과 싸워 이겼다고 말할 수는 없지만 지지도 않았다. 하지만 중국, 프랑스와 싸워선 분명 이겼다.

베트남의 프랑스전 승리 기념식 장면

이 같은 승리를 이끈 영웅은 호찌민 주석과 지압 장군이다. 역사 교사 출신으로 102세(1911–2013)까지 장수한 지압 장군은 '미국의 맥아더, 독일의 롬멜과 함께 20세기 3대 명장'이라고 불릴 정도로 뛰어난 군사 전략가였다.

베트남 사람들에게 "누구를 가장 존경하느냐"라고 물으면 거의 대부분 호찌민 주석과 지압 장군이라 답한다. 이 같은 베트남 역사에 대한 이해는 베트남인들의 마음의 문을 열게 하고 원활한 소통을 통해 협상하는 데 많은 도움이 될 것이다.

3. 오늘날의 베트남

정식 국가명은 베트남 사회주의 공화국(The Socialist Republic of Vietnam)으로 독립기념일은 1945년 9월 2일이다. 베트남 공산당이 지배하지만 1986년 도이모이 정책[1]을 통해 개방정책을 쓰고 있으며, '독립과 자주외교' 노선을 견지하고 있다. 2007년 세계무역기구(WTO)에 가입하고 유엔, 국제통화기금, 세계은행 등의 회원국이다.

인구 및 종교

인구 약 9,500만 명 중에 30대 미만의 젊은 세대가 50%이다. 고령화

---

1 베트남어로 도이(변경한다)와 모이(새롭게)가 합쳐진 용어로 쇄신을 뜻한다. 1986년 베트남 공산당 6차 대회에서 채택한 개혁·개방 정책이다. 공산당 일당 체제하에서 사회주의 경제발전을 지향하는 시발점이며, 당시 베트남 공산당 총비서 응우옌반린이 주도하였다.

사회 부담이 있는 우리나라와 중국과 달리 많은 젊은 노동력을 가지고 있다. 이는 앞으로 베트남의 커다란 성장 동력이 될 것이다.

종교를 가진 신앙인이 약 1,600만 명이며, 불교가 인구의 90% 이상인 태국, 캄보디아와 달리 주도적 종교가 없다. 구성비는 불교 11%, 가톨릭 10%, 개신교 0.8% 정도이다. 이 같은 현상은 베트남이 역사적으로 한자와 유교 문화권에 있었고 오늘날은 공산국가라는 데 기인한다.

인종

베트남은 54개의 종족으로 이루어진 다민족 국가이다. 전체 인구의 86%가 우리가 흔히 베트남 사람이라고 부르는 비엣족(낑족)이다.

나머지 주요 소수 민족은 따이족 1.9%, 므엉족 1.5%, 크메르족 1.4%, 몽족 1.1% 등이다. 중국과 같이 이들 소수 민족들은 주로 산악지대에 살고 있다. 정부에서는 소수민족에 대한 우대정책을 쓰고 있지만 이들의 생활 여건은 열악하다.

또한 약 82만 명의 화교가 있다. 통일 후에 많은 화교가 보트 피플로 베트남을 떠났지만 아직도 우리나라보다는 훨씬 많은 화교가 살고 있다.

베트남 '히스토리텔링(History-telling)'
-베트남 파트너와 마음의 문 열기-

히스토리텔링
①

880년 전 맺어진 인연, 고려에 귀화한 베트남의 왕족,
'화산 이씨'

12세기 리(Ly)왕조(당시 국명은 대월)의 제6대 황제 영종의 7남으로 태어난 이용상(1174-?, 베트남어로 리롱떵)이 정변을 피해 1224년 말에 일족과 부하들을 이끌고 바다로 도망쳐 중국 해안을 따라 피난길에 오른다. 난관을 헤쳐 오다 표류 끝에 1226년 초에 옹진군 화산포에 도착하였다. 그는 항몽 전쟁에서 큰 공을 세운 것으로 전해지며 고려 조정은 '화산 이씨' 성을 하사하고 이들이 고려에서 살도록 하였다.

베트남과 한국의 각별한 인연은 여기에 그치지 않고 16세기 조선시대에도 이어진다. 이용상의 13세손인 이장발은 19세의 어린 나이로 임진왜란에 참전하여 문경새재에서 왜군과 혈전 끝에 순국한다. 봉화군은 이를 기리기 위해 경북 봉화군 창평리에 충효당(문화재자료 466호, 2004년 6월 28일 지정)을 세웠다.

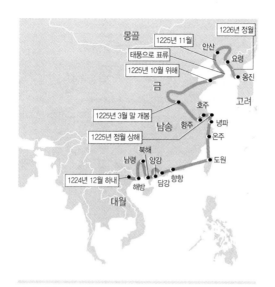

화산 이씨 시조 이용상이 베트남(대월)에서 고려로 이동한
경로. 출처: 중앙일보 2018년 1월 13일, 박순교.

2018년 1월 초에 주한 베트남 응웬 부 뚜 대사는 경북 북부지역 곳곳에 남아 있는 베트남왕조의 흔적을 찾기 위해 이용상과 그의 후손들의 발자취를 살펴보았으며 이때 다음 사진에서 보는 바와 같이 충효당을 방문한 바 있다.[2]

1995년에 화산 이씨 종친회에서 베트남을 방문하였을 때 도무오이 당서기장이 환대하고 베트남인과 동등한 법적 대우를 해 주는 호의를 베풀었다.

화산 이씨 종친회는 매년 음력 3월 15일에 리왕조 창건 기념 축제(뗀도 축제)에 초청을 받아 참석하는 등 한국-베트남 사이에서 우호 친선의 중요한 가교 역할을 하고 있다.

---

2 "8백 년 전 베트남 리왕조서 한국 화산 이씨 나온 사연"(중앙일보, 김장석 기자, 2018. 1. 13.).

응웬 주한베트남 대사(왼쪽에서 넷째) 일행이 2018년 1월 4일 충효당 앞에서 기념촬영하고 있다. 출처: 봉화군.

히스토리텔링
②

350년 전에 유명한 관광지 '호이 안 (Hoi-An, 會安)'에 간 조선인 24명

요즘 한국인들이 즐겨 찾는 베트남의 관광지 중의 하나는 아마 다낭일 것이다. 바로 그 다낭에서 한 30분쯤 가면 '호이 안'이란 역사적인 고도가 있다. 다낭에 가면 반드시 가봐야 한다. 특히 밤거리의 등불이 절경이다. 우리나라 경주 같은 고대 도시로서 유네스코 문화유산으로 등재되어 있다.

호이 안은 전통적인 동남아시아 무역항의 모습이 완벽하게 보존되어 있으며 오랜 시간 동안 여러 문화가 융합된 놀라운 사례이다. 베트남에서 유일하게 훼손되지 않고 현존하는 고대 도시이다.

1592년 축조된 호이 안의 내원교(일명 일본교) 인근에 일본인들이 살았다고 한다.

대부분의 건물은 19세기와 20세기 전통적인 건축 양식에 따라 지어졌으며, 좁은 골목길을 따라 일렬로 늘어서 있다. 건축물로는 탑이나 절, 회합장소 등 종교적 건물을 포함하고 있다. 전통적인 생활방식, 종교, 관습, 요리법 등이 보존되어 있으며 해마다 많은 축제가 열리고 있다.

그런데 이미 350년 전에 본의 아니게 이곳에 간 조선인들이 있었다. 숙종 때인 1688년 2월에 제주도민 24명이 육지로 가다 풍랑을 만나 바다에 표류한다. 35일 만에 도착한 곳이 바로 이곳 호이 안(당시 국명: 안남국)이다. 아마 조류가 그 방향으로 흐른 것 같다.

이국만리에 불시착한 이들은 앞으로 살아갈 길이 막막하였다. 호이 안은 그 당시 번창하던 국제무역항으로 중국 상인, 일본 상인은 물론 유럽 상선까지 드나들었다.

이들의 딱한 사정을 들은 중부 베트남 지도자 '응우옌 푹 떤' 왕은 청나라 상인에게 조선으로 데려다줄 것을 부탁한다. 물론 공짜는 없다.

그런데 '응우옌 푹 떤' 왕이 정말 세심한 배려를 했다. 중국 상인에게 선금 반만 주고 나머지는 조선 정부의 도착확인서를 가져오면 주겠다고 한 것이다.

우여곡절 끝에 표류된 조선인들은 응우옌 왕의 협조로 마련된 중국 배편으로 1688년 8월 7일 호이 안을 떠나 표류된 지 약 9개월 뒤인 1688년 12월 16일 제주도 대정현에 귀환하였다. 놀라운 일이다. 이역만리 베트남까지 표류했다가 마음씨 좋은 현지 왕의 배려로 살아 돌아오다니! 다시 한 번 베트남 왕의 선행에 감사해야 할 것 같다.

이러한 역사적 사실은 일행 중 고상영이 역관 이제담에게 구술하여 기록으로 남기고 이를 정동유(1744-1808)가 자신의 문집 주영편(1805)에 수록해 지금까지 전해지고 있다. 기록에 의하면 땅이 기름지고 벼의 3모작, 누에는 1년에 다섯 번 치며, 코끼리, 물소, 원숭이, 공작새, 바나나, 야자수 등 진기한 풍물을 담고 있다.[3]

아래 사진들은 저자가 직접 찍은 호이 안의 거리 모습이다.

---

3 「고상영의 호이 안 표류기」(네이버 지식백과).

동아시아에서 '탈(脫)중국'한 유일한 두 나라

　중국과 국경을 접하고 있는 주변국들의 역사에서 볼 때 가장 경계해야 할 것이 '한화형 제국주의'이다.

　그 옛날 중국 땅의 주인은 한족이 아니었다. 한족은 원래 허난성(河南省), 산시성 서안(西安) 같은 황하강 상류 근처에만 모여 살았다. 지금의 북경 근처나 만주에는 흉노, 선비, 돌궐, 거란, 여진 그리고 양자강 남쪽에는 장족, 묘족 등 정말 다양한 민족이 살았다.

　그런데 주변 민족들은 오랜 역사를 두고 '한화(漢化, Sinofication)'라는 블랙홀에 빠져 고유의 정체성(identity)을 잃고 중화제국에 흡수되어 버렸다. 그 좋은 예가 위구르, 티베트, 그리고 만주족이다.

　위구르 제국은 8세기에 당 제국과 거의 대등한 외교관계를 맺을 정도로 중앙아시아 초원의 강자였다. 757년 안록산의 난으로 장안이 풍전등화와 같았을 때 당 현종은 위구르 제국에 SOS를 청할 정도였다.

　이 같은 위구르 제국도 백 년을 넘기지 못하고 840년에 멸망했다. 청나라가 서구세력의 침입으로 혼란스러울 때 위구르는 1863년부터 1949년까지 동투르크스탄 공화국으로 독립을 유지했다. 그러나 1949년 마오쩌둥이 무력점령한 이후 전형적인 한화의 길을 걷고 있다.

　공식통계에 의하면 1949년 당시 이 지역의 한인은 6.6%에 불과했으나 1994년에는 38%로 늘어나고 지금은 한인과 위구르인이 역전되어 위구르인이 소수로 전락했다. 위구르인이 약 8백만 명, 한인이 약 천만 명이다.

칭짱철도로 한화(漢化)가 가속되는 티베트

사정은 티베트도 비슷하다. 한때 토번왕국은 파미르고원을 중심으로 실크로드의 길목을 장악하고 강력한 군사력으로 지금의 티베트뿐만 아니라 청해성, 신강성, 키르기스스탄에 이르는 광대한 지역을 통치했다. 오죽했으면 당 태종이 아끼는 문성공주를 그 멀고 험한 히말라야의 송찬간보 왕의 부인, 그것도 첫 번째가 아닌 두 번째 왕후로 보냈겠는가. 티베트도 1950년 인민해방군의 총칼에 무릎을 꿇었다.

"이제 티베트의 독립은 물 건너갔구나!"

2006년 중국대륙에서 티베트-라싸를 잇는 칭짱철도가 완공된 것을 보고 저자가 혼자 되새긴 말이다. 일단 철길이 뚫리니 우려했던 대로 한인들이 몰려가고 중국의 엄청난 문물이 히말라야 은둔의 나라에 쏟아져 들어가기 시작했다. 하늘과 바람과 산을 벗 삼아 살던 티베트인들이 세계 최고의 상인 중국인을 당할 수가 없다. 벌써 티베트의 상권은 중국인들이 장악하고 현지인들은 가난한 소외자로 전락해 가고 있다.

한화(漢化)의 늪에 빠진 정복자 만주족

정복자였으나 어처구니없이 한화의 늪에 빠져 고유한 정체성을 잃어버린 대표적인 예가 만주족이다. 역사를 읽을 줄 알았던 청 태조 누루하치는 한족과 만주족이 뒤섞이면 결국 한화의 늪에 빠질 것을 우려했다. 그래서 모든 공문서는 반드시 만주어와 한자를 병기하도록 했다. 베이징 자금성에 걸린 현판들을 자세히 보면 한자와 만주어가 같이 쓰여 있다. 그런데 어설픈 만주어가 한자를 따라갈 수 없었다. 결국 만주어는 거의 흔적도 없어지고 대청제국의 깃발 아래 276년간 중국대륙을 통치하던 만주족은 랴오닝성에서 겨우 소수의 명맥만 유지하고 있다.

이같이 중국은 수천 년을 두고 주변의 이민족을 '차이니스'로 만들고 이웃나라들을 점령해 자국 영토에 편입시켜 오늘날의 거대한 중화제국을 만들었다.

그런데 이 같은 중화제국이 역사적으로나 현재 동아시아에서 함부로 하지 못하는 나라가 바로 베트남과 한국이다.

"중국은 우리 적이다!" 남중국해 영토분쟁

베트남 사람들이 공식석상이나 잘 모르는 사람에게 말하기는 꺼리지만, 마음속으론 '차이나'를 싫어하고 경계한다. 그 이유를 알아보자.

남중국해에는 280여 개의 아주 작은 섬, 암초, 산호섬 등으로 구성된 네 개의 군도가 있는데, 이 중에서 파라셀(서사, 西沙) 군도와 스프래틀리(남사, 南沙) 군도에서 중국과 베트남, 필리핀, 부르나이 등 동남아국가 간에 영토분쟁이 심각하다(윤명철, "동아시아 해양영토분쟁과 역사적 갈등의 연구", 2019).

남중국해 영유권분쟁

베트남전쟁이 한창이던 1974년, 중국이 영유권을 주장하며 베트남이 실효 지배를 하고 있던 파라셀 군도의 섬들을 베트남 군함까지 격침시키는 해전을 벌이며 무력으로 점령했다. 아이러니하게도 그 당시 북베트남(월맹)은 중국의 지원으로 미국과 한참 전쟁을 하고 있었다. 한 손으로는 하노이를 지원하고 다른 한 손으로는 파라셀 군도를 챙긴 셈이다.

중국의 욕심은 여기에 그치지 않고 1987년에는 다시 베트남과 무력충돌을 벌이며 남사군도의 6개 섬을 차지했다. 아무리 이념을 같이하는 공산주의 국가라도 중국은 영토분쟁에서는 한 치의 양보도 하지 않는다. 이에 분노한 베트남은 디엔비엔푸 전투의 영웅인 지압 장군까지 나서면서 국가총동원령을 내리고 중국과의 전시(戰時) 체제에 들어갔다.

"중국은 우리의 적입니다!"

저자가 하노이에서 현지 지도층에게서 들은 이야기다. 당연히 남중국해 영토분쟁 때문이다. 중국에 분노한 베트남은 캄란만 해군기지를 미 해군에 개방하고 두 나라 해군이 해상방위훈련을 같이하고 있다.

과거의 동맹국이었던 중국을 견제하기 위해 과거의 적이었던 미국과 손을 잡은 것이다. 국제정세변화에서 국익을 지키기 위해 어느 면에서 우리보다 더 현실적인 베트남일지도 모른다.

Fiery Cross Reef는 중국이 점령하여 통제하고 있는 남중국해 암초. 출처: CSIS.

III
베트남과 협상하기

1. 베트남문화의 특징과 협상전략

전략 1. 베트남인들은 자긍심이 대단한 민족

▷ 베트남 파트너의 자긍심을 존중해 줘라!

• 흔히들 말을 아주 잘하는 것이 협상을 잘하는 것이라고 생각한다.

협상학자들이 연구한 결과에 의하면 놀랍게도 '말 잘하는 것과 협상 잘하는 것' 사이에는 큰 관계가 없다. 오히려 상대방의 말을 잘 들어주는 것 (listening skill)이 중요하다. 협상테이블에서 상대가 마구 떠들어대면 댈수록 정보가 여러분에게 흘러들어 온다.

그렇다면 '어떻게 하면 상대가 입을 열게 만들 수 있을까?' 간단하다. 칭찬해 주면 신나서 떠들어댄다. 한국이 베트남보다 훨씬 잘사는 나라이다. 그래서 협상테이블에 앉은 상대는 어쩌면 약간 풀이 죽어 있을지도 모른다.

하지만 앞에서 살펴보았듯이 베트남은 과거 역사에 대한 자부심이 대단하고, 확실한 국가관을 가지고 있다. 국제협상에서 가장 중요한 요소는 우리의 눈높이로 베트남을 내려 보는 것이 아니라, 우리의 눈높이를 베트남으로 맞추어야 한다는 것이다.

우리가 베트남인에게 "과거 역사를 살펴보니 베트남은 대단한 나라네요!" 이렇게 칭찬을 해 주면 협상의 분위기기 아주 부드러워진다. 칭찬거리는 그동안 자신이 경험한 사례 또는 앞의 히스토리텔링에서 찾으면 된다. 일반적으로 협상자들은 자기 나라, 자기 가문 등에 대해 상대방 외국인이 인정해 주면 아주 좋아하고 협상상대방과의 거리감을 좁힌다.

전략 2. 베트남인들은 개인적 신뢰/인간관계를 중요시한다

▷ '선(先) 신뢰 형성, 후(後) 협상' 전략

• 여러분의 회사가 잘 알려진 글로벌 기업이고 여러분이 세계적 명품인 물건을 팔려고 베트남에 가서 협상을 할 때 자동적으로 베트남 협상자로부터 존경을 받는다고 생각하면 안 된다.

예를 들어 한국의 스타 벤처기업 '블루 드래곤'사(社)가 만들어낸 획기적인 배터리를 판매하는 협상을 하노이에 가서 한다고 하자. 여러분은 그 배터리가 기존의 배터리에 비해 수명이 더 길고 가성비도 좋다는 점을 강조하려 할 것이다.

동남아문화권에 속하는 베트남인은 어떤 물건을 구매할 때 그 물건의 성능, 가격, 품질보다는 판매자가 '과연 믿을 만한 사람인가?'를 먼저 확인하려 한다. 따라서 한국의 '블루 드래곤'이란 회사가 과연 믿을 만한 회사인지, 협상상대방인 여러분이 인간적으로 믿을 만한 사람인지를 먼저 확인하려 한다. 그러므로 첫 미팅에 대개 다음과 같은 자료를 준비해야 한다.

블루 드래곤의 설립연도 및 업적, 연간 매출액, 매출 신장률, 근무인력, 연구 및 기술 인력의 우수성 등이다.

정부나 공공기관에서 표창, 산업훈장 등을 받은 것이 있으면 이를 강조할 필요가 있다. 공산당이 지배하는 베트남에서는 '정부로부터 뭔가 인정을 받았다'는 징표는 의미가 크다.

또한 너무 서둘러 협상하려 하지 말고 인내를 가지고 베트남 파트너와 개인적인 인간관계(interpersonal relationship)를 먼저 형성해야 한다.

그들은 여러분의 나이, 결혼, 연봉, 회사 근무연수같이 개인정보에 대해 질문할 수도 있다.

물론 이 같은 개인정보는 미국이나 유럽 같은 서구사회에서는 철저히 '프라이버시(privacy)'에 관한 것이다. 서구사회에서는 이에 대해 질문을 하면 엄청난 결례이다. 하지만 베트남에서는 이 같은 정보가 상대를 신뢰할 수 있는지 확인하는 중요한 판단기준이 된다.

▷ 베트남 파트너와 어떻게 인간관계를 형성할 것인가?
  -절대 겸손! 베트남인의 눈높이로 낮추어라-

행동과 말을 통해 겸손하게 접근하고 베트남의 역사, 문화, 언어, 음식에 대한 관심과 존중심을 표현해 신뢰를 얻는 게 가장 중요하다.

'한국이 베트남보다 잘사는 나라', '한국문화가 베트남문화보다 우수하다'라는 식의 허황한 자만심을 가지고 뽐내서는 안 된다. 앞의 히스토리텔링에서 살펴보았듯이 베트남의 역사나 문화가 결코 우리나라보다 못하지 않다.

▷ 강한 복수 네트워크(Powerful plural networks) 형성

베트남인들은 개인적 신뢰, 인간관계 등을 중요시하므로 그들과 강한 네트워크를 형성하는 것이 필요하다. 그런데 이 네트워크는 개인 대 개인의 네트워크이다. 말하자면 여러분이 LG화학에 근무하며 베트남은행에 있는 키엔 부장과 네트워크를 형성했다고 하면 이는 LG화학과 베트남은행 사이가 아닌 여러분과 키엔 부장 사이의 개인적인 관계이다. 여러분이 다

른 회사로 옮기면 LG화학으로는 베트남은행과의 네트워크가 끊기게 된다.

그러므로 베트남에서 장기간 사업을 하고자 한다면 꼭 복수 네트워크를 만들어야 한다. 베트남 회사와 협상을 할 때 여러분 회사에서 항상 여러 명이 함께 나가 개인적인 친분을 쌓는 것이 좋다. 물론 베트남 회사의 파트너와 술도 마시며 어울리면서 복수 네트워크를 만들도록 하는 것이다. 베트남인들은 같이 어울려 먹고 마시고 이야기하는 소위 단체 회식을 좋아하기 때문에 그다지 어렵지 않다.

전략 3. 베트남인에게 '체면(Face-saving)'은 아주 중요하다

▷ 너무 상대방을 몰아붙여서는 안 된다

당장의 협상성과(immediate outcome)를 극대화하려는 서양인과는 달리 동양인 협상파트너는 장기적인 인간관계를 중시한다. 그러므로 협상력이 우월한 갑의 입장에서 베트남 파트너와 협상하더라도 절대 100% 다 가지려고 해서는 안 된다.

"아무리 '갑'이라도 80%만 가져라! 나머지 20%는 '을'인 상대방에게 주어라. 그래야 '을'도 먹고살 것 아니냐."

동양 협상문화권과 협상할 때 꼭 기억해야 할 불문율이다. 이는 한국과 같은 유교문화권인 베트남에서는 냉정한 비즈니스 세계에서도 인간관계를 아주 길게 본다. 이는 '인생사라는 것이 돌고 도는 것'이라는 도교 사상에서도 유래한다. 우리가 지금 상대방보다 우월한 갑이라도 언젠가 상대방이 갑이 되고 내가 을이 될 수 있다는 것이다.

그러므로 우리가 잘나갈 때 상대방을 궁지로 몰면 언젠가 우리가 어려울 때 상대방이 냉혹하게 대할 수 있다는 것이다. 동양의 생활 철학과 지혜에서 '관용'과 '덕'을 강조하는 것과 같다.

▷ '체면 세우기(Saving face)'전략

베트남은 공산당체제와 유교문화 때문에 상급자, 연장자의 체면과 권위가 아주 중요한 나라이다. 협상 도중에 이유 여하를 막론하고 부하들 앞에서 상급자나 연장자의 체면을 손상시키는 행동을 절대로 해서는 안된다. 협상테이블 맞은편에 앉은 베트남의 상급자나 연장자의 체면을 손상시키면 비즈니스 협상은 끝이라고 생각하면 된다.

토론을 좋아하는 프랑스문화의 영향을 받아서 그런지 베트남 사람들은 어떤 사실을 장황하게 떠드는 것을 좋아한다. 예를 들어 만찬장에서 건배 제의를 할 때 보통 한마디씩 한다. 성미 급한 한국 사람은 "건배!", "한국과 베트남 사이의 우정을 위하여!"라고 외치고 빨리 음식 먹고 한잔하고 싶어 한다.

그런데 베트남 사람들은 만찬사, 건배사를 아주 길게 한다. 이들이 지루하게 쓸데없는 말을 많이 한다고 생각되더라도 인내심을 가지고 들어주어야 한다. 그리고 열렬히 박수를 치고 "아주 멋진 스피치였다"고 약간 호들갑을 떨 정도로 칭찬을 해 주어야 한다.

그리고 한 가지 명심해야 할 점이 있다. 베트남 측의 수석대표가 어떤 사실, 예를 들면 통계 수치라든가 연도 등을 잘못 알고 발언해도 절대 그 자리에서 바로 지적해서는 안 된다. 상대방의 체면을 손상시키는 것이다.

꼭 지적해야 할 필요가 있을 경우에는 (즉 실익이 있을 경우에는) 반드시 회의가 끝난 후 제3자를 통해 지적해 주어야 한다.

하지만 한 가지 유의해야 할 점은 상대방의 체면을 세워주겠다고 공개 석상에서 특정한 사람에 대해 너무 칭찬을 많이 하면 오히려 역효과가 난다. 공산국가문화는 협상그룹이 다 같이 보상받는 집단주의문화이기 때문이다.

예를 들어 티엔 부사장을 수석대표로 하는 베트남 협상팀에서 5명이 참석한다고 할 때 우리 측이 협상테이블에서 너무 티엔 부사장만 집중해서 칭찬하고 특별하게 생각한다는 표현을 자주하면 상대방은 당황한다.

전략 4. 베트남 파트너의 의사결정은 느리다

▷ 발코니(Balcony) 협상전략

베트남인들은 지난 세기 수십 년간 외국과 투쟁을 한 민족이다. 따라서 인내심과 승부근성이 대단하다. 쉽게 말하면 협상을 빨리 진행시키지 않고 질질 끄는 경우가 많다.

이때 베트남 협상자에게 '신속한 결정을 해 달라'라고 조급한 모습을 보이거나, 흥분하는 것은 금물이다. 인내심이 강한 그들과 협상을 하면서 절대 감정을 드러내면 안 된다.

정말 열받을 때 '발코니전략'을 써라. '잠시 휴식을 하자' 하고 발코니에 나가 냉각기를 가지는 것이다. 감정을 달래 냉정을 되찾고, 차분하게 '어떻게 상대방과 협상할 것인가'를 여유를 가지고 생각할 수 있다.

▷ "문제가 있다"라고 말할 때의 대응전략

베트남인과 협상을 하다 보면 종종 다음과 같은 이야기를 많이 듣는다. "문제가 있다"라든가 "좀 복잡한 상황이다"와 같은 표현이다. 상대방의 말을 액면 그대로 받아들이는 서양인들은 이 경우 진짜 문제가 있는 줄 알고 문제해결 방안을 베트남 파트너와 진지하게 논의하려고 한다.

그러나 이는 잘못이다. 많은 경우 베트남인이 "문제가 있다"와 같은 말을 할 때는 핑계를 대는 것이다. 이러한 말을 하면서 발뺌을 할 때는 뭔가 개인적 보상을 받으려고 하는 경우가 대부분이다. 그러므로 "당신이 이 문제를 잘 해결하면 충분한 물질적 보상이 있을 것이다"라는 시그널을 보낼 필요가 있다. 그리고 다음과 같이 말하면서 신뢰를 보여주는 것이 효과적이다.

"당신은 이 문제를 충분히 해결할 능력이 있지 않느냐? 우리는 당신을 믿는다"라든가 "당신이 이 문제를 잘 해결하면 우리가 고마움을 잊지 않겠다" 등이다.

간단한 예를 들어보자. 삼성전자 공장이 있는 타이윈 지방정부 관료와 공장부지 문제로 협상을 한다고 하자. 이때 베트남 관료가 "이 건은 아주 민감한 사안이라 하노이의 공산당 본부의 특별 허가를 받아야 한다"라고 하면서 머뭇거릴 수 있다. 이럴 때 우리 측에서 성급하게 "우리가 어떻게 하면 당신이 중앙당의 승인을 얻도록 도울 수 있느냐?"라고 묻지 말라는 것이다.

"당신도 공산당원 아니냐? 유능한 공산당원으로서 하노이의 중앙당에 친구들이 많지 않느냐. 친구 두었다 어디 쓸 것이냐. 이럴 때 친구한테 부탁해 봐라."

물론 "당신이 하노이 중앙당 관계자를 설득하려면 뭔가(!) 필요할 텐데 그것은 기꺼이 도와주겠다"라는 말을 잊지 말아야 한다.

▷ 느린 의사결정에 대한 인내심

공산당 국가인 베트남의 모든 조직은 계층화(hierarchical) 되어 있다. 그런데 이상하게도 의사결정은 상명하달식이 아니고 그룹 내 공감대 형성(group consensus making process) 방식이다. 그래서 흔히 외국인들이 이 내부의사결정 과정에서 '핵심인물(key decision-maker)'을 찾으려 하다가 허탕 치는 경우가 많다.

조직에서 상급자나 연장자라 하더라도 자신들이 일방적으로 결정을 내리려 하지 않는다. 일단 여러 부서 그리고 관계자들의 의견을 수렴하는 내부절차를 거친다. 그리고 난 후에 상급자나 연장자가 최종결정을 내린다. 그러므로 모든 것을 빨리빨리 처리하는 우리 문화와 달리 의사결정이 느리다.

따라서 한국인이 베트남에 가서 협상을 마무리 짓고 상당 기간이 지났는데도 베트남 측으로부터 아무런 회신이 없다고 안달해선 안 된다. 한국보다 두 배나 세 배 정도로 의사결정에 시간이 더 걸린다고 마음 편하게 생각해야 한다.

전략 5. 베트남 사람들은 마시면서 친구가 된다

▷ 베트남의 독특한 음주문화

일반적으로 더운 남쪽지방 사람들은 술을 잘 마시지 않는다. 중국이 좋은 예이다. 베이징이나 산둥성, 동북 3성 사람들은 술을 잘 마신다. 하지만 양자강 남쪽의 상하이나 광조우 사람들은 와인 잔이나 홀짝거리고 맥주 잔 기울이는 정도이다.

그래서 저자가 처음 하노이에 협상하러 갈 때 베트남 사람들도 그런 줄 알았다. 완전한 착각이었다. 엄청 마신다. 마시면서 웃고 떠들고 흥을 낸다. 공산당문화여서 그런지 '스피치'를 그렇게 좋아한다. 잔만 들면 스피치하고 '원샷(one shot)'이다.

우리는 2차를 갈 때 음식점을 옮긴다. 그런데 하노이 사람들은 한 음식점에서 테이블을 옮긴다. 이 테이블에서 끝나면 옆의 테이블에 안주를 차려 놓고 마신다.

귀한 손님이 와서 술 엄청 마시고 헤매며 실수(!)를 해도 좋아한다. 물론 여기서 말하는 실수는 휘적거린다든지 혀가 꼬부라진다든지 하는 것이다. 상대를 자극하는 험한 실수는 아니다.

'야! 우리가 정말 접대를 잘했구나! 얼마나 좋았으면 저렇게 취하도록 마셨는가'라고 생각한다. 우리 문화로선 이해하기가 힘들다.

저자가 베트남에 출장 갔다가 일정을 앞당겨 귀국한 적이 있다. 하노이에서 한 시간 정도 떨어진 삼성전자 공장이 있는 타이원 대학과 양해각서(MOU)를 맺으러 갔다가 술을 많이 마시고 호텔로 돌아왔다.

그런데 다음 날 아침 7시쯤 타이원 대학 학장으로부터 전화가 왔다. 호텔 레스토랑에 어제 마셨던 대학 간부들이 와 있으니 보자는 것이었다. 그들을 만나고 나서 손들었다. 우리말로 해장술 하자고 찾아온 것이다. 처음으로 베트남 출장 갔다가 일정을 앞당겨 하노이를 떠났다. 도저히 그들의 술 문화를 견딜 수 없어서였다.

베트남인들과 함께 술 마실 때의 몇 가지 원칙을 요약하면 다음과 같다.

원칙1) 베트남에서 만찬을 할 때 술에 자신이 있으면 마음껏 마시고 좋은 인간관계를 형성해라.

원칙2) 하지만 술에 자신이 없으면 처음부터 '술을 못 마신다'고 냉정히 끊어야 한다.

원칙3) 어설프게 '술 마시겠다'고 하고 나서 요리조리 요령 피우며, 예를 들어 술을 살짝 버린다든지 하면서 마시면 안 된다. 그러면 베트남인들은 여러분을 협상에서도 말과 행동이 다른, 믿지 못할 사람이라고 생각하게 된다.

원칙4) 그들은 술 마시는 과정도 협상의 중요한 과정이라고 생각한다. 마시면서 끊임없이 협상상대방의 인간성을 관찰한다.

전략 6. 베트남인들은 암시적으로 의사소통(Communication)한다

▷ 베트남 파트너의 은유적 화법에 잘 대응해야 한다

베트남인들은 협상 도중 갑자기 엉뚱한 속담이나 명언 또는 역사적 사실 등을 이야기한다. 협상주제와 전혀 관계없는 말을 하므로 가끔 당황할 수가 있다. 그들은 협상상황을 과거의 역사적 사실이나 속담에 비유해 상대방을 설득하려는 것이다. 예를 들어 "시작이 좋으면 끝도 좋다"라는 속담이 베트남에도 있다.

상대가 이 속담을 들먹일 때는 '거래를 시작하는 데 처음부터 너무 많은 이익을 탐내 너무 야속하게 몰아붙이지 말라'는 메시지를 전달하는 것이다. 물론 여기에는 '일단 우리와 거래를 트면 결코 손해볼 것 없을 것이다'라는 뜻도 담겨져 있다.

그러므로 베트남 파트너가 이런 은유적 화법을 쓸 때 당황한 모습을 보여선 안 된다. 진지하게 그들의 문화와 역사를 이해하려 노력하고 존중하는 모습을 보여주어야 한다.

▷ 베트남 파트너로부터 협상결과 '피드백(Feedback)' 받기

베트남인들은 "어제의 협상이 생산적이었다"라는 식으로 애매하게 얼버무리면서, 협상성과를 정확히 알려주지 않는 경우가 많다. 그러므로 상대로부터 피드백을 받으려면 그들과 친한 제3자를 통하는 방법이 있다. 하지만 이는 간접적이라 정확하지 않을 수 있으므로 직접 만나 피드백을 받는 것이 좋다. 피드백을 받으려고 직접 상대를 만날 때 두 가지 경우가 있다.

부정적 피드백

베트남인들은 협상결과가 좋지 않거나 체면이 깎이는 사실은 잘 알려주려고 하지 않는다. 그러므로 말 속에 숨겨진 의미(hidden interest)를 파악해야 한다. 만일 베트남인이 "확신이 가지 않는데요(I am not sure)"라든가 "이 점에 대해 생각해 보겠습니다(I will think about it)." 이런 식으로 말하면 이들이 'No'라고 말하고 있다는 것을 얼른 알아차려야 한다.

몸짓 언어(Body language) 피드백

베트남인의 표정이나 행동을 잘 살펴야 한다. 예를 들면 자주 말을 머뭇거리거나 여러분의 얼굴을 자신 있게 쳐다보지 않고 피하면 대개 부정적 피드백이다.

긍정적 피드백

협상성과가 좋을 경우 상대가 슬쩍 개인적으로 알려준다. 이 경우 다른 베트남인들 앞에서 이 사실을 공개하고 협상성과를 알려준 상대를 칭찬해서는 절대 안 된다. 상대의 호의에 대한 보상은 개인적으로 은밀하게 해야 한다.

▷ "Yes"의 의미를 그대로 받아들여선 안 된다

협상테이블에서 우리 측이 무슨 제안을 했을 때 베트남 파트너가 "예스"라고 대답하면 그 제안을 받아들였다고 이해해선 안 된다. 이는 일본인과 협상할 때와 마찬가지로 그들의 "예스"는 단지 우리 측의 말을 알아들었다는 뜻이다. 그러므로 반드시 "당신은 이 제안에 동의하느냐(Do you agree)?"라고 확인하여야 한다.

▷ 복수시간(Poly-chronic time)문화

우리가 하노이에 투자를 해 화학공장을 세우려고 하노이 시 공무원들과 협상을 한다고 하자. 물론 보다 유리한 외국인투자 인센티브를 얻어내기 위해서이다. 제일 궁금한 것은 공장 부지이다. 무상이면 좋고 장기임대면 임대료를 협상하려 한다. 다음 관심은 세제지원이다. 그다음이 금융지원이다. 말하자면 공장부지 - 세제지원 - 금융지원의 순서로 협상하고 싶다.

그런데 베트남 파트너가 공장부지 이야기를 했다가 갑자기 금융지원 이야기를 한다. 협상이슈를 순서대로 하나하나 풀어가는 것이 아니라, 첫 번째 이슈를 이야기했다가 세 번째 이슈, 그리고 다시 두 번째를 말한다. 이럴 때 당황해서는 안 된다.

그리고 상대가 일부러 협상에서 유리한 고지를 점령하려고 기만적 술책(dirty tricks)을 쓰는 게 아닌가 하고 오해해서도 안 된다. 베트남은 전형적인 복수시간(poly-chronic time)문화의 나라이다.

미국 같이 이슈 1 → 이슈 2 → 이슈 3처럼 순서대로 협상을 진행시키는 단수시간(mono-chronic time)문화의 나라가 아니다. 따라서 이 같은 베트남의 복수시간 협상문화를 잘 이해하고 준비해야 한다.

2. 다양한 기만적 술책(Dirty tricks)에 대한 협상전략

역사적으로 외적의 침입을 많이 받은 베트남인들은 외국인과 협상할 때 다양한 전략을 쓴다. 특히 '기만적 술책(dirty tricks)'을 주의해야 한다. 기만적 술책이란 쉽게 말해 잔머리를 굴려 상대방의 허를 찌르고 협상에서 유리한 고지를 점령하기 위한 비도적적 협상전략이다.

▷ 전략적 침묵(Strategic silence)

가장 즐겨 쓰는 기만적 술책이 전략적 침묵이다. 협상 도중 갑자기 한동안 아무 말도 하지 않고 침묵을 지키는 것이다. 이럴 경우 외국인은 '내가 무슨 실수를 했나?' 하고 당황하게 된다. 협상테이블에서 당황하면 말이 많아지고 본의 아니게 양보하게 된다.

이 같은 전략적 침묵은 중국인들도 즐겨 쓴다. 이럴 때는 맞대응해야 한다. 상대가 이유 없이 침묵하면 '나도 침묵하겠다'는 식으로 "휴식 시간을 갖자"라고 제안하든지, 아니면 "세면실에 다녀오겠다"라고 하며 협상장을 빠져나오는 것이다.

또한 베트남 파트너가 침묵을 지키면 '여러분의 제안에 동의하지 않는다'라는 뜻일 때가 많다. 이럴 때 상대의 답을 들으려고 자꾸 다그치지 말아야 한다. 여유를 가지고 기다리면 베트남 파트너가 말문을 열게 된다.

▷ 스트레스 상황(Stressful situation) 거부

일반적으로 베트남인들은 협상장소로 자기 나라를 선호한다. 특별한 이유가 없는 한 그들의 요구를 들어주어도 되지만, 한 가지 주의할 것이 있다. 의도적으로 스트레스 상황을 조성해 상대를 당황하게 만드는 경우이다.

한국정부 대표단으로 호찌민 시 청사를 방문해 협상을 하던 저자는 굉장히 곤혹스러운 경험을 했다. 한창 더운 7월 말에 창문을 닫은 회의실에서 에어컨도 없이 협상을 한 것이다. 엄청난 스트레스로 한국 대표단은 협상이고 뭐고 우선 찜통 같은 방을 빠져나오고 싶었다.

현지 주재원과 그날 저녁을 하는 자리에서 그 이야기를 하였더니 의아해한다. 그 청사 건물에는 분명 에어컨 시설이 잘 갖추어진 회의실이 있다는 것이다. 왜 이런 당황스러운 협상상황이 전개되었을까? 어쩌면 베트남 파트너가 기만적 술책의 일환으로 에어컨이 없는 회의실을 선택했을지도 모른다.

1970년대 미국과 중국 간에 핑퐁외교가 한창일 때 북경을 방문한 미국 대표 헨리 키신저 앞에서 주은래 수상이 의도적으로 타구에 가래침을 거세게 뱉었다. 평소에 가래침이라는 것을 본 적이 없는 키신저 대표는 불결함 때문에 협상이 지속되는 동안 상당한 심리적 스트레스를 받았다고 회상한다.

하지만 재미있는 사실은 중국 쪽 기록을 보면 주은래 수상은 미국이나 유럽 파트너와 협상할 때는 우선 가래침을 의도적으로 타구에 뱉었다고 한다. 상대에게 심리적 부담을 주는 스트레스전략을 구사한 것이다.

한국인들이 해외에 나가 협상을 할 때 상대의 이 같은 기만적 술책에 잘 말려든다. 우리는 남의 나라에 갔을 때 주인이 대접하는 대로 따르는 것이 미덕이라고 생각하기 때문이다.

그러나 하버드 대학의 휘셔-유리 교수가 지적했듯이 이 경우 단호하게 스트레스 상황을 제거해 줄 것을 상대에게 요구해야 한다. 위의 호찌민 사례에서는 '더워서 협상을 못하겠으니 에어컨이 있는 회의실로 옮겨달라'고 요구해야 한다. 만약 의자가 불편하면 바꿔달라고 요구하는 것이다.

▷ 허위권한전략(Fake authority)

베트남 전력사업에 진출하려는 한국의 A기업은 현지인을 통해 소개받은 베트남 산업부 차관에 대해 오랜 기간 공을 들여 협상하였다. 호화로운 식사 대접은 물론이고 값이 나가는 선물도 주면서 현지 투자 사업계획에 대해 여러 번 설명을 하였다.

그런데 어느 날 그 산업부 차관이 뜻밖의 이야기를 한다. "이 투자사업에 대한 최종 결정권한은 정보통신부가 가지고 있으니, 그 부처 차관을 설득해라"라는 것이다. A기업은 실제 협상권한이 없는 산업부 차관과 협상하며 접대하고 시간과 돈을 낭비한 것이다.

물론 잘못은 정부부처의 권한을 정확히 모르고 산업부 차관을 소개시켜준 현지인에게 있다. 일반적으로 베트남뿐만 아니라 동남아의 많은 국가 공무원들은 한국기업이 접근하면 자신이 권한이 없음에도 불구하고 일단 협상테이블에 나오고 우리 측이 베풀어주는 환대를 받는다.

일반적으로 허위권한전략에는 두 가지 종류가 있다.

[권한이 없는데 있는 것처럼 행동하는 경우]

이는 위의 사례이다. 대개의 경우 관련 부처 간 또는 같은 부처 내에서도 실제 업무분장이 명확하지 않아서 그렇다.

그러나 종종 협상과정에서 향응 같은 반사적 이유를 기대해 허위권한 전략을 쓰는 수가 있다. 그러므로 허위권한전략에 대한 대응방안으로 협상 전에 반드시 "상대가 어느 정도의 의사결정권한을 가지고 있는지"를 확인해야 한다.

[권한이 있는데 없는 것처럼 행동하는 경우]

협상테이블에서 난처한 입장에 몰렸을 때 시간을 벌기 위해 쓰는 전략이다. 예를 들어 이 협상사안에 대해 결정할 권한이 없기 때문에 중앙정부나 공산당의 허락을 받아야 한다든가, 아니면 관계 부처의 협의를 거쳐야 한다는 식의 발뺌을 하는 것이다.

▷ 거짓 정보

물론 치열한 협상과정에서는 필요하면 거짓말도 하고 거짓 정보도 준다. 그러므로 항상 상대가 준 정보를 그대로 믿지 말고, 신뢰할 수 있는 제3자 또는 적절한 기관을 통해 확인해야 한다.

▷ 문서협상은 금물

협상을 시작하면서 우리 측의 제안이나 입장이 구체적으로 적힌 문서나 메모를 먼저 주면 안 된다. 예를 들면 우리가 굴삭기를 판매하고자 할 때 '과거에 태국에 얼마에 팔았다', '베트남에는 얼마에 팔고 싶다는 희망가격' 등을 문서로 만들어 베트남 파트너에 주는 것은 절대 금물이다.

베트남 파트너는 문서화된 내용 중에서 자신들에게 불리한 것은 단순히 무시하고, 유리한 것에만 매달려 문서에 있는 조건 하나하나를 협상하려 할 것이다.

▷ 최종 계약서의 의미

미국인들과 비즈니스 협상을 하고 양해각서(MOU: Memorandum of Understanding) 또는 최종 계약을 맺으면 쌍방은 여기에 구속되고 임의로 변경할 수 없다.

그런데 베트남인들에게 '최종(final)' 계약이란 개념이 없다. 최종 계약서에 서명하고 나서도 '새로운 상황이 발생하면 언제든지 계약 내용을 바꾸든지 달리 해석할 수 있다'라고 생각한다. 베트남인들은 계약서의 내용을 고치는 것이 새로운 상황에서 계약 내용을 명확히 하는 것이라고 여긴다.

따라서 베트남 파트너와 계약서에 서명을 하고 나서 '모든 것이 계약대로 진행되겠지' 하고 기대해서는 안 된다. 그들이 계약 내용을 고치자고 할 때 "계약대로 하자"고 버티는 것은 적절하지 못하다.

이럴 때 '니블링(nibbling)'전략으로 맞받아치면 효과적이다. 니블링전략이란 협상이 마무리된 후에 상대방이 A라는 요구를 해 오면 이를 받아주는 대신 A에 상응하는 가치가 있는 B를 상대방에게 요구하는 것이다.

예를 들어 굴삭기 100대를 팔기로 했는데, 구매자가 가격을 5% 깎아달라고 한다고 하자. "OK! 대신 애프터 서비스할 때 굴삭기 부품가격을

30% 인상하자"라고 제안하는 것이다.

그리고 가능하면 변호사를 협상에 직접 개입시키지 않는 것이 좋다. 신뢰와 인간관계에 바탕을 두고 협상을 하는 베트남인에게 변호사의 출현은 '그들을 믿지 못하겠다'라는 메시지를 던지는 것이다.

베트남에서 스마트 협상하기

식사 및 음주 문화(Business entertainment)

베트남 파트너가 식사에 초청하면 반드시 응해야 한다. 같이 식사하고 술을 마시는 것은 양자 간의 협상의 전제조건으로서 인간관계를 형성하는 중요한 과정이라고 생각한다. 따라서 그들의 초대를 거절하면 인간관계의 형성을 거절하는 것으로 오해받기 쉽다.

한번 초대받았으면 꼭 답례해야 한다. 조건이 허락한다면 오찬보다는 만찬을 제의하면 그들이 속으로 더 좋아한다. 일반적으로 오찬에는 비즈니스 이야기를 해도 된다. 하지만 만찬에서는 비즈니스 이야기를 하지 않는 것이 좋다. 그들에게 만찬은 한낮의 피로를 잊고 즐겁게 마시고 즐기는 시간이다. 그들도 2차로 가라오케 같은 데를 간다. 그런데 재미있는 것은 같은 식당에서 다른 테이블로 옮기는 것도 2차이다. 어쩌면 우리보다 더 합리적일지도 모른다.

항상 베트남 파트너가 먼저 건배 제의를 하도록 양보하는 게 좋다. 답례로 건배 제의를 할 때는 반드시 일어서서 상대의 좌장, 즉 최상급자를 쳐다보며 두 손으로 술잔을 잡고 해야 한다. 서양식으로 한 손으로 건배 제의하는 것은 결례이다.

분위기가 무르익으면 참석자들이 모두 돌아가면서 건배 제의를 하기도 한다. 상대가 건배사를 하면 '못－하이－바(하나, 둘, 셋)' 하면서 박수를 친다. 따라서 사전에 베트남 파트너가 공감할 수 있는 임팩트 있는 건배 제의 내용을 미리 여러 개 준비해 두면 편리하다. 현장에서 갑자기 준비하려면 당황하게 되며 상대방과의 대화에 집중하기 어려워진다.

주의해야 할 점은 술잔을 돌리지 않는다. 자기 잔을 스스로 채워서 마신다. 우리나라는 상급자와 마실 때 존경의 표시로 고개를 돌려 술잔을 비우는 것이 예절이라고 생각한다. 그러나 베트남은 그렇지 않다.

더운 지방 사람들인데도 독한 술을 좋아한다. 죠니워커 같은 스카치위스키는 물론이고 보드카도 즐긴다. 현지에서 '하노이 보드카'라는 상표의 보드카까지 생산한다.

베트남은 술을 권하는 문화이다. 일단 만찬에 들어가면 즐겁게 술을 마셔야 한다. 베트남 파트너가 술을 권했는데 "No!"라고 거절하면 상당히 당황한다. '우리와 어울리기 싫어하는구나!', '무슨 기분 나쁜 일이 있나?' 등으로 오해하기 쉽다. 술을 못 마시면 미리 양해를 구해야 한다. "배탈이 나서 도저히 오늘은 술을 못 마시겠다"라고 하면 상대방은 이해한다.

만찬 장소는 일반적으로 고급 중국음식, 베트남 전통음식, 고급 일본음식을 선호한다. 하지만 일식집을 선택할 때는 꼭 상대방에게 물어봐야 한다. 아직도 날생선, 즉 생선회나 초밥을 꺼리는 사람들이 있다.

우리가 접대할 때 메뉴는 베트남 파트너가 좋아하는 것을 선택하도록 하는 것이 좋다. 하지만 유교문화의 체면 때문에 메뉴 선택을 머뭇거릴 수도 있다. 이럴 경우 지배인을 불러 "이 레스토랑에서 제일 고급요리가 무엇이냐?"고 물어보고 주문하면 된다. 제일 고급메뉴를 선택했다는 것은 가장 성의 있는 대접을 받았다는 호의로 연결된다.

인사(Greetings)

악수는 약간 허리를 숙이고 해야 한다. 뻣뻣이 서서 악수하면 약간 거만하게 보일 수도 있다. 연장자나 상급자부터 악수해야 하며, 연장자에게 존경을 표시하는 간단한 말을 하면 좋아한다.

베트남 협상팀에 여성이 있을 때 우리 측에서 먼저 손 내밀고 악수하면 결례가 될 수 있다. 여성이 먼저 손 내밀면 악수한다. 여성이 아무런 반응을 보이지 않으면 가볍게 허리 정도 숙이면 된다.

우리 측 협상팀 멤버를 베트남 협상팀에게 소개할 때는 연장자나 상급자에게 먼저 소개하는 것이 자연스럽다.

명함 교환

베트남에서는 절대로 한자로 쓴 명함을 사용해선 안 된다. 중국의 천년 지배를 받고, 1979년 중국의 침략, 남중국해 영토분쟁 등으로 중국 및 한자에 대한 반감이 심하다.

미국인과 베트남인에게 명함이 가지는 의미가 다르다. 미국인에게 명함은 단순한 이름, 전화번호, 이메일 같은 정보가 적혀 있는 종이 쪽지이다. 그래서 미국에 가서 명함을 교환할 때 자기 명함을 테이블에 슬쩍 밀어 던지는 사람도 있다. 그리고 미국인은 받은 상대의 명함에 간단한 메모를 하기도 한다.

그런데 베트남인에게 명함의 의미는 다르다. 반드시 두 손으로 명함을 받고 유심히 쳐다보며 경의를 표해야 한다. 힐끗 보고 바지 뒷주머니에 쑤셔 넣으면 상대는 모멸감을 느낄 것이다. 받은 상대의 명함들을 테이블 위에 가지런히 정렬해 놓고 협상하면 편리하다. 물론 명함 위에다 낙서를 해서는 안 된다.

호칭(Title)

베트남은 권위주의 사회이므로 상대방을 치켜세우는 호칭을 붙여주면 좋아한다. 예를 들어 키엔 장관을 면담하는데, 그가 박사학위와 교수 타이틀을 다 가지고 있으면 'Minister', 'Doctor', 'Professor' 중에서 어느 타이틀을 제일 앞에 부칠까?

"Professor! Doctor! Minister! 키엔"

유교문화의 잔재가 있어서 그런지 '교수'라는 칭호를 최고로 친다. 마치 서양의 '공작', '백작'과 같은 품격이다. 베트남대학 사람들을 보면 거의 대부분 'Lecturer', 즉 우리말로 '강사'란 타이틀을 가지고 있다. 교수 칭호를 가진 사람은 아주 드물다. 교수 숫자는 의회에서 정할 정도로 아주 제한적이다.

우리나라에서는 Mr.라고 상대를 잘 부르지 않지만, 베트남에서는 Mr. Mrs. Ms.란 호칭을 써도 좋다.

몸짓 언어(Body language)

사람을 부를 때 우리처럼 손바닥을 아래로 하고 상대를 불러야 한다. 손바닥을 위로 향하게 하고 손가락을 움직여 부르면 실례가 된다.

베트남인과 협상테이블에서 상대를 빤히 쳐다보는 것은 바람직하지 못하다. 베트남문화에서 하급자나 젊은이가 상급자나 연장자에게 말할 때 얼굴을 쳐다보지 않고 아래를 보며 말하는 것은 상대에 대한 존경을 표시한 것으로 받아들여진다. 그렇지만 외국인인 우리가 그렇게까지는 할 필요는 없다.

그러나 서양문화에서는 협상테이블에서 눈맞춤을 피할 경우 무언가 속이는 것으로 오해를 줄 수 있다. 그러므로 서구인들과 협상 시 눈맞춤을 간간이 하는 것이 자연스럽다.

선물(Gift)

베트남에 협상하러 갈 때는 꼭 선물을 준비해야 한다. 많은 경우 협상 프로토콜에 선물 교환이 있다. 베트남인들은 중국인과 같이 한국의 인삼을 좋아한다. 인삼 제품 중에서도 정관장을 아주 선호한다. 선물 포장지는 화려한 색이 좋다.

일반적으로 서양인은 선물을 받으면 그 자리에서 열어본다. 그리고는 찬사를 덧붙인다.

"스카프가 아주 마음에 들어요!"

"평소 제가 갖고 싶어 했던 물건이네요!"

하지만 한국이나 일본에선 다르다. 그 자리에서 열어보지 않는다. 그런데 베트남에선 정석이 없다. 우리가 선물을 받으면 "열어봐도 좋냐?"고 물어보는 것도 좋은 방법이다. 반대로 우리가 선물을 주면 그들은 보통 안 열어본다. 그때 "한번 열어 보세요"라고 권해도 된다. 그러면 상대방은 열어본다.

상급자와 실무자의 선물은 차별화시켜야 한다. 당연히 상급자에게 고급선물을, 실무자에게는 간단한 선물을 준비한다.

선물(Gift)과 뇌물(Bribery)의 차이

사실 다양한 나라와 비즈니스 협상을 하다 보면 선물과 뇌물의 경계선이 모호할 때가 많다. 미국 연방정부 공무원에게는 100달러가 기준이다. 예를 들어 워싱턴에 가서 상무성 관리에게 80달러짜리 선물을 주면 이것은 미국 기준으로 선물이다. 그래서 본인이 갖는다. 그런데 150달러짜리 물건을 주면 본인이 가지지 못한다. 정부에 신고하고 그 물건을 예치시켜야 한다.

이같이 선진국은 대개 명확한 기준이 있는데, 문제는 베트남 같은 동남아 국가의 경우이다. "남이 보는 데서 주면 선물이고, 남몰래 은근히 주면 뇌물이다." 이는 베트남문화를 잘 아는 사람들이 하는 말이다.

협상에서 중요한 고위 관리와 좋은 관계를 만들려면 꼭 선물을 두 개 준비해야 한다. 하나는 공식 선물 교환 때 다른 사람들 앞에서 주는 평범한 선물이다. 두 번째 특별한 선물(!)은 헤어질 때 남들 모르게 전달해 주면 좋다.

베트남에서 선물과 뇌물의 차이가 다분히 주관적이고 자의적이다. 따라서 선물과 뇌물의 기준은 베트남을 잘 아는 사람이나 코트라 현지 무역관의 가이드라인 등을 참조해야 한다.

복장(Dress)

넥타이를 매는 정장을 하는 경우는 아주 드물다. 우리나라 공무원 여름 복장처럼 양복에 흰 와이셔츠를 입으면 무난하다.

행정수도인 하노이는 일반적으로 짙은 색 계통의 복장을 입고, 남쪽 호찌민에서는 흰색이나 화려한 색의 복장을 선호한다.

시간 지키기(Time commitment)

다른 동남아 국가와 달리 놀라울 정도로 시간을 잘 지킨다. 아마 철저한 공산국가라 그런 것 같다. 그러므로 보통 미팅 5-10분 전에 미리 약속 장소에 도착해야 한다.

그리고 적어도 미팅 하루 전에 일정을 재확인하는 것을 잊어서는 안 된다. 디테일한 일정에 대해서도 정성을 다하면 그들로부터 신뢰를 획득하는 데 큰 도움이 된다.

V
금기사항(Taboo)

▷ 월남전 참전 이야기

1960－1970년대에 벌어진 월남전에 한국군이 참전한 이야기를 할 필요가 없다. 베트남 젊은 세대는 60여 년 전에 벌어진 월남전 자체에 대해 잘 모르고 관심도 없다. 나이 많은 세대는 한국 사람과 그 역사적 이야기를 하는 것 자체를 꺼린다.

저자가 청와대에 근무할 때 대통령을 수행해 베트남에 간 적이 있다. 공식 오찬 테이블에 베트남 과학부 장관과 같이 앉았다. 당시 국제 감각이 다소 부족했던 저자가 약간의 실수를 했다. 과학부 장관에게 한국군의 참전에 대해 물은 것이다. 상대의 반응은 시큰둥했다. '왜 그런 오래전 이야기를 불필요하게 꺼내느냐'는 식으로 관심 없다는 듯이 받아넘겼다.

▷ 한국에 시집온 베트남 여인 이야기

우리나라에 국제결혼으로 시집온 외국 여성들 중에서 중국인 다음으로 베트남인이 많다. 베트남에 가서 협상을 할 때 반가운 마음에서 이 같은 국제결혼관계로 맺어진 두 나라 사이의 인연을 강조할 필요가 없다.

상대방이 먼저 이야기를 꺼내지 않는 한, 구태여 화제에 올려선 안 된다. "우리 누이가 한국에 시집가서 잘살고 있다." 만약 상대가 이런 식으로 반색을 하며 국제결혼 이야기를 하면 그때 가서 호응해 주면 된다. 실제로 한국에 시집와서 다문화 가정을 위해 봉사도 하면서 행복하게 사는 베트남인들도 주위에 많이 있다.

▷ 절대 상대방의 몸에 손을 대면 안 된다. 특히 머리카락을 만지면 화약 냄새를 맡을 각오를 해야 한다

다른 동남아 국가와 같이 베트남에서도 이유 여하를 막론하고 상대방의 몸에 손을 대면 안 된다. 물론 여기에 선의로 다정하게 살짝 만지는 것도 포함된다.

베트남에 진출한 우리 중소기업에서 한때 노사분규가 심한 적이 있었다. 알고 보니 우리 기업인들이 문화적 차이를 모르고 한국에서 우리 근로자를 대하던 방법 그대로 동남아 근로자를 다룬 것이다.

"이번 주말까지 생산목표를 달성해야 한다. 그러니 좀 더 빨리 일하자!" 우리나라 중소기업의 공장에서 사장이 생산라인에서 일하는 근로자에게 이렇게 말하면서 어깨를 툭툭 치는 것은 우리 문화에서는 아무런 문제가 안 된다. 사장이 열심히 일해 보자고 격려한 것이다.

그런데 베트남에서는 이렇게 하면 안 된다. 그들은 "한국인한테 맞았다!"라고 항의한다. 엄청난 문화적 차이이다. 우리 문화에서는 근로자의 어깨를 툭툭 치는 것은 격려이지만, 베트남문화에선 때리는 것이다.

이것보다 더 심한 문화적 충돌은 상대방의 머리카락을 만졌을 경우이다. 몇 년 전 동남아에 놀러간 일본인 관광객이 식당에서 음식을 주문했다. 음식이 늦게 나오자 종업원에게 재촉을 하였다. 그런데 말이 잘 통하지 않는 현지인이 빤히 일본인 관광객의 얼굴을 쳐다보았다.

이에 일본인 관광객이 "야, 인마! 음식 빨리 가져오지 않고 뭘 사람을 쳐다 봐!" 하며 현지 종업원의 뒤통수를 툭툭 몇 번 쳤다. 일본 야쿠자문화에서나 있을 수 있는 일이다. 얼마 후 일본인 관광객이 늦게 나온 음식

을 먹고 있는데 등 뒤에서 "빵빵" 하는 권총 소리가 들렸다. 등 뒤에 화약 연기가 모락모락 나는 권총을 종업원이 들고 있었다.

동남아에서 머리카락을 만지면 기분 나쁜 정도가 아니라, 사생결단을 할 정도의 심한 모욕감을 느낀다. 그래서 분노한 종업원이 오토바이를 타고 집에 가서 권총을 들고 온 것이다.

▷ 화교 이야기

동남아의 거의 모든 나라에서 화교에 관련된 이야기는 금물이다. 특히 베트남에서는 통일 후 '보트-피플'이라는 쓰라린 역사가 있다. 공산 베트남 정부가 화교를 반강제적으로 추방하였는데 약 50만 명의 화교가 추방되었다.

통일 후 베트남에서 쏟아져 나온 보트-피플의 상당수가 화교였다. 우리와 같이 민족성이 강한 베트남인들은 현지 경제력을 장악한 화교에 대한 반감이 특히 강했다.

동남아는 차라리 '리틀 차이나'

세계 어디다 데려다 놓아도 뿌리를 내리는 한족(漢族)의 놀라운 생활력은 동남아에서도 찾아볼 수 있다. 인도네시아 자카르타에는 이미 1742년 화인공당(華人公堂)이 설립되어 화교 사회의 사무를 처리하였다. 화인공당은 1772년부터 1978년까지 화교 사회의 기록을 남겼다.

현재 태국, 필리핀, 인도네시아 등 동남아에 약 사천 만 명의 화교가 있다. 현지 인구의 약 10% 정도인 이들이 동남아 경제의 2/3 정도를 장악하고 있다. 인도네시아에선 겨우 4% 정도의 화교가 현지 경제의 80% 정도를, 필리핀에는 1.3%가 60%를 차지한다.

싱가포르 리콴유 수상, 필리핀 아로요 대통령의 가계(家系)도 따지고 보면 화교이다. 말레이시아 10대 부호 중 9명이 화교이다. 인도네시아, 태국 등의 부호도 거의 화교들이다. 싱가포르는 아예 '리틀 차이나'로 인구의 77%가 화교이다. 태국 CP그룹같이 제조업을 하는 화교기업도 있지만 대부분은 부동산, 금융, 유통, 음식료 같은 서비스 업종에 종사한다.

유태인을 뺨 칠 정도의 상술을 가진 이들은 국가기간 산업보다는 '금방 돈 냄새가 나는 곳'인 비(非)제조업에 대한 투자를 선호하는 것이다.

이를 거꾸로 해석하면 현지경제를 좌지우지하는 화교자본이 동남아 국가의 산업화에 필요한 철강, 자동차, 반도체 같은 제조업에 대한 장기 투자를 꺼리는 것이다.

우리나라가 한참 산업화를 일구어 나갈 때 '기업보국(企業報國)'이란 말이 있었다. 기업을 경영해 나라의 발전에 기여한다는 것이다. 그런데 동남아 화교에게는 사실 좀 안된 이야기이지만 기업보국의 정신이 없다.

베트남의 보트—피플뿐만 아니라, 동남아에는 경제적 지배자인 화교와 현지인 사이에 언제 터질 지 모르는 휴화산 같은 갈등이 내재하고 있다.

1995년에 인도네시아에서 반(反)화교 폭동이 일어나 많은 화교가 희생되었다. 베트남은 아예 화교로부터 현지인을 보호하기 위해 말레이시아가 채택한 '부미푸트라'정책을 원용하여 쓴다.4

패권 국가를 꿈꾸는 중국이 동남아 경제를 '위대한 중화경제권(Greater Chinese Economic Zone)'에 편입시키고자 하는 것도 또 하나의 불안요인이다. 동남아 국가들은 '혹시 현지경제권을 장악한 화교들이 동남아 경제를 중국 경제에 종속시키려는 베이징의 야심을 위해 움직이지 않을까?' 하는 의구심을 많이 가지고 있다.

---

4 부마푸트라는 말레이시아 원주민을 뜻함. 1970년 이래 말레이시아에서 화교세력을 견제하기 위해 시행하기 시작한 말레이계 우대 정책.

VI
협상사례분석

1. 사례분석 Ⅰ

[우리나라 글로벌 기업 L전자, 해외담당 K부사장의 베트남 협상]

가. 협상상황

L전자는 국내에 있는 스마트폰 공장 전체를 해외로 이전하기로 이사회에서 결정하였다. 컨설팅업체의 자문을 받아 투자대상국으로 아시아 3개국을 꼽았다. 베트남, 인도네시아 그리고 인도이다.

'이 3개국 중에 어디에 투자하는가'는 100% K부사장의 결정에 따르기로 했다. 이사회가 자신에게 준 막중한 책임과 권한을 가지고 K부사장은 우선 투자환경을 알아보기 위해 베트남-인도네시아-인도 순서로 출장을 가기로 했다. 현지국 정부 관료를 만나 외국인투자에 대한 세제 혜택, 금융지원, 공장부지 제공 조건 등을 협상하기 위한 것이다.

참고로 L전자는 스마트폰 세계 5위 생산업체로 만약 3개국 중 한 나라에 공장을 세우면 엄청난 금액의 투자를 하고, 고용효과가 적어도 10만 명을 넘을 것이다. 생산량의 거의 대부분을 해외시장에 팔 것이므로 수출효과 또한 대단하다. 참고로 베트남에 투자한 삼성전자의 스마트폰 등 전자제품의 수출이 베트남 전체 수출에서 차지하는 비중은 25%를 넘으며 약 16만 명을 고용하고 있다.

L전자의 해외투자 정보가 이미 이들 3개국에 알려져 서울에 주재한 베트남, 인도네시아, 인도 대사들이 치열한 유치 경쟁을 하고 있다.

K부사장은 첫 번째 출장지로 하노이를 방문하여 외국인투자 유치 담당인 키엔 장관을 만났다. 장관실에는 홍엔 차관, 탕 국장, 그리고 티엔 과장이 배석했다. 키엔 장관은 "만약 베트남에 투자하면 엄청난 특혜적 지원을 해 주겠다"고 약속하며, 구체적 사항은 실무 담당인 티엔 과장과 협상하라고 말한다.

K부사장은 티엔 과장과 몇 차례 협상을 하곤 짜증이 났다.

• 약속시간에 늦게 나타나고 자주 미팅 시간을 일방적으로 바꾼다.

• 키엔 장관이 약속한 파격적 투자조건에 대해 구체적 이야기는 하지 않으면서 "요즘 베트남에 투자하려는 미국, 일본 업체들이 너무 많다"고 허풍만 떤다.

• 회의실에는 낡은 에어컨이 거의 작동을 못해 찜통 수준이다. 더위에 약한 K부사장은 심리적 안정을 찾을 수가 없다.

• 더욱이 어디서 배웠는지 점심식사 시간에 한국식 폭탄주를 마시자고 강권한다.

원래 계획은 베트남에 3일간 머물면서 협상을 하고 인도네시아로 가는 것이다. 인도네시아 자카르타와 인도 뉴델리에 있는 L전자 지사장들은 "현지국 고위관리가 공항으로 영접을 나가겠다고 한다"며 빨리 오라고 난리이다. "두 나라 정부가 아주 좋은 투자조건을 암시한다"고 말한다. 이러한 민감한 협상상황에서 K부사장은 어떻게 협상을 해야 할까?

나. 협상전략 분석

[베트남의 협상전략 분석]

협상목적

사실 베트남 정부는 아주 절실하게 L전자의 투자를 자국에 유치하고
싶어 한다. 하지만 가능한 한 가장 적은 투자 인센티브를 주고 L전자 공
장을 유치하는 것을 목표로 삼고 있다. 이에 따라 다음과 같은 협상전략
을 구사하고 있다.

선역(Good guy)과 악역(Bad guy)

키엔 장관은 전형적인 선역을 하고 있다. 엄청난 투자지원을 해 주겠다
고 선심을 쓰는 척한다. 일단 K부사장의 관심을 베트남에 묶어두려는 것
이다. 티엔 과장은 자기가 맡은 악역에 충실하게 협상하고 있다. 즉 가능
한 한 적은 투자 인센티브를 주고 L전자를 유치하는 것이다.

지저분한 술책(Dirty tricks)

티엔 과장은 비도덕적인 더티-트릭(dirty tricks) 협상전략을 쓰고 있다.
모두 의도적인 협상전략이다.

• 지연(Delay)전략

약속시간에 늦고 일부러 협상을 질질 끌어 K부사장을 지치게 하는 것
이다. 3일간 베트남에 머무를 예정이므로 마지막 3일째는 조급한 마음에
서 부사장이 양보하기를 기대하는 것이다.

• 블러핑(Bluffing)전략

블러핑전략은 사실이 아닌 것을 사실인 것처럼 허위로 과장하거나, 조
그만 사실을 큰 사실로 확대하여 떠벌리고 허풍을 떨어 상대가 헷갈리도

록 만드는 것이다. 베트남 측은 "미국, 일본 등 많은 외국기업이 베트남에 투자하고 싶어서 안달이다"라고 블러핑해서 K부사장과의 협상에서 유리한 고지를 점령하려고 한다.

• 일방적인 현지문화 강요

한국인은 비즈니스 협상에서 술 마시는 것을 꺼리진 않는다. 하지만 음주는 대개 저녁에 한다. 점심 술에 익숙하지 않다. 그런데 대낮부터 "폭탄주를 마시자"고 하는 것은 문화적 강요이다.

다. 협상사례 I에서 배우는 교훈

잘못된 협상상대 선택

K부사장의 가장 큰 잘못은 글로벌 기업의 투자담당 전권특사(!)로서 베트남의 실무과장과 협상을 한 것이다.

키엔 장관이 "구체적 투자조건을 티엔 과장과 실무협상을 하라"고 했을 때 단호히 "노(No)"라고 거부했어야 한다. 베트남은 물론 동남아 국가에서 10만 명의 일자리를 만드는 외국인투자 프로젝트라면 그 나라 대통령이나 수상을 상대할 정도의 강한 협상력(bargaining power)을 가진다. 당연히 구체적 투자조건을 키엔 장관과 직접 협상했어야 한다.

만약 키엔 장관이 '스케줄이 빡빡해 시간을 낼 수 없다'라고 발뺌을 한다면 이건 사실이 아니다. L전자 정도의 투자유치라면 키엔 장관은 기존 스케줄을 취소하고서라도 K부사장과 협상하여야 한다.

협상력과 협상문화 강요

우월한 협상력을 가진 K부사장은 폭탄주를 마시자는 상대 문화를 거부해도 된다. 국제협상에서 어느 나라 문화를 강요하는가는 전적으로 협상력에 의해 결정된다. 쉽게 말하면 을이 갑의 협상문화를 따라야 한다.

펩시콜라의 구소련 진출에 위기를 느낀 코카콜라는 중국시장에 진출하

기 위해 베이징 관료들과 협상을 준비하였다. 이때 미국인 직원 중에서 중국어를 잘하는 사람을 골라 영어가 아닌 중국어로 협상을 하였다. 당연히 코카콜라가 을이고 중국 관리들이 갑이었기 때문이다.

또 다른 재미있는 일화는 W. 처칠 수상과 F. 루즈벨트 대통령의 칵테일 협상이다. 독일이 폴란드를 침공하고 유럽에서 침략의 야욕을 드러낼 때 미국의 분위기는 냉담했다. 독일의 침략에 맞서 싸워야 하는 영국으로서는 미국의 참전이 절실히 필요했다. 미국을 설득하고자 백악관을 찾은 처칠 수상은 루즈벨트 대통령의 환대를 받는다.

루즈벨트는 외빈을 가장 환대하는 방식이 손수 만든 칵테일을 상대방에게 권하는 것이다. 처칠은 잘 알려진 애주가이다. 천하의 주당인 처칠에게도 묘한 약점이 있다. 위스키에서 와인까지 다 잘 마시는데 이상하게 칵테일을 못 마신다. 체질적으로 몸이 칵테일을 받지 않는 것이다.

이런 상황에서 처칠은 루즈벨트가 직접 만든 칵테일을 권할 때 어떻게 반응했을까?

"대통령 각하! 제가 칵테일을 못 마시니 다른 술을 주십시오"라고 말했을까? 처칠이 갑이면 이렇게 말해도 된다. 그런데 그때 처칠은 절대적 을이었다. 덥석 받아 칵테일 잔을 받아 호쾌하게 쭈욱 들이켰다. 그리고 감탄하는 표정으로 '대통령이 만드신 칵테일이 아주 맛있네요!'라고 한마디 하였다. 물론 아첨이다.

그런데 이 말을 진짜로 알아들은 루즈벨트는 연거푸 칵테일을 만들어 주고 처칠은 마시고 또 마시고 결국 견디지 못해 화장실을 들락날락해야 했다. 열 잔 가까이 마셨다니 대영제국의 수상이 백악관에서 엄청난 고역을 치른 셈이다. 그런데 고생한 성과는 있었다.

미국의 참전!

암시적 위협(Implicit threat)과 명시적 위협(Credible threat)

K부사장은 '은근한 위협'전략을 쓸 필요가 있다. "방금 L전자의 자카르타 지사와 뉴델리 지사에서 연락이 왔는데, 인도네시아와 인도의 투자담당 장관들이 파격적인 투자지원을 해 줄 테니 빨리 와서 장관과 직접 협상하자고 한다"라고 은근히 위협하는 암시적 위협전략을 구사하는 것이다.

일반적으로 상대가 지저분한 술책(dirty trick)을 쓸 때 K부사장처럼 참으면 안 된다. 맞받아쳐 위협을 해야 한다. 물론 화를 낸다거나 회의실을 박차고 나가는 '명시적 위협'을 해선 안 된다.

암시적 위협은 웃으면서 이야기하면서도 상대방에게 심리적 압박을 가해 지저분한 술책을 멈추게 하거나 양보를 얻어내는 것이다. 예를 들면 감정을 드러내지 않고 이렇게 티엔 과장에게 말하는 것이다.

"원래는 모레 출국하려 했는데 지금까지 베트남에서 이야기해 보니 별 성과가 없는 것 같다."

"본사에서는 짧은 시간에 세 나라를 돌아보고 빨리 투자국을 결정하라고 한다."

"그래서 오늘 협상해 보고 별 소득이 없으면 예정을 앞당겨 내일 일찍 출국하겠다" 등이다.

이렇게 K부사장이 맞대응을 하여 베트남 측이 태도를 바꾸어 협조적으로 나온다면 협상을 재개하면 된다. 만약 그래도 태도를 바꾸지 않으면 미련 없이 베트남을 떠나 인도네시아로 향해야 한다. 투자조건을 협상하는 초기단계부터 신뢰할 수 없는 나라에 투자해선 안 된다.

2. 사례분석 II

[판교 바이오 단지 M사장의 베트남에서의 협상]

가. 협상상황

판교 바이오단지에서 'Bio-Korea사'를 운영하는 M사장은 자사가 개발한 신형 Bio-테스트 키트를 팔기 위해 베트남을 방문하였다. 만약 이번 출장에서 '하노이-바이오 벤처사'와의 협상이 성사되면 거래규모는 엄청나게 크다.

국영기업으로서 베트남 인구 전체의 질병테스트를 담당하는 '하노이-바이오 벤처사'가 'Bio-Korea사'의 신형 Bio-테스트 키트를 쓰도록 거래가 성사되면 연매출이 천만 불에 이르며 적어도 5년간의 공급계약을 체결할 수 있다.

M사장은 하노이에 도착해 다음 날 오전 11시로 잡힌 약속을 확인하기 위해 '하노이-바이오 벤처사'의 응우옌 사장실에 전화를 했다. 응우옌 사장은 M사장의 군대 동기로서 베트남에서 제법 잘나가는 소규모 공장을 운영하고 있는 친구가 소개시켜 주었다.

그런데 비서가 "사장님에게 내일 바쁜 일정이 생겨 지얍 부장으로 면담자가 바뀌었으며 시간도 오후 5시로 늦추어졌다"라고 말한다.

M사장은 아주 실망하였다. 신형 Bio-테스트 키트 협상은 거래 규모가 크기에 '하노이-바이오 벤처사'의 부장 정도를 만나서는 성사시키기가 쉽지 않다.

M사장은 이날 저녁에 하노이 중심가에 있는 롯데 호텔에서 혼자 저녁을 먹다가 우연히 고교 동창 B를 만났다. B는 지금 삼성전자 베트남 법인 현지 사장으로 근무하고 있다고 한다. 반가운 마음에 식사를 같이하며 이야기를 나누면서 "하노이-바이오 벤처사와의 협상 때문에 왔는데 잘 풀리지 않는다"라고 사정을 말하였다.

고교동창 B사장은 '하노이-바이오 벤처사'의 응우옌 사장을 잘 알고 있었다. 삼성전자에 자기 회사제품을 납품하고 싶어 응우옌 사장이 몇 번 자기 사무실을 찾아왔다고 말한다.

"내가 내일 아침에 응우옌 사장하고 직접 통화해 볼게. 오늘 저녁은 정말 반갑게 이국에서 친구끼리 만났으니 한잔 하자." 친구 B사장이 이렇게 호언장담하였지만 M사장은 반신반의하며 호텔로 돌아왔다.

다음 날 아침에 B사장으로부터 전화가 왔다. "처음 약속한 대로 오전 11시에 응우옌 사장하고 면담하기로 했으니, 잘해 보게나."

우연히 만난 친구 덕분에 응우옌 사장을 만나 M사장은 자사가 개발한 신형 Bio-테스트 키트의 성능에 대해 열심히 설명했다.

"기존 제품보다 정확도가 아주 높으며 가격도 20% 저렴합니다."

"신형 Bio-테스트 키트의 샘플을 가져왔으니 원한다면 '하노이-바이오 벤처사' 연구팀에서 당장 성능실험을 해도 좋습니다"라고 말하였다.

그런데 응우옌 사장은 듣는 둥 마는 둥 하며 물건에는 별 관심을 보이지 않고 엉뚱한 질문만 한다.

"Bio-Korea사가 설립된 지 몇 년이 되었고, 연간 매출, 영업이익은 얼마인가요?"

"한국 정부가 투자를 했나요?"

"어느 나라에 제품을 수출하고 있나요?"

그리고 개인적인 질문까지 한다.

"삼성전자의 B사장 하고는 어떤 관계인가요?"

같은 학교를 나온 동창이라고 대답하니 M사장과 B사장 사이의 관계에 대해 꼬치꼬치 묻는다.

"학교 다닐 때 아주 친한 친구 사이였는지?"

"졸업한 후에도 자주 만나는 사이인지?" 등이다.

정말 어려운 질문들에 모두 대답을 하고 본론인 가격협상을 하려는데, 응우옌 사장의 입에서 나온 말은 뜻밖이었다.

"가지고 온 샘플과 자료를 놓아두고 가면 회사 내부에서 검토해 보고 다시 연락드리도록 할게요."

그리고 "다음번에 만나면 저녁이나 같이 하자"고 말한다.

"물론 당신의 친구인 삼성의 B사장이 합석해도 좋고요."

M사장이 준비한 신형 Bio-테스트 키트에 대한 제품 설명서, 정부의 기술인증서 등에 대해서는 한마디도 설명하지 못하고 이렇게 협상이 끝났다.

주로 미국기업과 거래하고 동남아시장을 잘 모르고 온 M사장은 응우엔 사장과의 첫 만남이 성공적이었는지 아니면 허사인지가 판단이 잘 되질 않았다.

나. 협상전략분석

정보/데이터 중심의 협상문화와 관계 지향적 협상문화

Bio-테스트 키트 같은 물건을 판매하기 위한 협상을 할 때 미국인 구매자와 베트남인 구매자 사이에 커다란 차이가 있다. 미국인 구매자는 M사장이 생각했듯이 제품의 우수성, 성능, 가격 등에 대해 세밀하게 질문을 한다. 그리곤 가격에 대해 협상을 하려고 한다.

물론 마음에 든다고 판단하면 첫 번째 협상에서 계약을 체결할 수도 있다. 정보/데이터/과업 중심의 협상문화를 가진 미국인은 구매하고자 하는 Bio-테스트 키트에 집중적인 관심이 있다.

하지만 관계 지향적인 협상문화를 가진 베트남인은 다르다.

"누가 파느냐?"

"파는 사람이 믿을 만한가?"

이같이 구매자와 판매자 사이의 관계와 신뢰도가 제품의 성능, 가격보다 더 중요하다. 아무리 제품이 좋더라도 판매자의 인간성, 판매회사의 공신력이 미덥지 못하면 구매 계약을 꺼린다. 그래서 응우엔 사장은 M사장의 회사에 대해 꼬치꼬치 물어본 것이다.

네트워크문화

관계 지향적 협상을 하는 베트남인으로서는 사실 상대방(여기서는 M사장) 을 한두 번 만나서는 '신뢰할 수 있는 사람'인지 확인하기가 쉽지 않다. 그래서 중간에 소개시켜 주는 미들맨(middle man) 이 아주 중요하다. 베트남 협상문화에서 미들맨은 단순히 비즈니스 상대를 소개시켜 주는 것에 그치지 않고, '내가 소개하는 상대가 믿고 협상해 볼 만한 사람이다'라는 의미까지 부여한다.

응우옌 사장의 입장에서는 당연히 미들맨이 누구인지에 따라 협상상대방의 신인도를 판단하게 된다. 예컨대 '하노이 한인식당을 운영하는 한국인' 미들맨과 '삼성전자 베트남 법인장' 미들맨 사이에는 엄청난 차이가 있다. 특히 삼성전자에 납품하고 싶어 하는 '하노이-바이오 벤처사' 응우옌 사장으로서는 삼성전자 B사장이 '갑'이다. 따라서 갑이 부탁하니 일정을 바꾸어 예정대로 11시에 M사장을 만나준 것이다.

우리나라에서는 부탁하는 것이 청탁이고 잘못하면 불법이 될 수 있다. 하지만 베트남에서는 '부탁하는 것'도 일종의 훌륭한 거래이다. 응우옌 사장 입장에서는 삼성전자 B사장의 부탁(M사장을 예정대로 만나게 해 달라) 을 하나 들어주었기 때문에 언제든 B사장에게 부탁을 하나 할 수 있는 것이다.

어쩌면 M사장이 삼성의 B사장과 아주 친한 사이라는 것을 알면 응우옌 사장은 <자기 회사와 M사장 사이의 거래>와 <자기 회사와 삼성전자와의 거래>를 연결시켜 접근할 수도 있다.

쉽게 말하면 응우옌 사장과 M사장과의 거래가 삼성전자와 거래를 트는 데 영향을 미친다고 생각하면, 응우옌 사장은 하노이-바이오 벤처사와 Bio-Korea사와의 거래를 긍정적으로 검토할 수 있는 것이다.

다. 협상사례 II에서 배우는 교훈

개인적 관계 형성전략: 미들맨의 중요성

M사장의 응우옌 사장과의 협상은 단순히 물건 몇 개 파는 소규모협상이 아니라, 성사되면 거액의 거래를 수년간 하게 되는 아주 중요한 협상이다. 따라서 이같이 중요한 협상을 공산당이 지배하는 나라의 국영기업 사장과 추진하기 위해 출장을 가려면 사전에 철저한 준비를 해야 한다.

출장 가기 전에 하노이-바이오 벤처사뿐만 아니라, 응우옌 사장의 개인 정보까지 철저히 수집해 분석하고 대응전략을 짜야 한다. 응우옌 사장의 학력, 종교, 지인관계, 취미 그리고 술을 마시는지도 알아보아야 한다. 전혀 술을 안 마시는데 고급 위스키 30년산 밸런타인을 들고 가더라도 별 효과가 없다.

M사장은 베트남 협상문화가 '단순히 물건만 좋다고 거래가 성사되는 나라'가 아니라 '뭔가 영향력 있는 미들맨이 중간에 소개를 해 주어야 하고, 이를 바탕으로 개인적 관계, 인간적 신뢰부터 먼저 형성하는 게 중요하다'는 사실을 이해했어야 했다.

응우옌 사장 입장에서 코로나 위기를 겪은 국민들의 건강을 테스트하는 중요한 바이오 키트의 구매를 하노이에서 소규모 사업을 하고 있는 한국인이 소개해 준 M사장을 단 한 번 만나 결정할 수 없다.

따라서 M사장은 베트남에서 영향력이 있는 인물, 예를 들면 베트남 정부나 공산당 간부 또는 응우옌 사장이 무시할 수 없는 한국인 또는 우리 기관을 찾아 미들맨 역할을 하도록 사전 준비 작업을 철저히 했어야 했다. 코트라의 현지무역관과 접촉해 정보를 얻고 도움을 받는 것도 한 방법이다.

우리나라와 베트남 사이는 교류가 많아 조금만 노력하면 얼마든지 베트남 정부나 공산당의 영향력 있는 인사로 결정적으로 도움을 줄 수 있는 미들맨을 찾을 수 있다.

신뢰 형성전략: 출장과 초청

M사장이 하고자 하는 커다란 규모의 비즈니스 협상은 한 번 출장 가서는 절대 성사시키지 못한다. 장기적인 협상전략을 짜야 한다.

어쩌면 응우옌 사장과의 첫 대면은 영향력 있는 미들맨을 통해 만나 점잖게 저녁 먹으면서 개인적 관계를 형성하고 Bio-Korea사를 홍보하는 것이 효과적일 수도 있다. 그리고 응우옌 사장을 한국에 초청해 판교 공장을 보여주고 융숭한 대접을 하는 것도 좋은 협상전략이다.

이때 한국정부로부터 기술인증을 받았다든지, 우수 바이오 벤처상을 수상해 정부와 좋은 관계를 유지하고 있다는 사실을 알려주는 걸 잊지 말아야 한다. 물론 그때 응우옌 사장뿐만 아니라 바이오 테스트 키트 관련 전문가도 같이 한국에 오도록 하는 것도 좋다. 회사를 방문해 연구실, 생산시설을 둘러보고 좋은 인상을 받으면 먼저 M사장 회사의 제품을 구매하고 싶다고 말할지도 모른다.

만찬과 선물

응우옌 사장이 만찬 제의를 하면 당연히 응해야 한다. 이 정도의 중요한 협상을 하려면 아마 여러 번 만찬을 하여야 할 것이다. 만약 친구인 삼성전자 B사장이 응우옌 사장과의 만찬에 합석할 수 있다면 그보다 더 좋은 방법은 없다.

한 걸음 더 나아가 B사장이 골프를 같이 쳐준다면 금상첨화이다. 아무리 옛 친구관계라 해도 B사장이 흔쾌히 응하지 않는데 여러 차례 부탁해서는 안 된다. 가타부타 결정은 B사장이 삼성의 기업문화와 사내 윤리기준에 의해 내릴 것이다.

물론 좋은 선물을 준비하는 것도 잊지 말아야 한다. 선물의 종류와 가격은 우리 기준이 아니라, 베트남의 기준에 의해 정해야 한다. 베트남 사람들이 인삼을 좋아한다고 해서 인천공항 면세점에서 십여 만 원짜리 정관장을 사들고 가는 건 성의가 부족해 보인다.

응우옌 사장의 기호를 파악하여 감동을 받을 정도의 선물(!)을 준비해야 한다. 물론 앞에서 이야기했듯이 남들 앞에서 전달하는 '공식적 선물'과 함께 헤어질 때 남들 모르게 주는 '비공식적 선물'을 전한다면 효과는 배가될 것이다.

한국과 베트남 간의 경제현안 자료수집 기관

한국과 베트남 간의 무역, 투자, FTA, 비자면제, 이중관세방지 등에 관한 정보를 수집하려면 아래의 대표적인 기관을 참고하면 편리하다.

코트라 www.kotra.or.kr
한국무역협회 www.kita.net
대한상공회의소 www.korcham.net
대외경제정책연구원 m.kiep.go.kr
주 베트남 대한민국대사관 overseas.mofa.go.kr
수출입은행 m.koreaexim.go.kr

인도와 협상전략

인도 바로 알기

1. 인도문화 IQ

Q1 인도의 역대 총리는 대부분 힌두교 신자들이다. 다음 중 힌두교 신자가 아닌 총리는 누구일까요?

① 자와할랄 네루　　　② 인디라 간디

③ 만모한 싱　　　　　④ 나렌드라 모디

Q2 "문명이란 차이점을 독려(encourage)하는 것이다"라는 말은 누가 한 말일까요?

① 시성 타고르　　　　② 마하트마 간디

③ 나렌드라 모디　　　④ 인디라 간디

Q3 인도인들은 어떠한 가족 관념을 가지고 있을까요?

① 영국의 지배 영향으로 서구화되어 핵가족 중심이다.

② 종교적 신념이 우선이므로 가족 중심이라 볼 수 없다.

③ 계층별로 다르므로 한마디로 가족 중심이라 보기 어렵다.

④ 매우 강한 가족 관념을 가지고 있다.

Q4 인도를 상징하는 동물은 무엇일까요?

① 코끼리   ② 사자

③ 벵골산 호랑이   ④ 흰 암소

Q5 인도를 상징하는 꽃은 무엇일까요?

① 국화   ② 연꽃

③ 장미   ④ 붉은 목단

Q6 마하트마 간디는 인도의 국부이며 마하트마는 '위대한 영혼'이란 존칭인데 누가 이를 붙여주었나요?

① 빅토리아 여왕   ② 타고르

③ 네루   ④ 마지막 총독 마운트배튼

Q7 다음 중 세계에서 가장 부수가 많은 영자 신문은 어느 신문일까요?

① 뉴욕타임즈   ② 월스트리트저널

③ 런던타임즈   ④ 타임즈오브인디아

(정답: Q1-7 순서대로 ③, ②, ④, ③, ②, ②, ④)

2. 인도에 대한 전반적인 이해

해외 비즈니스에 종사하는 인도인들은 세련된 매너와 유창한 영어를 구사하므로 서양인들과 비슷하게 느껴지지만 실제로는 인도 특유의 문화와 가치관을 지니고 있다. 인도와 성공적인 협상을 위해서는 지역별, 종교별로 다양한 계층의 인도인과 여러 형태의 접촉과 협상을 거쳐야 한다.

같은 인도인이라 하더라도 어느 지역의, 어떠한 종교를 가진, 어느 계층에 속해 있는, 개인적으로 어떤 성향을 지니고 있는지 등을 파악하고 세심하게 대응해야 한다. 이를 위해 먼저 인도의 전반적인 역사와 문화를 이해할 필요가 있다.

우리가 일반적으로 가지고 있는 인도에 대한 이미지는 영국의 지배와 간디의 독립운동, 다양한 종교와 갈등, 카스트제의 신분차별, 빈부 격차, 영토분쟁, 공기오염 등이다. 그러나 우리가 인도 덕택으로 인해 면직물 옷, 십진법 활용, 닭고기, 체스와 주사위, 명상과 요가를 통한 마음의 평정 회복 등의 혜택을 누리고 있다.

더욱이 다음 사항을 보면 인도의 높은 위상을 발견하게 된다. 다수의 노벨수상자를 배출하고, 높은 기술 수준으로 세계시장을 선도하고 있다. 세계 세 번째 슈퍼컴퓨터 제작, 세계 여섯 번째 인공위성 발사,[1] 세계 2위 SW 개발업체 수, 포춘지 500대 기업의 100개사 R&D시설, 세계 3위 식량 생산, 세계 2위 소형차 생산, 세계 2위 제약 산업, 세계 10위 수산물생산 국가이다. 미국 과학자의 12%(NASA 과학자 36%, Microsoft 34%, IBM 28%), 미국 의사 35%, 영국 의사 1/3 이상을 차지하고 있다.[2]

숫자 제로 개념을 창안하여 수학, 과학 혁명을 일으키고 체스, 핫메일,

---

1 화성과 달에 탐사선을 보냈으며 유인 우주선을 발사할 계획이다. 위성발사 대행 사업으로 지난 3년간 1조 원 이상의 수입을 올리고 있다(조선일보, 뉴델리 장형태 특파원, 2019. 9. 9.).
2 고대 인도에서 이미 외과적으로 미세한 수술을 시행하였다.

펜티엄칩을 만들었으며, NRI(Non-resident Indian)가 5천만 명에 달한다.[3] 마이크로소프트 사티야 나델라 회장, 펩시의 인디라 누이 회장, 구글의 세 번째 CEO 순다르 피차이, 노키아의 라지브 수리 회장, 어도비의 산타 누 나라옌 회장, 글로벌 파운드리스의 산제이 자 회장, 샌디스크의 산제 이 메흐로트라 회장 등을 배출하였다.

인도인들의 파워는 풍부한 상상력, 암기력, 수학적 전통, 유연한 사고 와 임기응변의 문제해결 능력에서 나온다. 다민족, 다언어, 다문화, 다종 교 국가에서 성장하여 다른 사람, 다른 문화에 대한 포용력과 적응력이 뛰어나고 논리적 주장과 논쟁에 능하다.

인도의 성장 배경은 높은 과학기술과 양질의 기술인력, 풍부한 자원과 광범위한 산업기반, 서비스 및 지식산업의 증대, 넓은 영토와 세계 2위의 인구수, 높은 젊은 층 구성비(평균 20대 중후반), 모디 총리의 경제개방 및 개혁정책 등이다.

모디 총리는 2014년 출범하면서 다국적기업이 인도에서 제조업을 하도 록 장려하고 인도를 글로벌 제조 허브로 육성하고자 '메이크 인 인디아' 프로그램을 시행하였으며 2022년까지 1억 개 일자리 창출을 목표로 삼았 다. 이 프로그램 론칭 후 2015년 세계 최대의 외국인 직접 투자국이 됐 다. 처음에 25개 부문에 초점을 맞췄지만 27개 부문으로 확대했다.

비즈니스 환경 순위도 2014년 142위에서 2019년 73위로 도약하였다. 2019년 8월 자동승인을 통해 계약 제조(contract manufacturing)에 100% 외 국인직접투자를 허용하였으며, 2018-2019년 일정 규모 이하의 매출을 가진 회사의 소득세율을 40%에서 25%로 인하하는 등 글로벌 기업의 제 조 기지화에 박차를 가하고 있다.

---

3 NRI(Bharatiya)는 해외거주 인도인 네트워크를 말하며, 유창한 영어 및 IT기술 로 거주국 주류사회 진입 및 본국과 긴밀하게 교류한다. 이들의 연간 본국 송금 액이 800억 달러에 달하며 인도 GDP의 4%를 상회한다. 전 세계에 약 5천만 명, 한국에 11천 명 이상 살고 있다. 인도인과 사업을 할 경우 NRI의 활용을 고 려해 보아야 한다(글로벌비즈니스 컨설턴트 협동조합 한상곤 이사장).

인도는 이미 아이폰, 삼성 등 글로벌 제품의 생산 기지로 탈바꿈하고 있으며, 규모는 2025년까지 1조 달러까지 전망되고 있다. 13억 2천만 명 인구, 2조 5천억 달러의 GDP가 만들어내는 거대한 내수시장과 더불어 글로벌 제조 허브로서의 전략적 요충지가 되었다.

인도는 중국, 베트남을 잇는 한국기업의 글로벌 생산 기지로 성장할 것이며 인도 정부의 인력육성, 비즈니스 환경조성, 조세 및 노동 관련 법규 정비, 인프라 확충 노력은 2000−2010년 전후 봇물을 이뤘던 인도 진출 때와는 전혀 다른 양상으로 보인다.[4]

인도와 인접한 국가의 인구 규모는 대략 27억 명에 달하며 남아시아 4억, 아세안 6억, 중동 및 아프리카 12억, 유럽 5억 명을 감안할 때 우리 기업이 인도에 진출하여 사업을 확대해 나가는 것은 필연적인 수순이다.

인도정부는 제조업 강국 한국을 모델로 삼고 러브콜을 보내고 있다. 한국을 대상으로 투자유치 전담기관 인베스트 인디아에 '코리아플러스'를 구성하였다. 스칸드 타얄 전 주한 인도대사는 "평범한 인도가정에 자동차, 휴대폰, 가전 등 한국 제품을 적어도 두 가지 이상 쓰고 있다. 한국과 경제협력의 확대를 원한다"라고 했다.[5]

인도인과 성공적인 협상을 이끌어내기 위해 필수적으로 이해해야 할 인도의 역사와 문화, 그들의 사고방식에 대해 다음과 같이 고찰해 보고자 한다.

---

4 "2020년 인도제조업 육성 정책 분석", 코트라 뭄바이 무역관(2020. 10. 14.).
5 ""13억 소비시장 잡아라" … 한국기업 인도투자 급증", 한경, 유승호 기자(2019. 2. 8.).

3. 인도의 역사와 문화

가. 인도 역사

▷ 인더스문명과 고대국가 탄생

BC 4만－2만년 사이에 인간의 활동 흔적이 있고, BC 6천 년경부터 가축 사육, 농경 등 정착생활을 한 흔적이 신드, 발루치스탄에서 발견되었다(현재 파키스탄 내에 있음). 세계 4대 문명 중 하나인 인더스문명의 발상지 인더스강은 히말라야산맥에서 발원하여 카슈미르를 거쳐 파키스탄을 관통하며 3천km에 달한다.

인더스문명은 인더스강 주변의 도시 하라파(상류)와 모헨조다로(하류)를 중심으로 BC 2500년경부터 발달하여 도시문명을 이룬다. 계획도시로서 배수로 등이 완벽하다. 드라비다인이 꽃 피우고 메소포타미아 수메르와 교역을 하고 청동무기, 염색기술이 나타난다. 하라파의 글자는 드라비다어 또는 산스크리트어의 원형이라는 학설이 있다.

BC 2천 년경부터 아리아인이 진출하면서 도시국가가 생기고 카스트제, 힌두교가 탄생하는 기반이 형성된다. 인더스강 유역 평야지대에 정착하고 도시국가를 형성하여 발전시킨다. 아리안족은 BC 1500－800년경에 갠지스강, 야무나강으로 동진한다.

BC 6세기에 마가다, 코살라, 쿠루, 간다라 등 16개의 군소왕국들이 할거하며, 샤카족 왕실에서 BC 560년에 석가모니가 탄생한다. 이 기간 중에 2대 서사시 '라마야나'와 '마하바라타'가 저술된다. BC 6세기 말 북서지방은 페르시아에 의해 점령되고 BC 326년 알렉산더 대왕이 인더스 유역을 침공한다. 이를 통해 동서양의 본격적인 교류가 시작된다.

▷ 마우리아왕조 성립(BC 322-185)

BC 4세기경 찬드라굽타 마우리아(BC 320－293)는 갠지스강과 인더스강

일대를 통일한 최초의 왕조인 마우리아왕조를 세운다. 정교한 관료체제로 넓은 지역을 통치하고 상업이 융성하며, 그리스 외교사절의 방문 등 북인도 패자로 군림한다. 그의 손자 3대 아소카왕(BC 273-232)은 정복 군주로서 아래 지도와 같이 남부 타밀을 제외하고 인도를 통일시킨다.

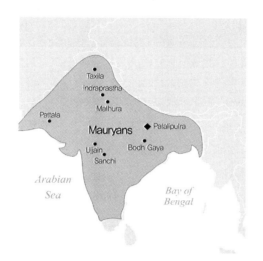

BC 261년경에 벵갈만의 소국 칼링가왕국이 마우리아왕조를 무시하고 경멸함에 따라 아소카왕은 무자비하게 쳐들어가 대량으로 살육하여 사람들이 흘린 피로 강물을 이룬다. 10만 명이 살해되고 15만 명이 포로로 잡힌다. 그는 전쟁으로 인한 처참한 광경을 목도한 후 회의에 빠지며 불교에 귀의하게 된다.6

아소카왕은 사라져가는 불전을 수집하고 불교문화를 널리 전파한다. 다음 지도에서 보는 바와 같이 포교사절을 시리아, 이집트, 그리스, 마케도니아, 미얀마까지 파견하고 스리랑카에 왕자를 보내 남방불교의 중심지

---

6 아소카왕은 부처의 가르침을 받아 인간의 마음을 정복하는 일에 여생을 바친다. 즉 신앙에 의한 정복(Conquest by Piety: Dharma Vijaya) 정책을 펼친다. 한자 문화권에서는 아소카왕을 아육왕(阿育王)이라 하며, 조선시대 수양대군이 석가모니 일대기를 기술한 석보상절에 금강산과 전남 천관산에 아육왕탑이 있다고 적혀 있다.

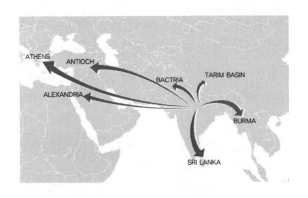

가 되게 하는 등 불교의 세계화의 길을 닦는다.

아소카왕은 법의 감독자로 자처하면서 먼 길을 구석구석을 찾아다니며 정책을 펼쳤다. 이때 다양한 부족들에게 국가적인 이데올로기와 문화의 주입이 처음으로 이루어진다. 한편 야생동물의 보호 및 보호수목 지정 등 중앙정부차원의 환경운동을 최초로 벌인다.

마우리아왕조는 아소카왕 사후에도 수십 년간 지속된다. 이후 서부 변경에서 반란이 일어나 펀잡지역과 북서부로 퍼진다. 아소카왕 이후 탁월한 지도자의 부재 및 불교에 반감을 가진 브라만들의 반란으로 BC 184년 멸망하고 5백 년 동안 분열을 겪는다.

▷ 쿠샨왕조 성립(AD 30-375)

쿠샨왕조는 5대 카니시카왕(AD 127－151) 때 전성기를 맞는다. 로마와 교역하는 그리스, 페르시아 상인을 통해 로마 은화를 받고 경제가 부흥하며 아소카왕에 비길 만큼 불교가 발전한다. 카슈미르에서 4차 결집회의를 열어 불교 교리를 확립한다. 불교학자 5백 명을 뽑아 12년에 걸쳐 불교이론을 통일하며 대승불교의 길을 열고7 중앙아시아, 동북아시아로 전파된다.

7 대승불교는 자신과 모든 사람에게 이익이 되게 행동해야 함을 강조한다. 대승은 모든 사람을 실어 나르는 큰 수레라는 의미이며 티베트를 거쳐 중국으로 전파된 후 한반도와 일본으로 건너간다.

대승불교는 출가자와 재가자의 엄격한 구분을 완화시키고, 헬레니즘문화와 교류하면서 성장한다. 그는 간다라미술(그리스, 인도미술 혼합)과 산스크리트 문학을 발전시켰다.

▷ 굽타왕조 성립(AD 320-550)

굽타왕조는 고대 인도의 황금기로서 문학, 과학, 의학, 종교, 예술 등 다방면에서 크게 발전하며[8] '태양만큼 눈부신 사람'으로 칭송되는 찬드라굽타 2세(AD 375-415년 재위)는 강력한 제국형성 등 절정기를 이룬다

인도의 2대 신화 마하바라타와 라마야나가 오늘날 형태로 정립되고 뛰어난 문학작품이 출현한다. 당시 인도의 셰익스피어였던 뛰어난 시인이자 극작가 칼리다사가 쓴 희곡 샤쿤탈라는 18세기에 영어로 번역된 후 여러 나라에 소개되고 유럽문학에 적지 않은 영향을 끼친다(원 소재는 마하바라타에서 가져옴). 그의 시 '구름 전령사(Cloud Messenger)'가 널리 알려져 있다.

아잔타석굴 등 불상과 벽화는 동아시아 불교미술에 영향을 준다. 대수학, 기하학문제 해결, 원주율, 지구둘레 계산, 지동설, 행성운행, 인력 법칙, 태양년 길이를 발견하고, 수학의 무한대(∞), 제로(0), 음수(−) 개념을 발전시킨다. 의학, 약학, 화학, 야금술의 발달로 새롭고 다양한 약품들을 개발한다.[9]

브라만을 정점으로 하는 사성계급이 확립된다. 마누법전은 사성계급을

---

8 궁정에는 음악가, 미술가, 문학가로 가득했고 서양에 소개되어 괴테 등 많은 작가에게 영향을 준 시인이자 극작가인 칼리다사도 그중의 한 명이다. 수도 파탈리쿠트라에는 600-700명의 승려들이 거주하는 불교사원이 있었고 찬드라굽타 2세는 힌두교도였지만 불교와 자이나교를 인정하였다(『인도에 미치다』, 김영사, 이옥순, pp. 46-48).
9 굽타시대 궁중의사 수슈루타는 수술까지 포함한 의학교본을 편찬하였다. 제왕절개, 백내장, 성형수술을 실시하였으며, 손가락, 팔, 다리, 귀, 코 등을 연결하는 복합수술이 포함되어 있다(『인디아, 그 역사와 문화』, 가람기획, 스탠리 월퍼트, 이창식·신현승 역, pp. 301-308).

기본으로 생활규범, 종교적 의무, 왕의 직무, 법률, 속죄 방법 등을 제시한다. 이의 보완으로 나라다 법전, 브라하스파티 법전, 카티야야나 법전이 편찬되는데 소송 관련으로서 재판의 준칙이 되며 촌로들이 알아야 할 다르마(책무)가 된다. 브라만교는 제례의식 간소화 등으로 힌두교로 새롭게 태어난다.

굽타왕조는 힌두교를 지원하여 왕권과 브라만의 권위를 강화시킨다. 내세 중시, 의무 이행을 강조하는 교리의 확산으로 일반인들의 신분질서에 대한 저항도 약화된다. 자띠(직업 카스트)가 자리 잡고 경제적 여건의 향상으로 다양한 직업이 생기며 카스트 구성원들은 계급 허용 한도 내에서 직업선택의 권리를 가지게 된다. 굽타왕조는 왕의 권위를 인정하는 브라흐마니즘을 받아들이면서 힌두교가 주류로 등장하고 불교는 쇠퇴의 길을 걷게 된다.

▷ 남인도왕조

당시 남인도에는 체라왕조(케랄라지역), 촐라왕조(타밀나두지역), 빤디아왕조(타밀 남부지역)가 있었고 로마, 동남아와 해상교역이 활발하였으며 로마 주화가 발견되었다. 북인도의 굽타왕조 무렵에 남인도에서는 차푸키아왕조, 빨라바왕조, 빤디야왕조가 부침한다. 아우랑가바드의 엘로라석굴, 아잔타석굴, 안드라쁘라데시 주의 아마라바티 등은 이 시기의 유적들이다.

▷ 첫 이슬람왕조(델리술탄왕조)의 시작

이슬람세력은 8세기 초 발루치스탄(파키스탄 남서부)에 진출하고, 10세기에 펀잡지역(인도 북서부, 파키스탄 국경)까지 영향을 미친다. 가즈니왕조(962-1186)의 7대왕 마흐무드(재위 998-1030)는 스스로 술탄이라 칭하고 이라크와 카스피해에서 인도 서북지방에 이르는 거대한 제국을 건설한다. 그는 보물과 노예를 획득하기 위해 27년 동안 17차례나 인도를 침공하는데 그의 약탈과 파괴는 역사상 전무후무한 끔찍한 기록을 남긴다.[10]

이 기간 중 비하르지역 일대는 팔라왕국, 쁘라티하르왕국, 찬들라왕국 등 여러 소국이 있었고 서북부에서 밀려오는 이슬람세력에 의해 서서히 몰락해 간다. 에로틱한 조각으로 사원 벽을 가득하게 장식하고 있는 카주라호사원은 찬들라왕국 시대에 만들어졌다.

▷ 델리술탄왕조(1206-1526)

12세기 말 아프가니스탄 세력인 고르지방의 고르왕조 모하메드가 인도와 피비린내 나는 전쟁을 벌이며 인도인에게 지워지지 않는 증오의 쓰디쓴 유산을 남긴다.[11] 1206년 쿠트브 웃딘 아이바크가 고르왕조로부터 독립하여 델리를 근거지로 초대 지배자가 되고 첫 이슬람왕조(델리술탄왕조)가 탄생한다.

아이바크는 노예출신으로서 왕이 된 입지전적 인물이며 노예왕조(맘룩왕조) 라 불린다. 후계자 일투트미쉬는 이슬람의 첫 인도왕조 탄생을 기념하는 승리의 탑 '쿠트브 미나르'를 건축한다. 노예왕조 이후 킬지왕조, 투글라크왕조, 사이드왕조, 로디왕조에 이르기까지 델리술탄시대가 이어진다. 로디정원(Lodi Garden) 은 현재 델리 시민들의 휴식공간이다. 로디왕조는 무굴제국 창시자 바부르와 전투에 패하면서 막을 내리고 무굴제국시대가 개막된다.

델리술탄왕국은 13-16세기까지 북인도 역사를 주도했지만 남인도왕조들(무슬림의 바마니술탄왕국, 힌두의 비자야나가르왕국) 은 델리술탄왕국의 진격을 막아내며 남인도왕국을 지킨다.

델리를 중심으로 이슬람왕조가 세력을 떨칠 수 있었던 것은 이슬람교 평등사상의 영향이 크다. 힌두교의 엄격한 카스트제에서 고통받던 하층민에게는 일종의 해방을 의미하였다.

---

10 『인도에 미치다』, 김영사, 이옥순, pp. 64-81 참조.
11 1947년 독립 이래 발생하는 정치적 분열도 이처럼 수백 년 동안 지속된 갈등의 역사에서 비롯되었다.

▷ 바부르의 무굴제국 건설(1526-1858)

티무르왕조12의 자히르우딘 바부르(1483-1530, 호랑이란 뜻)는 아프가니스탄의 페르가나에서 출생하였으며 10대 나이에 페르가나의 지배권을 인계받지만 동족 및 우즈베크족과 끊임없는 투쟁으로 오랜 고난을 겪는다. 이로 인해 방향을 돌려 인도를 정복하고자 다섯 차례 시도 끝에 1526년 아그라를 수도로 무굴제국을 세운다(무굴은 페르시아 말로 몽골을 뜻함).

무굴제국 초대 황제 바부르(재위 1526-1530)부터 6대 아우랑제브까지 약 2백 년간 인도 대부분 지역(남인도 일부 제외)과 파키스탄, 아프가니스탄 일부까지 확장하고 전성기를 맞는다.

초대 황제 바부르는 4년 만에 죽고 장남 후마윤이 2대 황제에 오른다. 후마윤은 수르왕조(아프간계 이슬람세력)의 쉐르샤와 전쟁에서 패하고 수도 아그라를 내준 뒤 1540년부터 페르시아 등지로 망명한다. 쉐르샤는 5년 여 동안 정치, 경제, 군사제도를 확립하고 나라를 발전시킨다.

쉐르샤가 죽은 뒤 아들들의 왕위 다툼으로 수르왕조가 약화되는데 이때 페르시아의 도움으로 무굴제국 2대 황제 후마윤이 복귀하여 무굴제국을 부활시킨다. 후마윤은 천신만고 끝에 델리로 돌아온 지 6개월 후 계단을 내려오다 옷자락을 밟아 넘어져 계단 모서리에 머리를 부딪쳐 사흘 만에 숨을 거둔다.

졸지에 14세인 악바르가 3대 황제자리에 오른다. 수르왕조는 이를 틈타 장수 헤무가 대군을 이끌고 쳐들어왔으나 어린 악바르 대제는 이란 출신 장군 바이람 칸의 결사 항쟁으로 전쟁에서 이기고 나라를 구한다.

4대 황제 자한기르가 악바르 대제의 자리를 잇고 이후 건축왕 5대 황제 샤자한이 계승하여 타지마할,13 델리의 붉은 성, 자마 마스지드 등을

---

12 티무르왕조는 14세기 중반-16세기 초 중앙아시아 중심의 칭기즈 칸의 후예들을 지칭한다. 바부르는 부계로 투르크인 티무르대제의 5대손, 모계로는 칭기즈 칸의 후예이다.
13 타지마할은 1632-1653년 22년간 건축한 인도-페르시아 대표적 건축물로 세계 7대 불가사의. 5대왕 샤자한의 왕후 뭄타즈(1593-1631)의 애석한 죽음을

타지마할

건축한다.

무굴제국의 수도 아그라의 야무나(Yamuna) 강가에 건립된 타지마할은 '선택받은 자의 거처'란 뜻으로 '시간의 뺨 위에 떨어진 눈물'이란 별명처럼 보석이라 불릴 정도로 아름답다.

샤자한의 후계자 6대 황제 아우랑제브는 치열한 형제싸움에서 승리하고 부친 샤자한을 아그라성에 유폐시킨다. 이슬람 신봉자인 아우랑제브는 라지푸트(북서부지역 동맹국)와 마라타왕국(1664년 시바지가 푸네를 근거지로 건국한 힌두교 왕국)과 오랫동안 전쟁을 벌이다 약화된다.

아우랑제브는 극단적으로 이슬람교에 치우친 나머지 힌두 세력과 다툼을 벌이고 힌두교인과 시크교도들을 이류 국민으로 취급했다. 이에 따라 힌두교도와 시크교도, 자트족, 라지푸트족 등의 호전 집단은 폭동을 일으키고 왕성한 지방 세력이 등장한다(하이데라바드, 오우드, 벵골, 서쪽 아프가니스탄, 남부 해안 등). 설상가상으로 유럽 열강의 진출로 중앙집권체제가 붕괴되며 18세기 초 아우랑제브 사후에 무굴제국은 역사의 무대에서 사라진다.

기린 곳(결혼 19년간 자녀 14명 출산, 15번째 출산 중 사망). 완벽한 좌우 대칭이며, 태양 각도에 따라 하루에 몇 번씩 형형색색의 빛을 발한다(아침 햇살 핑크빛, 해질녘 주홍색, 보름달 푸른색 등). 2020년 2월 미국 트럼프 대통령이 방문하였다.

[무굴제국 3대 황제 악바르의 활약('악바르'는 '위대하다'는 뜻)]

악바르 대제, 출처: 위키백과.

인도의 세종대왕으로 불리는 악바르 대제(1542-1605)는 50년간 통치하며(재위 1556-1605) 가장 번성하고 평화로운 시기를 이룬다. 힌두세력에 대한 억압 중지, 비무슬림에게 부과하는 인두세(지즈야)와 힌두교 성지순례세 폐지, 사띠[14] 폐지 노력, 과부의 재혼을 장려하였다. 라지푸트(인도 서북부 힌두왕국)와 동맹을 맺고 군사력을 키워 아프간계 이슬람세력을 제거한다. 무슬림과 힌두인의 결혼을 장려하고 라지푸트 힌두인 조다 바이를 왕비로 맞는다.[15]

총리에 힌두 브라만 출신 비르발, 재무대신에 편잡 출신 토다르 말을 기용하여 나라의 안정에 크게 기여한다. 정복을 통해 통치영역을 인도대륙의 3/4까지 확장하고 관료제를 정비하며 그의 재능과 노력으로 힌두인들은 무굴제국의 통치에 점차 적응한다.[16]

17세기 무굴제국의 번영은 유럽의 전설이었다. 인도에 20만 명이 넘는 도시가 아홉 곳이 있었고 이런 규모의 도시는 유럽에 런던, 파리, 나폴리뿐이었다.

---

14 남편이 죽으면 아내도 따라 죽는 힌두식 순장(관련 내용은 '금기사항'에서 후술).
15 2007년 개봉 '조다 악바르'는 악바르 대제의 힌두 왕비와의 사랑을 그린 영화이다.
16 소수의 무슬림이 다수의 힌두교인들을 성공적으로 통치했던 악바르 대제의 문화적, 정치적 통합과 관용정책을 맛살라 통치라 부른다(『맛살라 인디아』, 모시는 사람들, 김승호, pp. 205－219).

아랍과 베니스 상인들은 인도와 후추 등 향료의 교역을 통해 막대한 부를 향유해 왔다. 유럽 열강들은 이를 직접 누리고자 아프리카 남단을 통한 인도 항로를 개설하고자 하였으나 쉽지 않았다. 스페인과 포르투갈이 여러 차례 탐험대를 보내지만 절반도 생환하지 못한다. 콜럼버스와 바스코 다 가마도 이러한 배경으로 출범한다.

포르투갈의 바스코 다 가마 제독은 대포로 중무장한 함대에 171명의 탐험대를 대동하고 316일간 고투 끝에 1498년 5월 20일 인도 말라바르 해안의 캘리컷에 닻을 내린다. 1년 후 향료를 가득 싣고 리스본으로 돌아온 그는 비용을 전부 제하고도 30배 이상의 수익을 올렸다. 캘리컷은 말리바르 지방 최대 항구로 후추무역의 중심지이며 크게 번영한 도시다.[17]

이후 포르투갈은 여러 차례 무장 선단을 보내 아랍 상인과 기존 지배세력을 무자비하게 축출하고 남서부 해안 고아, 코친, 다우 등에 기지를 건설하며 아프리카, 홍해 소코트라, 페르샤만 호르무즈, 말라카, 마카오까지 상권을 장악한다. 포르투갈은 호르무즈를 장악하여 아랍과 베니스 상인의 독점시대를 마감시키고 1580년대에 유럽 수입 후추의 75%를 차지하며 막대한 부를 향유한다.

이에 자극을 받은 유럽 열강들은 앞다투어 인도에 진출하고 17세기에 15개국의 동인도회사가 활동했으나 영국, 프랑스, 네덜란드를 빼고는 성공하지 못한다. 영국해군은 집요하게 방해공작을 벌이는 포르투갈과 페르시아만 전투 끝에 승리를 거두고 1597년 스페인 무적함대마저 북해 속으로 가라앉힌다. 1600년 엘리자베스 1세가 인도 무역독점 특허장을 토마스 스마이드가 이끄는 25명의 모험가로 구성된 회사에게 수여함으로써

---

17 섬유 이름 캘리코는 캘리컷에서 나왔고 페퍼(후추)는 산스크리트어 피팔리에서 유래되었다. 명나라 정화는 대선 62척에 장병 27,800명을 거느리고 첫 항해에서 캘리컷에 도착하여 기념비를 세웠다. 총 6회 방문하였으며 이 지역 통치자 자모린과 후추, 보석 등의 물품을 교역하였다.

영국 - 인도 관계가 본격적으로 시작된다.

▷ 영국의 본격 진출

영국은 1619년 중서부해안의 수라트지역에 기지를 건설하고 동인도회사를 마드라스, 봄베이, 캘커타에 설치한다. 영국의 호킨스는 협상력을 발휘하여 무굴제국 자한기르황제(1605-1628)와 개인적인 친분관계를 7년 동안 쌓아 무굴제국의 해상수송을 영국해군이 보호해 주는 대가로 무역에 관한 특권을 부여받는 협정을 체결한다.

영국은 로버트 클라이브(동인도회사 서기 출신)의 주도로 1757년 6월 23일 벵골지역의 플라시전투에서 프랑스 및 지배 세력을 축출한 후 전면에 나서서 인도를 통치하기 시작한다.

초기에 인도문화와 관습을 존중하는 정책을 펴다가 이후 근본적으로 개조하는 정책을 취하고, 지방 태수들에게 주어지던 연금 중단, 토지면세 혜택 등을 폐지함에 따라 인도인들의 분노를 사게 되었다.

더욱이 벵골 세포이군에 속한 힌두교도와 무슬림들은 영국군이 기독교로 개종을 강요하거나 이교도 또는 불가촉천민으로 전락시킬지도 모른다는 불안감에 휩싸이게 되어 이에 대한 저항으로 세포이항쟁이 발생한다.

▷ 세포이항쟁의 발발(1857. 5. 10.-1858. 7. 8.)

동인도회사 소속 영국군의 인도인 세포이(Sepoy: 페르시아 말로 용병을 뜻함)들이 1857년 5월 유럽관료들을 살해한 후 미루트에서 델리로 진격하며 일반 시민까지 합세한 항쟁이 발발한다. 벵골군 74개 대대 가운데 56개 대대 이상이 참여한다. 무굴제국 바하두르샤 2세를 내세우고 델리지역을 장악하여 여러 지역에서 치열한 전투를 벌인다. 진압과정에서 양측의 야만적 행위와 잔인함은 이루 말로 다 표현하기 어렵다.

세포이항쟁의 발단과 경과

당시 영국 동인도회사는 무굴제국 황제를 조종하여 정치, 경제, 사회, 행정 등 인도의 제반 통치기능을 장악하였다. 고위 인도관리를 해고하고, 인도인을 미개인으로 간주하며, 전통 관습을 폐지하려 하였다. 인도의 부를 반출하고, 토지를 수탈하며, 세포이들에게 낮은 급여 지급과 타국에서 벌어지는 전쟁의 희생양으로 삼았다. 기독교 개종을 강요하고 개종하는 사람에게 관직의 약속 등 각종 혜택을 제공하여 인도인들의 반감을 크게 사게 된다.

[세포이항쟁 촉발 직접요인(종교적 관습을 무시한 대표적 사례)]

항쟁을 촉발시킨 직접 요인은 동물성 기름을 입힌 새 탄약통을 지급한 것이다. 동인도회사가 새로 보급한 1853년형 엔필드 강선머스켓(장총)은 총알의 빠른 장전을 위해 개별 포장된 새 탄약통을 사용한다.

병사들이 종이로 싼 새 탄약통을 입으로 물어뜯고 탄약을 총신에 쟁여 넣은 뒤 탄약이 흐르는 것을 막기 위해 종이와 탄환을 함께 총신에 넣고 발사하도록 고안되었다. 소나 돼지기름을 입힌 탄약통을 입으로 물어뜯는 것은 무슬림, 힌두 용병 모두에게 극도의 종교적인 모욕으로 받아들여졌다. 1857년 초 영국군 리처드 버치 참모장은 새로 보급한 강선머스켓 총은 총신에 그리스를 칠할 필요가 없으므로 세포이들이 좋아할 것이라 생각하였다. 종교적 반감을 고려하지 않고 새 탄약통을 지급하여 세포이들 사이에 "순전히 세포이들을 모욕하기 위해 지급하였다"라는 루머가 삽시간에 퍼진 것이다.

이러한 배경으로 1857년 1월 27일 콜카타 인근 영국군 소속 세포이들이 수령을 거부한다. 거부한 용병들 중 상당수는 훈장을 박탈당한 채 고향으로 쫓겨난다.

세포이항쟁의 결과

항쟁을 주도할 뚜렷한 지도자가 없었고 중북부지역에 한정되어 전 국민이 결집되지 않았다. 일부 지방 태수들과 시크교도들이 영국에 협조한 데다 현대식 무기의 영국군대를 당할 수가 없었다. 세포이항쟁을 계기로 영국정부는 1858년 부패로 만연한 동인도회사를 해체하고 직접 통치를 시작하며 1877년 영국령 인도제국이 선포되어 빅토리아 여왕은 인도제국의 황제가 된다.

동인도회사는 무굴제국의 내부 정보망을 이용했으나 세포이항쟁을 기점으로 조직 체계가 무너진다. 영국인들은 그동안 수집한 인도 관련 지식이 외형에 불과하다는 것과 중요시 여긴 숫자와 통계는 인도인들의 정서와 믿음에 대해서는 아무것도 말해 주지 못했음을 깨닫는다. 영국인들이 느낀 공포와 배신감은 개인적으로 친하고 신뢰하던 원주민들이 돌변하여 부드럽게 대해 오던 영국인 아이들의 부모들을 난도질했다는 사실이다.

인도인들의 자각

세포이항쟁을 통해 인도인들은 영국의 압도적인 화력과 무장해제 상태인 자신들의 무력함을 직시하고 미래를 위해 새로운 길을 찾아야 함을 인식하는 계기가 된다. 인도 젊은이들은 영국의 족쇄를 벗어나기 전에 그들 자신이 먼저 하나가 되어야 함을 느끼고 이를 위해서는 스스로 변해야만 했다.

이들은 대도시에서 영어교육을 받은 근대주의자들로서 지성인들이었다. 그중에서 마하데브 라나데는 강력한 도전을 모색했고 그의 제자 고팔 고칼레는 영국제국 정부에 대한 강한 비판의식을 가졌으며 마하트마 간디의 정치적 스승이기도 하다.

세포이항쟁의 평가

세포이항쟁은 인도 독립운동의 효시로 평가되기도 하지만, 영국의 지배에 따른 문화 충돌, 인종차별, 카스트계층 간 불만, 지역들 간의 이해다툼 등이 복합적으로 작용하였으므로 진정한 독립운동으로 보기는 어렵다는 견해도 만만치 않으나, 우리의 삼일운동처럼 인도 지식인들의 각성의 계기가 된다.18

▷ 인도국민회의 출범과 독립투쟁 및 파키스탄 분리

인도국민회의 창설

1885년 12월 28일, 72명의 대표들이 뭄바이에서 인도국민회의를 창설하면서 인도독립 이슈가 점차 영국—인도 간 문제의 핵심이 된다. 인도국민회의의 설립자는 놀랍게도 인도 고위 행정관 출신의 영국인 앨런 옥테이비언 흄(1829–1912)이다. 그는 일버트법안(인도인 판사가 백인들을 재판할 수 있게 하려는 법안)[19]에 반대하는 백인들의 폭동(1883–1884)에 분노를 느끼고 영국 제국정부와 인도국민과의 합리적인 대화를 모색하고자 창설하게 되었다. 즉 의회정치를 위한 훈련장으로서 인도 국민대표기관을 조직하여 인도인들에게 합법적인 정치활동을 보장하는 것이 무엇보다도 절실하다고 판단한 것이다.

국민회의는 초기에 점진적인 독립을 표방하다가 숱한 사건을 겪으면서 강경한 저항으로 돌아서며 조직적 한계에도 불구하고 영국 제국정부에 대응하고 협상하는 네트워크를 구축하였다.

독립운동

인도의 독립운동과 관련하여 마하트마 간디(1869–1948)의 활동에 대해 알아보자(본명: 모한다스 카람찬드 간디). 그는 인도 서북부 구자라트 주, 중간 카스트인 행정가 아버지와 평범한 어머니 사이에 탄생하였으며, 18세에 영국 UCL(University College London)에 유학하여 변호사 자격을 취득한 후 귀국한다.

---

18 세포이항쟁은 광범위한 계층이 합세한 최초의 항쟁으로 인도독립운동사에 의미가 크다. 독립을 위해서라면 폭력도 정당화된다고 주장하는 강력한 인도독립운동가 사바르까르는 이를 높이 평가하였다. 1차 독립전쟁이라 불리기도 하나 이와 다른 다양한 해석이 있다(『제국의 품격』, 21세기북스, 박지향).

19 인도 참사회 법률위원인 일버트가 인도인 판사가 인도에 거주하는 유럽인을 재판할 수 있는 권한을 부여하려 1883년에 제출한 법안이었지만 인도에 거주하는 유럽인들의 강력한 반발로 폐기된다. 이를 계기로 반영 여론이 형성되고 거족적인 민족운동을 일으키려는 움직임이 수면 위로 떠오르게 된다.

1893년 인도 상인의 법적 문제를 해결하기 위해 남아공에 1년 계약으로 갔다가 인도인에 대한 인종차별을 목격하고 이들과 20년을 함께 한다.

그는 1915년에 귀국하여 정치에 참여한다. 당시 영국은 인도의 제1차 세계대전(1914-1918) 참전 협력의 대가로 약속했던 인도 자치를 무효화하고, 1919년에 로울라트법(법원의 판결 없이 체포, 구금)을 통과시킨다. 이에 따라 대규모 군중 행진이 전국으로 확산되고 편잡 주 암리차르에서 비무장 시위대에게 영국군이 무차별 총격을 가함으로써 천 명이 넘는 사상자가 발생한다.

1920년 사티아그라하(의미: 진리를 찾기 위한 노력) 운동을 시작하여 영국 관련 일체의 활동과 사회적 행동을 중단한다. 이에 따라 전국적으로 2만 명 이상의 지도자가 체포되고 유혈사태로 확산되자 운동을 중단한다.

1929년 영국총독 어윈은 인도의 독립권을 부여할 것을 시사하며, 1930년 1월 26일, 국민회의는 라호르에서 자와할랄 네루를 초대 대통령으로 옹립하여 독립을 선언한다.

같은 해 3월 12일, 간디는 영국의 소금 독점 판매와 소금세에 반대하여 시민불복종운동을 펼치고 단디행진(소금행진)을 벌인다[20] 60세가 넘은 간디는 추종자들과 함께 델리에서 단디까지 25일 동안 380km가 넘는 강행군을 감행하며 역사에 기록을 남긴다. 이는 전 세계 식민국가의 화제가 되고 인도 독립운동의 절정을 이루며 간디를 포함하여 수만 명이 옥고를 치르는 등, 인도 독립운동사의 획기적 사건이 된다.

1939년 2차 대전 발발 후 국민회의 수장 네루는 인도의 2차 대전 참전 대가로 독립을 요구하고, 영국은 타협안으로 자치령(dominion)을 제시하

---

[20] 1930년 대공황으로 타격을 입은 영국은 소금법을 시행하여 착취한다(인도인의 소금채취 금지 및 영국의 전매사업화로 소금에 과도한 세금 부과). 모든 음식에 소금이 들어가므로 인도인들에게 큰 부담이었다. 이를 저지하고자 간디와 추종자들은 하루 60km씩 25일간 걸어 델리 아쉬람에서 동부해안 단디까지 380km의 행진을 강행한다. 처음 70여 명의 추종자가 단디에 이르렀을 때 수만 명으로 늘어났다.

였다. 네루는 이를 거부하고 영국의 철수를 요구한다. 종전 후 영국은 인도의 독립을 결정하고 인도-파키스탄 분리안을 제시한다.

독립운동의 사상적 근거

1893년 마하트마 간디는 네루와 함께 비폭력, 무저항, 스와데시 운동(국산품 장려) 등 독립운동을 전개한다.[21] 이의 사상적 근거인 간디의 스와라지 개념은 '자치(自治)'와 '자기기율(自己紀律)'이란 의미를 갖는데 정치적 독립만이 아니라 '개인의 각성'과 '책임 있는 행동'이라는 의미가 부가된다.

즉 인도사회에 도덕적 재생이 필요하며 이는 개인차원에서 시작되어야 한다는 것이다. '외적, 정치적 자유'와 '내적, 정신적 자유'가 같이 이루어져야 진정한 스와라지가 성취된다는 믿음이다.

또한 그의 사티야그라하 개념은 불의에 대한 평화적 저항(진리 파악, 비폭력, 무저항, 불복종)을 뜻하는데, 윤리적 고지를 차지하여 물리적 공격이 아닌 수동적 저항을 통해 상대방을 동요시키고 승리한다는 것이다. 유엔은 이러한 간디의 뜻을 기리고자 2007년에 간디의 생일(10월 2일)을 '국제 비폭력의 날'로 지정했다.[22]

인도의 독립과 파키스탄의 분리

1946년 제헌의회 구성을 위한 선거가 실시되고 총선 결과 국민회의와

---

21 인도 민족주의자들은 외국산 보이콧 운동과 자국 산업을 장려하는 스와데시(국산품) 운동을 벌였다. 이는 인도 민족주의 운동에 전환점을 가져오고, 간디의 범국민적인 사티야그라하 운동의 모체가 된다("인도 스와데시 운동의 성격에 관한 연구", 조길태, 지역연구 4권 4호, 1995).
간디와 네루는 의견차이가 있음에도 형제처럼 지내고 영국의 지배도 가치가 있다고 여기며 위기상황에서 집단의 이익을 초월해 이슬람 및 영국과 타협을 끌어낸다. 간디는 독립운동의 지도자였고 네루는 독립 후 기초를 닦는다. 간디는 서양 문명의 한계를 인식하고 인도 문명을 회복하고자 하였으며, 네루는 서양문명의 이기(利器)를 이용하여 인도를 근대화시키고자 하였다(앞의 책, 박지향).
22 'Non-violence is the greatest force at the disposal of mankind.' 비폭력은 인류가 활용할 수 있는 가장 강력한 힘이다(마하트마 간디).

이슬람교연맹 정부가 수립된다. 영국은 정권이양을 위해 국민회의와 이슬람교연맹 지도자들과 숱한 논의 끝에 결국 인도와 파키스탄은 분리되고, 1947년 8월 15일 네루는 델리에서 인도의 초대 수상에, 진나는 카라치에서 파키스탄의 초대 대통령에 취임한다.

시민전쟁

독립 직전 힌두교도와 무슬림 간의 시민전쟁(Civil war)은 1년 동안 지속되면서 거의 전 지역을 쑥대밭으로 만든다. 날뛰는 살인광들이 많은 사람들을 살해하고 불구로 만들거나 불에 태우는 만행을 자행했다. 분리에 따른 혼란과 테러가 지속되는 동안 1백만 명에 달하는 인명이 희생되었다. 파키스탄의 탄생이 인도인들의 종교에 관한 의견 차이와 갈등을 해결해 주지 못했다.

인도－파키스탄 분리 시점에 편잡과 벵골이 인접한 지도에 성급한 선이 그어지고 밤사이에 국경선이 되었으며 수천만 명의 피난민들이 경계선을 넘나들었다. 힌두교도와 시크교도들은 인도를 향해, 무슬림들은 파키스탄을 향해 집과 토지 등 재산을 포기한 채 이동하며 가족들은 뿔뿔이 흩어졌다.

몇 달에 걸쳐 파키스탄을 빠져나온 약 5백 만 명의 힌두교도와 시크교도들 중 1백만 명은 인도 땅에 정착할 겨를도 없이 목숨을 잃는다. 목숨 걸고 파키스탄으로 넘어간 약 5백만 명의 무슬림들은 이민자(mohajir) 라는 말을 들으며 이등국민 취급을 받는다. 이처럼 양국 갈등이 크다23

마하트마 간디의 통합 노력

마하트마 간디는 종교로 인해 나라가 분리되는 것을 반대하고 인도국민들 간의 갈등과 폭력사태를 누그러뜨리기 위해 온갖 노력을 다했다. 매일 밤 평화와 사랑에 대해 설교하고, 성경, 바가바드 기타, 코란을 읽으며 기도했다.

그의 이러한 노력은 역설적으로 힌두교인들의 반감을 사게 되고 그는 극단적인 힌두교도의 표적이 되었다. 힌두교 광신자들은 국부로 존경받는 그를 '무함마드 간디(무함마드는 이슬람교 창시자, 영어로 마호메트라 칭함)'라 칭하거나 '무슬림 애호가' 또는 '조국의 배신자'라고 부르며 맹비난하였다. 안타깝게도 그는 독립을 쟁취한 지 5개월 후인 1948년 1월 30일, 79세를 일기로 뉴델리 하늘에서 해가 질 무렵, 광적인 힌두 브라만의 총격으로 여생을 마감한다.

▷ 독립 이후 정치사회

자와할랄 네루(1889-1964)

자와할랄 네루는 1947년 8월 독립 후 비동맹 외교정책을 채택하고 1951년 제1차 경제개발 5개년계획을 수립, 자급경제체제를 출범시킨다. 네루식 사회주의를 채택한 결과, 비효율, 계층 간 불균형을 극복하지 못했다. 그럼에도 그는 인도국민을 결속시키는 데 큰 역할을 하였으며, 한국전쟁 지원, 인도차이나 전쟁 조정 알선 등 세계 평화에 크게 기여하였다.

---

23 1998년 5월 15일에 인도가, 28일에는 파키스탄이 각각 핵실험에 성공하여 핵 대결도 불사할 각오를 다지고 있으며 양국 갈등은 지금도 계속되고 있다.

네루의 딸 인디라 간디(1917-1984)[24]

그녀는 1964년 국민회의 대표가 되고 2대 총리 샤스트리가 사망하자 1966년에 총리가 된 이후 1977-1980년을 제외하고는 장기 집권한다. 1980년에 재집권하여 제9회 아시안게임, 제7차 비동맹정상회담, 영연방 정상회담의 개최 등 인도의 위상을 크게 높인다. 그녀는 1984년 10월, 시크교도 보디가드 2명으로부터 20발이 넘는 총탄을 맞고 사망하며 그녀의 아들 라지브 간디가 승계한다.

인디라 간디 수상의 암살은 시크교의 성지 황금사원에 군대 투입이 발단이다. 1984년 시크교도들이 독립국(칼리스탄) 건설을 추진하며 과격한 행동을 벌이자 진압명령을 내린다. 시크교도들은 황금사원 5층 아칼 탁트를 요새화했고 인도군대는 '푸른 별 작전'으로 초토화시킨다. 5개월 뒤 그녀가 암살된 후 격분한 힌두교도들은 북인도에서 약 4천여 명의 시크교도들을 살해했다(관련 내용은 시크교에서 추가 설명).

인디라의 아들 라지브 간디(1984-1991)와 프라탑 싱

그는 모친의 뒤를 이어 6대 총리가 되고 시장경제체제로 전환하고자 하였으나 1989년 선거에서 다른 자나타 연합에게 패하고 비쉬와나트 프라탑 싱이 7대 총리가 된다. 프라탑 싱은 낮은 카스트인(8억 9천만 명의 54%)들에게 정부 일자리의 반을 할당하는 바람에 위기를 자초한다.

펀잡, 카슈미르, 아삼 지역의 반란으로 1990년 11월 프라탑 싱 체제가 무너진다. 라지브 간디는 1991년 5월 인도 남부 선거유세 도중 암살당하

---

24 인디라 간디 이름은 옥스퍼드 유학 중 만난 남편 페로제 간디의 성을 따른 것이며 마하트마 간디와 관련이 없다. 10대에 모친 별세로 부친 네루의 퍼스트레이디로 정치에 입문한다. 네루는 1930년대 감옥에서 당시 13세인 인디라에게 3년간 장문의 편지 196편을 보낸다. 후일 이를 엮어 '세계사 편력'을 발간한다. 네루는 인디라에게 조선의 유관순을 격찬하고 일본을 경계해야 한다고 하였다. 인디라는 12세 때 또래의 청소년들을 모아 민족운동단체 '바나 세나(원숭이 여단)'를 만들고 영국에 항거하는 시위대에게 물을 주고 부상자들을 돌본다. 이후 바나 세나는 6만여 명 청년이 참여하는 단체로 성장한다.

고25 부인 소냐 간디(영국 유학시절 만난 이태리 여성) 가 정계에 입문한다.

소냐 간디와 만모한 싱

그녀는 1998년 국민회의당 당수가 되고 2004년 만모한 싱을 총리로 지명한다. 1998년 힌두국민주의 BJP당이 아탈 베하리 바쥐파예 총리하에 연합을 결성하고 첫 핵실험을 한다. 압둘칼람(인도 핵개발 아버지) 이 2002년에 11대 대통령으로 선출되고 2004년 선임된 만모한 싱 총리는 경제문제 해결, 국제정치 적극참여 등 인도의 위상을 강화시킨다..

나렌드라 모디 총리

구자라트 주 총리(재임 2001－2014) 였던 나렌드라 모디가 2014년에 연방총리로 선임된 후 모디 노믹스 정책으로 경제 체질을 강화시키며 2019년 5월 연임에 성공한다. Make in India 기치 아래 개혁개방, 친기업정책, 친미 노선 등으로 경제발전을 이루어나가고 있다.

타임지는 모디를 2012년 3월 표지인물로 선정하였으며 그의 탁월한 비즈니스 감각에 주목하고 차세대 인도의 리더로 지목한 바 있다.

미국 트럼프 대통령은 2020년 2월 24일 인도를 방문, 모디 총리의 고향 구자라트 주 아메다바드의 세계 최대 크리켓경기장 사르다르 파텔 스타디움에서 10만 명 군중의 환대를 받는다. 미국－인도 정상회동은 인도·태평양 지역에서 영향력을 확대하려는 중국에 대한 견제 메시지가 있다.

모디 총리는 카스트계급 바이샤와 수드라 사이의 '간차(상인)' 출신이다.

25 라지브 간디의 암살은 인도정부가 타밀분리주의자들의 독립투쟁을 저지하고자 스리랑카정부와 협약을 맺고 평화유지군을 타밀지역에 파견한 것에 대한 보복으로 타밀 타이거 소속인 한 여성이 인사하는 척 접근하여 폭탄을 터뜨린 것이다.

모디 총리는 가난한 차(茶) 판매상의 아들, 트럼프는 부유한 부동산 집안 아들로 대비되며, 두 사람 모두 강력한 통치력이 공통점이라는 평가를 받는다.

그는 "통치에 관한 한 헌법이 유일한 경전이며, 계급, 신념, 종교로 국민을 차별하는 일이 없을 것이며, 인도문화의 다양성을 자랑스럽게 생각한다"라고 표명하고 있다. 그러나 파키스탄 관계, 인접국과의 안보, 경제성장, 일자리 창출, 지역 균형발전, 소수자 포용, 국민화합 등 어려운 과제를 안고 있다.

나. 인도의 종교

인도는 힌두교, 불교, 자이나교, 시크교의 발상지이며 이슬람교, 기독교, 조로아스터교, 바하이교, 유대교 등 외래종교가 공존하고 있다. 전 세계 종교가 모여 있다 해도 과언이 아니며 법적으로 공식 종교가 없다. 인구 구성비는 힌두교 80-82%, 이슬람교 12-13%, 기독교 3%, 시크교 2%, 불교와 자이나교가 1% 미만이다. 인도인은 "종교란 각자 옷처럼 사람 수만큼 있어야 한다"라고 말할 정도로 종교가 일상생활에 영향을 미치고 있다.

▷ 힌두교

BC 2500년경 인더스문명 당시 드라비다인의 토착종교와 BC 1500년경 아리아인의 침입으로 유입된 종교문화가 혼합하여 힌두교의 시초가 된다. 산스크리트어로 기록된 베다는 힌두교 연구에 중요하다(베다는 지식이란 뜻). 힌두교는 인도신화에 바탕을 두고 있으며 힌두신화 속의 여러 신들을 숭배한다. 많은 신들은 연관되어 있고, 하나의 신이 변신하여 다른 신으로 탄생하기도 한다.[26]

---

26 오늘날 힌두교는 비슈누를 숭배하는 바이슈나비즘과 시바를 주신으로 믿는 쉐이비즘으로 나눌 수 있다(『이야기 인도신화』, 청아출판사, 김형준).

기본 종교철학 사상

업(Karma) 과 윤회(Samsara) 는 2500여 년 전 우파니샤드의 대화에서 처음 선을 보였으며 인도종교철학의 기본사상이다. 즉 윤회에서 벗어나 열반에 이르기 위해서는 박애 정신을 가지고 현생의 책무를 다해야 한다. 현세를 어떻게 사느냐에 따라 후세가 결정된다. 선한 행동을 하면 선한 열매를 맺으며 악한 행동은 악한 열매를 맺는다는 것이다.

해탈에 이르는 길은 지혜, 신애, 행위의 세 가지다. 지혜(즈나나) 는 우주와 인간의 본질에 대한 초월적인 신비 지식의 깨달음이고, 신애(神愛, 박티) 는 신에 대한 열렬하고도 헌신적인 사랑이며, 행위(카르마) 는 결과에 집착하지 않고 사적인 욕망 없이 행하는 올바른 행위를 말한다.

미물도 죽이지 않고 파리, 모기도 손사래로 쫓으며 들개도 나의 조상일 수 있다고 믿으며[27] 아직도 진화하는 다이내믹한 종교이다. 새로운 신이 만신전(pantheon) 에 추가되고 영화, 스포츠 스타들도 자신이 신으로 등재되어 있음을 발견하기도 한다.

카스트제

인도 사회는 카스트가 중심이 되어 신분과 계급이 대물림된다. 원래 인도어로 자티에 해당하고 출생을 의미한다. 자티는 가족보다는 크지만 부족이나 사회의 한 계층보다는 작은 친족관계다. 애초에 포르투갈인들이 사용한 말로 리그베다의 창조신화에 등장하는 고대 인도의 계급제도인 바르나(varna) 를 의미했다.

피부색에 대한 편견이 카스트와 계급에 영향을 준 듯하다. 약 4천 년 전 흰 피부, 윤곽이 뚜렷한 아리아인들이 인도 북부에 침입했을 때 인더

---

27 한국 기업의 인도 주재원이 인도인 부부를 집으로 초대하였는데 거실에 파리가 날아다녔다. 마침 한국에서 오신 모친이 파리채로 내리쳐 잡았다. 그 순간 인도인 부부는 인상을 찌푸리며 못 볼 것을 본 듯 눈을 가렸다. 식사시간 내내 불편해 하며 빨리 돌아가고 싶어 하는 기색이 역력했던 경험담을 들려주었다(『인도인 인도상인』, 효민, 이운용, p. 48).

스계곡의 검은 피부 드라비다인과 섞이는 것을 피하고자 피부색으로 신분을 구분한 것이다. 흰색은 브라만, 붉은색은 크샤트리아, 갈색은 바이샤, 검은색은 수드라를 상징했다. 노예라는 말 다사(dasa)도 '어두운' 또는 '검은'이란 뜻으로 아리안 정복자들이 선주민들을 지칭하는 말이었다.[28]

리그베다의 푸루샤 수크타에 의하면 카스트제가 태초의 남성 푸루샤가 제물로 바쳐진 것이 근원이며 인도인들은 푸루샤 후손이라 전해진다.[29]

카스트제도

일반적으로 알고 있는 카스트는 네 가지 계급, 즉 상위카스트인 브라만, 크샤트리아, 바이샤와 하위카스트인 수드라이다. 그 밑에 카스트에 속하지 않는 계층의 인구가 많으며 구성은 다음 표와 같다.[30]

인도정부는 OBC 이하 천민(달리트 혹은 하리잔)들을 보호하기 위해 공공기관 일자리와 대학 입학정원의 49.5%를 할당하고 있다(reservation seats). 그러나 고용 불안정으로 상위카스트는 이의 폐지를 주장하고, 무슬림과 여성들도 동일한 혜택을 요구하여 사회 갈등요인이 되고 있다.

상위카스트들도 동일한 혜택을 요구하며 차라리 하위카스트로 낮춰달라며 벌이는 폭력시위도 사회 문제이다. 한 예로서 2016년 2월 북인도 낙농업 자티에서 기물파괴, 수로장악 등으로 뉴델리에 급수난을 일으킨 바 있으며 재산피해 6조 1,200억 원, 19명이 사망했다.

이처럼 할당제의 수혜대상에 대한 논란이 끊이지 않고 있으며 수혜집단

---

28 현대 인도에서도 피부색깔이 미적 선호도에 영향을 미치고 있는데 예컨대 '하얀 피부를 지닌 배우자를 구함'이란 신문 광고가 심심찮게 게재된다.
29 신은 희생제물인 태초의 인간 푸루샤의 머리에 기름을 부었다. 신들이 인간을 나누었을 때 그의 입(또는 머리)은 브라만이 되었고(제사장), 팔은 전사(정치가, 군인), 허벅지는 백성(상인), 발은 종이 되었다(농민). 플라톤의 3계급설과 유사하다(앞의 책, 김형준). 카스트제는 중세의 길드제도처럼 공동체의 지식 공유, 경험축적이란 긍정적인 측면도 있다. 예컨대 도공의 딸이 도공 남자와 결혼하면 힘이 되고 일이 수월해진다. 또한 위험한 작업은 전문 집단이 맡아서 해 주면 사회 전체가 더 안전해진다.
30 『포스트 차이나, 진짜 인도를 알려주마』, 플랜지: 북스, 박민준, pp. 289-292.

카스트계층	명칭(계급)	구성(%)	비 고
상위계층 (일반계층)	브라만(승려계급)	31	성직자, 승려 및 학자
	크샤트리아(통치계급)		왕, 귀족, 무사, 군인
	바이샤(상인계급)		상공업, 전문직, 자영농
하위계층	수드라(천민계급)	41	육체노동, 노동자, 농노, 하인
기타 후진계층(OBC)	수드라 일부 포함		Other Backward Caste
불가촉 천민(SC)		20	Scheduled Caste(등록 카스트)
불가촉 부족민(ST)		8	Scheduled Tribes(등록 부족)

간의 불균형이 심화되고 있다. 후진계급 중에서도 상류층(creamy layer) 이 존재하므로 이들에 대한 혜택의 제한도 거론되고 있다. 2019년 1월 통과된 제 103차 개헌에서 경제적으로 취약한 계층(계급) 에게 10% 한도 내에서 할당혜택을 부여하도록 규정하였으나 세부 시행에 대해 비판이 거세다.

　카스트로 인한 불평등을 해소하려는 할당제가 오히려 카스트가 견고한 영향력을 발휘하는 요인의 하나가 되고 있다. '계급' 기준에 의한 할당제는 인도가 카스트사회에서 계급사회로 나아가는 길에 들어섰다는 선언으로 보인다.[31]

　카스트에 근거한 차별은 불법이나 카스트는 일상에서 여전히 작동되고 있다. 예컨대 개업 시 뿌자(일종의 고사)를 지낼 때 사장이 브라만이 아니면 주관할 수 없고 브라만 계급 직원이 전통복장을 걸치고 거행한다. 직원들을 통솔하는 자리에 낮은 카스트 직원을 배치하면 문제가 된다. 출장시 카스트가 서로 다른 직원을 같은 방에 배정하면 안 된다. 계층 간 갈등이 생기지 않도록 고려해야 한다.[32]

31 "인도 할당제의 변화와 미래", 외대 인도연구소 이지은(2020. 2. 10.).

상인카스트

카스트는 현실적으로 지역별, 직업별 커뮤니티로 구분한다. 직업과 혈연, 공동체를 기반으로 하는 족벌가문으로서 '자티(비라다리)'라 불리는 상인카스트(trading caste)가 약 3천 개 이상 있고, 같은 자티 구성원은 동일한 성을 사용한다.

서부 라자스탄 주에 뿌리를 둔 **마르와리**(퓨처, 비를라, 바자지, 고엔카, 싱가니아, 에사르, 미딸 등 유통업), **구자라티**(재계 1위 릴라이언스, 랄바이, 마파트랄, 월찬드), **뭄바이지역 파르시**(재계 2위 타타, 고드리지, 와디아), **펀자비**(타파르, 난다, 차브리아 등 농기계, 식품 가공), **남인도 타밀나두 주 체띠아**(맘 라마스와미, 맥스픽, 무르가파, 체티아르 등 남인도 교두보), **바니아**(석유화학), 스리람(정밀화학), 신디 등이다.

상인카스트들은 구성원들의 부양을 위해 사업을 하지 않는 멤버들에게 사업을 하도록 압력을 넣는다. 사업 확장과 사업 다변화가 패밀리 비즈니스의 목적이다(자세한 내용은 부록 참조).

사회적 지위

사회적 지위는 카스트와는 달리 돈으로 결정된다. 부유한 계층은 상인들(바이샤)이 많다. 부유한 바이샤는 역할로서의 신분은 브라만, 크샤트리아보다 낮지만 최상위층의 생활을 한다. 이들이 대개 브라만 가정부를 두는 이유는 브라만은 정결하며 수드라 가정부가 준비하는 음식은 불결하다고 여기기 때문이다.

카스트 간의 결혼은 신분 차이, 지참금 부담 등으로 매우 어렵고, 계층 간 이동은 브라만, 크샤트리아, 바이샤 간에는 약간씩 있으나 수드라와 상층카스트 간 이동은 없다.[33]

---

32 인도헌법 15조는 "Prohibition of discrimination on grounds of religion, race, caste, sex or place of birth"로 시작하며 법적으로 카스트에 의한 차별을 금하나 여전히 영향력을 미치고 있다.

33 2019년 8월, 바이샤 출신인 장인이 사위를 청부살인한 사건(명예살인)이 발생하

하층민 중 성공한 인물

인도 하층민 중에서 성공한 인물들은 영화로 제작되기도 하고 책으로 편찬되기도 한다. 대표적인 인물들을 살펴보면 다음과 같다.

성자로 추앙받는 베다 시인 티루발루바르,

천민 해방운동 선구자 레타말라이 스리니바산, 아이얀칼리,

초대 법무부장관 빔라오 람지 암베드카르,

10대 대통령 코체릴 나라야난,

14대 대통령 람 나트 코빈트,

『신도 버린 사람들』의 저자 나렌드라 자다브,34

여성 국회의장 메이라 쿠마르,

릴라이언스 그룹 창업자 디라즈랄 히라찬드 암바니 등이다.

모디총리는 2019년 총선 전 '타임즈오브인디아' 기사에 의하면 불가촉천민은 아니지만 텔리–간치 신분(바이샤와 수드라의 중간)인 것으로 알려져 있다. 그는 1950년 9월 구자라트 주 메사나에서 태어났으며, 1965년 2차 인도–파키스탄 전쟁 때 16세 소년으로서 메사나 역에서 이동하는 군인들에게 전통차 짜이를 팔았다.

카르스트제는 카르마의 결과

인도인들은 카스트제를 카르마의 결과로 여긴다. 사람은 전생의 카르마 (karma, 業)로 현생에 태어나는데, 현생에서 카스트에 따른 다르마(dharma, 德, 책임과 의무)를 다하면 다음 생애에 행복하게 태어난다고 믿는다.35

였다. 딸이 불가촉천민과 결혼했다는 이유로 딸이 선택한 남자를 살해한 것이다 (조선일보, 양지호 기자, 2019. 8. 22.).

34 푸네대학 총장을 역임한 나렌드라 자다브는 그의 저서 『신도 버린 사람들』에서 교육기회가 박탈된 불가촉천민인 자신이 차별과 냉대, 불평등을 이기고 성공을 이룬 일대기를 소개하고 있다. 학교 문턱에도 가보지 못한 아버지의 희생과 부모와 딸의 가족애를 통해 인도사회의 단면을 엿볼 수 있다.

35 『글로벌 문화 가이드』, 휘슬러, 기탄잘리 수잔 콜라나드, 박선영 옮김, pp. 48–52.

즉 카르마는 '행동'과 '행동의 결과' 두 가지를 뜻한다. 작용과 반작용, 원인과 결과의 법칙이다. 말과 생각, 행동은 반드시 결과를 초래하며 인생 전반에 따라다닌다. 개인의 행위에 하나의 업이 투입되면 필연적으로 동일한 업이 생성된다. 현세의 행동은 내세에 영향을 미친다.

비유를 들면 궁수기 화살통 속의 화살과 과녁을 향해 당기고 있는 화살만 통제할 수 있을 뿐 손에서 떠난 화살은 제어할 수 없듯이 현재의 행동만 통제할 뿐이다. 신들조차 이미 저지른 행동의 결과를 바꿀 수 없다. 현생에서의 좋은 일은 내세에 영향을 미치므로 인간은 숙명적인 희생양이 아니다. 남을 비난하거나 너무 고마워해야 할 이유가 없다. 업의 평가는 자신이 손으로 쓰고 입술로 봉하며 대가를 직접 치러야 한다. "네가 뿌린 대로 거두리라"와 다를 바가 없다.

다르마의 현실에 적용

다르마는 태어난 지위와 인생의 단계에 따라 해야 할 일을 하는 것이다. 카스트계급과 나이, 지위에 따라 다르마가 정해진다. 성직자가 해야 할 행동을 직조공이 반드시 해야 하는 것은 아니다.

고대에는 동일 범죄라도 카스트에 따라 형량을 달리했다. 예컨대 브라만이 절도를 하면 낮은 계층보다 8배의 중형을 받았다. 힌두교 윤리 기준은 관대함, 무욕, 진실, 노인 공경, 생명 존중 등이다. 모르는 사람에게 베푸는 친절은 자신의 다르마 실천이며, 모르는 사람도 전생에 인연이 있었다고 믿는다.

인도인들은 일상에서 자연스레 카르마와 다르마를 적용한다. 정치인들은 자신의 주장을 강조하기 위해 이를 인용하고, 영화 속의 우연의 일치는 전생의 업보로 설명하며, 등장인물은 자신의 다르마를 실천하기 위해 영웅적인 행동을 한다.

브라만(산스크리트어)은 우주의 진리, 우주 자체를 가리킨다. 힌두교 최상위 목표는 참된 나인 '아트만'이 우주의 진리인 '브라만'과 하나가 되는 것이다. 최상위층을 브라만이라 칭하는 것은 우주의 지혜를 구하는 것이 이들의 업(業)이라 믿기 때문이다.36

현세의 부귀를 전생의 행위에 따른 보상으로 여기고, 현세의 고난을 내세의 보상 기회로 믿으므로 기복신앙, 명상, 요가, 고행 등 신비주의적 특성을 동시에 지닌다. 종교적 규범과 내집단(內集團, In-group)의 이해(利害)가 인간의 보편적인 윤리기준이나 도덕성보다 앞선다.

힌두교의 정수는 순수함

불교의 정수(精髓)를 '깨달음(enlightenment)'이라 한다면 힌두교의 정수는 '순수함(purity)'이며 인도문화는 여기에서 비롯된 것이 많다. 순수하게 정제된 버터인 기이(ghee)를 애용하며, 사원에서는 기이에 심지를 부착하여 불을 밝힌다.37

외부인이 주방에 들어가는 것과 식사할 때 타인의 음식과 혼재되는 것을 극구 싫어하고, 공용접시에 손을 대지 않으며, 병 속의 물은 입을 대지 않고 마신다. 바느질 같은 인위적인 행위나 수저 등 매개체를 사용하지 않고 자연과 직접 접촉한다. 폭 1m, 길이 6-10m인 여성복장 사리는 자르거나 바느질을 하지 않는다. 신전에 들어갈 때는 신발과 양말을 벗는다.

---

36 산스크리트어 아트만(영혼)의 처음 의미는 호흡이었다. 고대 인도인들은 삶과 죽음 사이에서 먼저 눈에 띄는 차이가 호흡이라 주목하였고 아트만에 대한 찬양은 처음엔 '자아'였으나 이후 영혼이 되었다. 이들은 신체의 활성화에 호흡 조절이 중요함을 강조하였다.
37 힌두신화에 의하면 신들은 푸르샤(인류의 조상)를 제물로 희생제를 지냈다. 모든 것이 제공된 그 희생물로부터 정제된 버터가 얻어졌다. 신들은 정제된 버터를 가지고 공중과 숲, 마을의 짐승을 만들었다. 그리고 시와 찬가, 운율과 제사 형식이 나왔다(앞의 책, 김형준).

신성시하는 소

소를 신성시하는 주요한 이유는 활용 가치가 크기 때문이다. 우유 및 유제품(치즈, 버터 등), 배설물 활용(땔감, 건자재 등), 염료, 농사, 노동력 확보 등 용도가 다양하다.

6개월 주기의 건기, 우기 중에서 노동력이 크게 부족한 우기에 활용 효과가 크다. 도심지에서도 소를 가까이에 두는 이유는 신선한 우유 섭취와 유제품 변질을 막기 위함이다.38 길거리의 소들은 주인이 있다(명찰 부착). 소들도 등급이 있으며 암소의 등급이 가장 높고 물소의 등급이 가장 낮다.

3대 신(브라흐마, 비슈누, 시바)

3대 신(Trimurti, 三主神)은 힌두교의 우주관과 밀접하다. 우주는 생성, 발전, 소멸을 반복한다. 브라흐마 신이 우주를 생성하고 비슈누 신이 유지, 발전시키며 시바 신은 소멸시킨다. 계절이 바뀌듯 낡은 우주는 소멸되고 새로운 우주가 만들어진다.

우주 생성의 신 브라흐마를 모시는 힌두교인은 거의 없다. 인도 북서부 라자스탄 주 푸쉬카르(낙타 축제로 유명)에 브라흐마사원이 있다.

비슈누는 유지의 신으로 가장 존경받는 신이다. 비슈누의 화신 라마, 크리슈나의 인기가 높고 석가도 그의 화신으로 간주한다.

우주 소멸의 신 시바는 삼지창을 들고 다닌다. 긴 머리, 파란 목의 형상이며 소(난디)를 타고 다니며 강한 성적 에너지가 있어 그의 남근형상 링가도 숭배의 대상이다. 링가는 여성의 성을 상징하는 요니와 결합하는데 링가(원기둥 형태)는 요니(가운데 홈이 파인 쟁반 모양)에 올려 남녀합일을 통한 다산을 염원한다.

---

38 『문화의 수수께끼』, 한길사, 마빈 해리스, 박종열·서진영 역, pp. 21−39.

코끼리 머리 형상인 가네샤(시바의 아들)도 많이 숭배한다. 시바의 실수로 가네샤의 머리가 잘리자 자나가던 첫 동물 코끼리의 목을 가져다 붙였다. 가네샤는 장애를 제거해 준다고 믿어 개업식에 모신다.

인생의 목적과 생의 네 단계(아슈라마)

인생의 목적을 재물(Artha), 쾌락(Kama), 의무(Dharma), 해탈(Moksha)로 여긴다. 힌두교 상류층은 한 생애에서 네 단계의 아슈라마 과정을 거쳐야 이상적인 생애가 이루어진다고 믿었으며(아래 표), 해탈은 3, 4단계에서 이루어진다고 한다.

생의 네 단계	연령	내용
학생기 또는 범행자(梵行者) 〈브라마차리: Brahmacari〉 독신 수련기(6-12년 사이)	25세까지	• 베다를 학습하고 지식, 도덕적인 훈련을 쌓으며 스승에게 헌신하고 복종하는 시기 • 스승과 함께 살면서 베다, 철학, 문법, 예술 등 전통과목을 배움. • 마지막 수업을 받고 목욕의식을 치른 후 집으로 돌아감.
가주기 또는 재가자(在家者) 〈그리하스타: Grihastha〉 가정에 머무는 시기	50세까지	• 결혼하여 자식을 낳고 가족부양과 성직자를 돕기 위해 일하며 조상과 신에게 제사 드리고 이웃에게 봉사하는 시기 • 근사한 분위기에 젖어 한껏 즐기는 시기
임주기 또는 임서자(林棲者) 〈바나프라스타: Vanaprastha〉 숲속에 머무는 시기	75세까지	• 손자를 본 후 부인과 함께 삼림에 은퇴하여 명상 등 수행을 통해 궁극적인 가치를 추구하는 시기 • 자손을 얻어 구원을 보장받았으므로 은퇴과정을 시작함.
유랑기 또는 유행자(遊行者) 〈사니아신: Sannyasin〉 구도에 몰입하는 시기	75세부터 임종 때까지	• 은둔에서 벗어나 탁발 수행하며 성지를 순례하고 죽음을 맞이할 준비를 하는 시기

힌두교의 성지, 바라나시

바라나시는 인도 북쪽의 바루나(Varuna) 강과 남쪽의 아시(Assi) 강 사이에 위치한 도시란 뜻이며(다른 이름은 카시), '영적인 빛으로 충만한 도시'

를 뜻한다. 여러 영겁 이전에 시바 신이 만든 갠지스강의 강둑에 자리 잡은 도시로 3천여 년의 역사를 가지고 있으며 많은 사원과 성소가 있다.

히말라야에서 발원된 강물은 갠지스(Ganges)강을 타고 가다가 야무나(Yamuna)강과 합류 후 동남쪽으로 흘러가다가 바라나시 근처에서 북쪽으로 휘어진다. 남쪽은 죽음의 방향, 북쪽은 재생의 방향, 즉 바라나시에서의 갠지스강은 죽음에서 재생으로 바뀐다는 종교적 색채를 띤다. 갠지스강이 신성시되는 이유는 갠지스 강물이 비슈누 신의 발뒤꿈치로부터 흘러나왔다고 믿기 때문이다. 비슈누 신은 행운을 가져다주는 자비로운 신으로 물과 밀접한 관련이 있다.[39]

힌두교인들은 이 강물을 한 모금만 마셔도 수년 동안의 나쁜 카르마(業)가 사라지고, 여기서 목욕하면 일생의 잘못된 행동을 씻을 수 있고, 조상의 유골을 닦으면 해탈할 수 있다고 믿는다. 바라나시에서 사는 것만으로도 신을 섬기는 일이고, 여기에서의 모든 행동은 신성하며, 여기서 하는 말은 기도로 보며, 이곳에서 죽는 것이 소망이다.

갠지스강

---

39 갠지스강은 힌두교인의 마음의 고향으로 성스러운 의미의 '강가(Ganga)'라 불리며 2,460km에 이른다. 일몰 무렵에 힌두교 의식 '푸자'가 시작된다. 사제들이 불을 피우고 신을 찬양하는 노래를 부르면 사람들이 함께 제사지내며 기도한다. 형형색색의 의상을 입은 수백 명의 사람들이 경건한 표정으로 의식을 지켜본다. 전국에서 몰려오는 참배객과 관광객들로 넘쳐난다.

▷ 이슬람교

무슬림은 인도 전체 인구의 12－13%를 차지하며 인도네시아에 이어 두 번째로 많고 파키스탄, 방글라데시까지 합치면 4억 명이다. 시아파가 수니파보다 세배 정도 많다. 힌두교인과 무슬림들은 공존하면서도 오랜 갈등을 지속하고 있다(종교 갈등에서 상세 설명).

이슬람은 힌두교 못지않은 역사와 전통을 지니고 있으며, 전성기인 무굴제국을 거쳐 7백 년간 인도를 통치한다. 타지마할, 델리의 붉은 성은 이슬람 지배 당시 건축되었다. 무슬림은 현재 주로 서민, 하위계층을 이루고, 대부분 하위 카스트보다 못한 생활을 하고 있어 심각한 사회문제이다.

모디 정부는 2019년 12월 12일, 개정시민권법(Citizenship Amendment Act, 약칭 CAA)을 제정하였다. 인도 시민권 부여 기준으로 종교와 지역을 도입하여 자격을 제한하는 것으로 무슬림과 타밀지역을 차별화하려는 의도가 깔려 있다는 비판을 받고 있다.

인도 헌법정신은 "종교와 인종, 성별로 차별받지 않는다"라는 세속주의에 기반을 두고 있지만 CAA는 무슬림 난민에게 시민권을 부여하지 않으므로 헌법정신에 위배된다고 하여 강한 반발심을 불러일으키며 분쟁의 소지가 되고 있다.[40]

▷ 시크교

인도 인구의 2%를 차지하고, 펀잡 주 인구의 60%를 차지하는 시크교는 구루 나나크(1469－1539)가 힌두교의 박티(신애) 정신과 이슬람 교리의 일부를 수용하여 창시하였다. '신은 하나'라는 믿음, 즉 신은 유일하고 영원한 존재이며 계급과 종족의 차별 없이 누구라도 신을 가까이할 수 있다는 것이다.

---

40 세부 내용은 "인도인의 역사 인식과 신남방정책", 경사연, pp. 55－60 참조.

시크교 황금사원 전경

가르침과 초기 활동

"정신적 숭고함은 금욕이나 고행이 아니라 현실의 삶에서 찾아야 한다"라고 가르치며 사회 병폐의 치유를 주창했다. 종교로 사람들이 분열하는 것을 반대하고, 지위가 낮은 사람들(농부, 기술공, 상인 등)의 공동체를 형성했으며, 육식을 허용하고 평등사회 구현을 위해 노력하였다(카스트제 폐지, 여성차별 금지 등). 시크교인의 전형적인 모습은 신을 찬미하고 열심히 노동하며 노동으로부터 얻은 수익은 신도들 간에 나눈다.

창시자 구루 나나크는 메시지를 전하기 위해 북인도에서 벵골, 티베트, 스리랑카, 메카, 로마에 이르렀으며 아프가니스탄을 거쳐 펀잡으로 돌아왔다. 순회 중에 그의 메시지에 감명받은 많은 사람들이 제자가 되었다. 창시자 구루 나나크는 마지막 10대 구루 고빈드 싱(1666-1708)에 이르기까지 시크교의 정신적 교주이며 마지막 구루는 현 체제를 갖추고 강인한 면모를 형성시켰다.

현재의 모습

터번을 쓰며 세례받은 남자 이름에 '싱(Singh, 용맹한 사자)', 여자 이름에 '카우어(Kaur, 공주)'를 붙인다. 5K 계율(장발, 빗, 쇠 팔찌, 속옷, 칼)41 및 네 가지 율법을 지킨다. 네 가지 율법은 머리카락에 손대지 않고, 간통하지 않으며, 제례용 고기를 먹지 않고, 중독물(담배, 술, 아편 등)을 섭취하지 않는 것이다. 이들은 몸집이 크고 용맹하며 주로 군인, 사업, 정치 분야에 진출한다. 2004년 취임한 맘모한 싱 전 수상은 시크교 최초의 수상이며 시크교의 입지가 커졌다.

박해와 투쟁의 역사

시크교의 5백 년 역사는 박해에 대한 항거로 점철되며 이로 인해 정치적 관심과 결속이 강화된다. 무굴 황제 자한기르는 5대 구루 아르준이 무굴제국에 복종하지 않고 이슬람 교리를 수용하지 않는다고 처형하였고, 아우랑제브 황제 역시 9대 구루 바하두르의 개종 거부로 고문하여 죽이고 군사력으로 압박한다. 쫓긴 시크교 전사들은 히말라야 고원 은신처로 피신한다.

이슬람의 박해로 시크교도들은 '수동적인 사도(Sikh)'에서 '순수 군단(Khalsa, 세례받은 자)', 즉 용맹한 사자(Singh)로 변신하며 군대를 편성하고 무기를 소지하는 호전적 집단으로 탈바꿈한다.

4대 구루 람다스는 펀잡 주의 도시 암리차르(생명수란 의미)를 건설하고 호수 가운데 하르만디르 샤히브 사원(황금사원)의 건립을 시작하며, 그의 아들 5대 구루 아르준이 1604년에 완공한다. 황금사원은 시크교도들의 정신적 지주이며 시크교 성지이자 유명 관광지이다.[42]

---

41 5K는 다음과 같다. Kesh: 손대지 않는 머리카락, Kanga: 머리 정돈하는 나무 빗, Kara: 쇠 팔찌, 정체성 상징, Kachera: 청결의 표시로 입는 짧은 면 속옷, Kirpan: 단도 혹은 검.
42 암리차르 한가운데에 치유효력이 있다는 암리트라는 샘이 있다. 5대 구루 아르준은 샘 주위 호수 가운데에 하르만디르 샤히브 사원을 완공했다. 시크교의 개방성 상징으로 사방의 문을 열어둔다. 자원봉사자들이 관리하고 순례객을 안내하며 음식을 무료로 제공한다. 사원 내부 황금대 위에 가장 성스러운 그란트 사히브 경전(구루들의 언행록 집대성)이 놓여 있다. 영국인들은 사원의 벽과 돔(페르시아 풍)이 금으로 덮여 있어 황금사원이라 불렀다.

시크교도들의 독립투쟁과 좌절

편잡 주를 중심으로 독립을 추진하였으나 다음과 같이 1919년 영국에 의해, 1984년 인도정부에 의해 좌절되었다.

영국에 의한 좌절

1919년 4월 황금사원 인근 잘리안왈라 공원에서 힌두교 축제가 한창인 군중들을 향해 영국 준장 레지널드 다이어가 기습 발포명령을 내린다. 영국 소총부대가 비폭력 시위를 하던 인도인들을 무자비하게 학살하고 신음하며 죽어가는 사람들에게 아무런 의료지원도 해 주지 않은 채 황급히 철수시킨다. 4백여 명의 시민이 사망하고 1,200명 이상이 부상을 입는다.

이 사건으로 영국에 협조적이던 중산층이 민족주의로 돌아서고, 자와할랄 네루는 부친 모티랄 네루와 함께 독립운동을 하다가 같이 체포되고, 타고르는 노벨문학상 수상 때 받았던 영국 기사작위를 반납한다. 마하트마 간디는 이듬해 8월 전국적인 사티아그라하 운동을 시작한다.

인도정부에 의한 좌절

1984년 6월 편잡지역을 중심으로 독립(칼리스탄: 순수의 땅)을 요구하는 시크교 무장세력들이 식량과 무기를 비축하여 황금사원에 진을 치고 죽기를 각오하고 대항하자 인디라 간디 총리는 인도군에게 황금사원에 진입과 필요시 발포를 명령한다(블루스타 작전).

탱크가 굉음을 울리며 사원에 진입하고 대포들이 불을 뿜는다. 헬기가 공중에 윙윙거리고 인근 공원으로부터 박격포탄이 쉴 새 없이 날아든다. 거의 1천 명의 무장세력들이 목숨을 잃고 생존자 1천 명이 수감된 후 진압된다. 희생된 진압 군인도 2백여 명에 달한다.

인디라 간디 총리의 암살

진압된 지 5개월 뒤인 1984년 10월 31일 인디라 간디 총리는 출근길에 시크교도 경호원 2명으로부터 20여 발의 총탄 세례를 받고 운명을 달리한다. 이로 인해 분노한 힌두교도들은 델리를 중심으로 사흘 밤낮 살인과 방화를 계속하며 수천 명의 시크교도들이 희생된다. 어제까지만 해도 이웃이던 시크교도들은 순식간에 광폭한 힌두교도들의 타깃이 되었으며 군대의 출동으로 겨우 진압된다. 힌두교인와 시크교도의 반목은 언제 다시 폭발할지 모르는 시한폭탄이다.

▷ 불교

인도의 불교 인구는 1%에 불과하다. 석가모니(BC 624−544)는 네팔 남부 산자락 룸비니지역 샤카족의 수도 카필라바스투에서 왕자로 태어난다. 본명은 '싯다르타 가우타마'이며 득도 후 '붓다(깨달은 자)'로 불린다. 29세에 출가, 고행을 거쳐 비하르 주 보드가야 보리수 아래서 득도한다.

갠지스강 바라나시 주변 사르나트에서 설법을 시작하고 쿠시나가르에서 열반에 들기까지 40여 년간 전국을 돌며 설법을 전한다. 동남아 등 많은 사람들이 불교 4대 성지를 방문한다.[43]

가르침과 혁신적인 활동

붓다는 형이상학에 빠지지 않고 대중들에게 쉬운 말로 표현했다. 모든 삶이 번뇌이고, 번뇌는 욕망에서 싹트며, 팔정도를 통해 고통에서 벗어날 수 있다. 카스트의 신분차별, 의례화된 숭배방식, 성직자의 재물관리, 타인에 대한 배려 없이 자신만의 고행을 통한 해방을 비판하고, 비폭력을 강조하여 브라만에 위협이 되었다.

붓다는 단지 출생만으로 얻어지는 신성불가침적 신분과 권한에 자부심

---

43 불교 4대 성지는 북인도 우따르쁘라데시 주 동쪽 고락뿌르를 중심으로 다음과 같이 펼쳐져 있다. 룸비니(탄생지): 고락뿌르 북쪽 100km 네팔영토/쿠시나가르(입적지): 고락뿌르 동쪽 55km/사르나트(최초 설법지−녹야원): 고락뿌르 남쪽 170km/보드가야(해탈지): 고락뿌르 동남쪽 200km. 최초 설법지 사르나트는 인근에 힌두교 최대성지 바라나시가 있어 분쟁지역이다.

을 느끼는 브라만을 비판하고 "브라만답게 행동하는 사람만이 존경을 받을 만한 가치가 있다"고 설파하였다.

붓다의 후원자는 갠지스강 중부 최강국인 마가다국 빔비사라 왕이며 세금도 받지 않고 많은 산들을 제공하였다. 불교수도승들은 이곳에 수행을 위한 '비하라'는 석조방을 만들었다(이후 이 지역을 비하르라 부름).

불교의 전파와 쇠퇴

인도의 첫 통일왕국 마우리아왕조의 3대 아소카왕에 의해 크게 번성하고 쿠샨왕조 때 대승불교가 탄생하여 중앙아시아 및 동북아시아로 전파된다. 만민평등사상으로 하위카스트 사람들의 마음을 움직여 불교로 귀의하는 경우가 많다.

불교의 발상지인 인도에서 융성하지 못한 원인은 불교의 혁신적인 사상에 대한 브라만의 배척, 이슬람 및 힌두교 지배세력의 이해관계 합치, 석가모니를 힌두교 화신으로 보는 시각, 이슬람의 반대 등이다. 신의 존재를 인정하지 않은 붓다가 비슈누 신의 화신으로 힌두교 신전에 모셔져 있음은 아이러니다.

근세기 불교운동

인도 독립 직후 초대 법무부장관 B. R. 암베드카르(1891 – 1956)의 활약이 돋보인다. 그는 천민출신으로 최초로 정부지원을 받아 미국 및 영국에서 경제학 및 법학박사 학위를 취득하고 돌아와 카스트 폐지운동에 앞장선다.

헌법을 기초하고 카스트 차별금지, 대학 입학 및 공직에 천민들이 할당되도록 헌법에 명시하였으나 카스트 차별의 철폐가 힘들다고 보고 불교로 개종한다. 1956년 추종자 50만 명과 함께 거행된 개종식은 역사상 가장 큰 규모이다. 그의 개종에 따라 약 3백만 명의 천민들이 불교로 개종한다. 그의 불교운동은 '피 흘리지 않은 혁명'으로 평가되며 그는 국민 최고훈장 '바라트 라트나'를 받는다.

▷ 자이나교

불교와 동시대인 BC 6세기경 마하비라(BC 540－468) 가 창시하였으며 약 4백만 명의 신자가 있다. 바르다마나(의미: 성장하게 하는 자) 가 본명이며 마하비라(大雄) 는 존칭이다. 싯다르타가 붓다(覺者) 로 불리는 것과 같다.

왕자의 신분에서 30세에 출가하여 12여 년간 고행과 명상 끝에 사라나무(Sal tree) 아래에서 깨달음을 얻는다. 마하트마 간디와 타고르 사상의 밑거름이 되고, 힌두교인들에게 영향을 주며, 하위카스트에게도 권한이 주어지도록 개혁을 추구하였다.

가르침과 활동

자이나는 '지나(감각을 지배하는 자, 승자를 따르는 자)'에서 유래한다. 인간은 완벽한 존재가 될 수 있으며, 인간의 영혼은 영원불멸하고 깨달은 인간의 영혼이 창조주를 대신한다. 힌두교의 관습과 의식, 카르마, 해탈, 윤회 등을 포함하고 힌두교인과 결혼을 허락한다.

비폭력, 불살생, 진실함, 금욕, 무소유, 극단적 채식주의를 표방한다. 엄격한 자이나교도들은 땅속 벌레들을 죽이지 않으려 뿌리 식품(양파, 마늘, 무, 고구마, 감자 등) 을 먹지 않고, 배양균을 죽이지 않기 위해 요거트도 먹지 않는다. 작업 도중에 생명체를 죽일 수 있는 농부, 가죽 수공업자는 자이나교에 귀의할 수 없어 도시에 자리 잡고 상업(사채업, 무역업, 중개업), 예술, 교육 분야에 종사한다. 토지소유를 금하나, 상업으로 축적한 부는 허용한다.

기도, 단식, 금욕을 실천하며 수도승에 가까운 생활을 한다. 고행을 통해 욕망을 이기며 고통을 견딘다. 머리카락 한 움큼 뽑기, 바늘로 몸 찌르기도 있고 극단적 단식으로 목숨을 잃기도 한다. 수도승 생활은 더 엄격하다.

종파는 나체로 수행하는 공의파(空衣派, 디감바라) 와 흰옷만 입는 백의파(白衣派, 슈베탐바라) 로 나뉜다. 공의파 수도승은 자신과 직접 관련되지 않은 것을 포기한다. 백의파들은 실수로 벌레를 삼키지 않으려 거즈로 입을 가리며, 추종자들은 수도승이 지나갈 때 바닥의 벌레를 밟지 않도록 빗자루로 바닥을 쓸어낸다.

사회 활동

동물병원과 쉼터를 기증하여 생명체 존중을 표방한다(늙은 소 쉼터, 새 병원, 곤충의 집 등). 정직, 신의를 바탕으로 한 사업을 통해 많은 부를 축적하고, 자선 사업, 공공시설 건립, 종교 전파를 위해 천문학적 액수를 기부한다.

자이나교사원은 아름답고 정교하게 꾸며져 있으며 방문객은 입구에 지갑, 벨트 등 가죽제품을 맡긴다. 자이나교도들은 주로 라자스탄 주, 우타르 프라데쉬 주, 구자라트 주에 산다.44

▷ 기독교

15세기 말 유럽열강의 진입으로 선교사들이 들어오고 영국 지배 후 인도 전체로 확대된다. 기독교인은 인도 인구의 2.5%를 상회한다. 16세기 초 포르투갈의 인도 침입으로 남인도 해안에 전파되고 북동부지방에는 아웃사이더 취급을 받던 몽골리안을 중심으로 신자가 늘고 있으며 고아 주 인구의 40%가 기독교인이다. 포르투갈은 16세기 초에 첸나이의 도마 무덤 위에 성 토메성당을 건립하였다.

힌두 및 무슬림 극단주의자들은 기독교 선교사들이 인도인들을 개종시키려는 움직임에 대해 반감을 크게 가지고 있어 선교사들은 이들의 표적이 되고 있다. 또한 힌두교에서는 예수를 힌두신의 화신으로 생각하고 이슬람교는 예수를 높은 위치의 예언자로 간주하므로 선교가 쉽지 않다.

힌두교인은 금방 개종할 것처럼 하다가 물질적 지원이 끊기면 원래대로 돌아가는 성향을 보인다. 그렇더라도 힌두교의 불평등, 남녀차별 등으

---

44 자이나교에 대한 상세 내용은 "김환영의 종교이야기", 월간중앙 201704호(2017. 3. 17.) 참조.

로 하위카스트들은 기독교로의 개종이 증가하는 추세다.

▷ 조로아스터교(마즈다교, 拜火敎)

유일신 사상, 이분법적 세계관

중동 박트리아 지방에서 조로아스터(본명: 자라슈트라 스피타마)가 창시하였고 시기는 BC 640년 또는 BC 1800년 등 다양하다. 조로아스터는 30세 때 '아후라 마즈다' 신으로부터 계시를 받는다. '아후라 마즈다' 신은 지혜롭고, 풍요를 가져다주며, 정의를 지키는 창조주이다(의미: 강력한 지혜의 주인).

인간에게는 선악을 선택할 자유의지가 있고 아후라 마즈다가 악의 세력을 물리치는 날에 최후의 심판이 있다. 인간은 선악이 대립되는 세계에서 선한 생각, 선한 말, 선한 행동을 통해서 구원을 받으며, 인생에 능동적으로 참여하는 것이 행복을 보장하고 혼란을 막는다. 능동적 참여는 조로아스터의 자유 의지 개념에서 중심적인 요소이며 수도원을 인정하지 않는다.

유일신 사상, 선악의 이분법적 세계관은 유대교, 기독교, 이슬람교 등 타 종교에 커다란 영향을 끼쳤다. 중국의 북위 시기(386-534)에 중국에 전해지며 당나라 수도 장안에 배화교사원이 생길 만큼 널리 전파된다.

불은 신의 상징

배화교로 알려진 조로아스터교가 불을 숭배하는 것으로 알고 있으나 불 자체의 숭배가 아니라 불을 신이 인간에게 준 가장 신성한 것으로 여긴다는 의미다. 불은 아후라 마즈다의 상징이며, 불은 타올라 재를 남기지만 불 자체는 밝고 순수한 채 남아 있듯이 마음속 거짓을 태우고 진실과 함께 빛나야 한다는 것이다. 시신을 조장(鳥葬)하며 천사 미드라는 죽은 자의 삶의 무게를 저울질하여 영혼을 천국 또는 지옥으로 보낸다고 한다.

역사적 변천

페르시아 아케메네스왕조 다리우스 1세(BC 550~486)는 자신이 아후라 마즈다 신으로부터 선택받은 왕이라 주장하여 왕권을 강화하였고 조로아스터교는 이란 전역에 퍼지며, BC 5세기에 그리스지방까지 전해진다.

사산왕조 페르시아(224~651)는 조로아스터교를 국교로 삼고 경전 에베스타를 집대성하는 등 조로아스터교를 장려하였으나, 7세기 이슬람 등장으로 쇠퇴하고 지금은 인도, 이란, 아제르바이잔 일부에 약 15만 명의 신자가 있다.

조로아스터교는 세계 최대 유랑민족 쿠르드족문화와 관련이 있다. 2015년에 이라크 쿠르디스탄에서 쿠르드족 10만 명이 조로아스터교로 개종한 것으로 추정된다. 이들은 이슬람 극단주의(IS)에 끔찍함을 느끼고 개종하였으며 조로아스터교의 쿠르드 국가를 건설해야 한다는 목소리가 나온다(AFP).

인도에서의 위치

인도에서는 조로아스터교 신자를 '파르시'라 부르며 뭄바이와 구자라트에 약 8만여 명이 있다. 불을 밝히고 있는 사원은 파르시의 숭배 장소다. 페르시아 난민들은 구자라트 주 우드바다에 성스러운 불을 옮겨다 놓고 1741년 이래 타오르고 있다.

파르시로 유명한 사람과 기업

세계적인 록밴드 '퀸'의 프레디 머큐리의 부모, 인디라 간디의 남편 페로즈 간디가 파르시이며, 기업체로서는 타타그룹, 와디아, 고드리지그룹 등이다.

인도에서 가장 존경받는 기업, 재계 2위 타타그룹의 사훈(윤리강령)은 조로아스터교의 교리에 의한 '선한 생각, 선한 말, 선한 행동'이다. 정치자금을 내지 않는 기업으로 정평이 나 있고, 매년 다양한 사회사업(교육, 문화, 의료 등)을 대규모로 펼치고 있다.

인도인들은 타타그룹이 돈을 많이 벌수록 국가에 도움이 된다고 생각한다. 1868년에 창업(창업자: Jamsetji N. Tata)하였으며 증손자 Ratan N. Tata 회장(오른쪽 사진, 1937년생)은 2010년에 인도에서 가장 영향력 있는 CEO로 평가된 바 있다.

독일 철학자 니체의 철학소설 『짜라투스트라는 이렇게 말했다』의 짜라투스트라는 조로아스터와 동일인이며 이 종교의 영향을 받았다.[45]

니체가 여기에서 말한 초인(Übermensch)은 '자기를 극복한 사람', '독립적인 존재', '최선의 노력을 하는 건강한 인간'을 지칭한다. 인간은 짐승과 초인 사이의 밧줄을 잡고 있다. 인간은 '자유의지'를 가지고 '파괴'가 아니라 '창조'를 해 나가야 한다. 이것이 진정한 '권력에의 의지(will to the power)'이다.

▷ 바하이교

19세기 페르시아에서 바하올라가 창시하였다. 사후에 그의 아들 압돌바하가 전파하여 미국과 유럽에 기반을 마련하고 현재 200여 국에 5백만 명의 신자가 있다. '바하이'는 아랍어 바하(영광)에서 나왔다.

바하이교는 신의 단일성(유일신 하느님만 경배함), 종교의 단일성(모든 종교는 하나이며 같은 신으로부터 나옴), 인류의 단일성(모든 인류가 신 아래 평등하게 창조됨)을 믿어야 하고, 다양한 인종과 문화의 가치를 인정하고 수용해야 함을 주장한다. 델리의 연꽃사원은 전 세계 바하이 사원 중 가장 유명하다.

---

45 조로아스터가 살았던 당시 사용된 아베스트아어에 따르면 원래 이름은 짜라투스트라에 가깝게 발음되었을 것이며, 그리스어를 거쳐 영어로 옮겨지면서 조로아스터가 되었다고 한다.

다. 인도사회의 다양한 갈등

인도의 극한적인 갈등과 테러[46]는 종교, 지역 및 영토 분쟁에서 비롯되며 힌두교와 이슬람교의 대립이 심하다. 이슬람 분리주의자들이 끊임없이 독립을 요구하는 반면 인구의 80% 이상인 힌두교인은 무슬림을 침략자로 여기기 때문이다(7백여 년 지배). 한편 편잡지역의 시크교도의 독립 요구, 드라비다족의 타밀지역 분립 요구 등도 빼놓을 수 없다.

▷ 힌두교-이슬람교 갈등

아요디야 사태(1992년)

대표적인 두 종교 간 충돌 사건이다. 인도 중북부 우타르프라데쉬 주의 아요디야는 여러 종교의 사원이 밀집해 있고 많은 순례객들이 방문하며 비슈누의 화신 라마가 태어난 곳으로 알려져 있다. 그런데 "무슬림들이 라마신 사원을 허물고 바브리 모스크를 세웠다"라고 믿는 힌두교인들이 무슬림의 바브리 모스크(무굴시대 건축)를 파괴한 것이 발단이 되어 충돌이 일어났다. 이 사태는 전국으로 확산되어 수천 명의 힌두교인과 무슬림들이 목숨을 잃는 사태로 번졌다.[47]

고드라역 사태(2002년)

힌두교 성지 순례단을 태우고 돌아오던 열차가 구자라트 주 고드라역에 도착하자 무슬림들이 열차를 습격하여 휘발유를 뿌리고 불을 질러 50여 명의 힌두교인들이 희생되었다는 소문이 돌았다. 격분한 힌두교인들이

---

46 인도와 파키스탄으로 분리되기 전, 힌두교인들은 무슬림들이 암소를 잡아먹는 것에 분노하여 유혈폭동이 연례행사처럼 일어났다. 대표적으로 1917년 비하르(Bihar)폭동 때 30여 명이 죽고 170여 개의 이슬람 부락이 문지방까지 뽑힐 정도로 초토화되었다(앞의 책, 마빈 해리스, 박종길·서진영 역, p. 23).

47 이와 관련한 정치적 이슈에 대해서는 "인도인의 역사인식과 신남방정책", 경사연, 2019년 연구과제, pp. 46-49 참조.

무슬림 상점을 불태우고 강도, 강간하고 무슬림들을 불태우기까지 하였다. 사태는 약 3개월이나 지속되었고 약 2천여 명의 무슬림들이 목숨을 잃었으며, 경찰이 묵인했다는 소문이 날 정도로 법까지 무너진 사태로 확대되었다.

소의 도축, 쇠고기 보관 및 유통금지 법안

2015년 3월 마라하슈트라 주는 소의 도축, 쇠고기 보관 및 유통을 금지하는 법안을 통과시켰다. 경제 수도 뭄바이가 속한 주이므로 파급효과가 크다. 암소는 물론 수소도 연령, 거세 여부와 관계없이 도축할 수 없게 되었다. 이곳에서 쇠고기를 먹으면 최대 5년의 징역과 1만 루피(약 18만 원)의 벌금이 부과된다. 구자라트 주에서는 쇠고기 운반 시 10년 이하의 징역을, 암소를 도축하면 종신형을 선고받는다.

2017년에 인도국민당정부가 도축장 운영을 전면 금지시켜 최대 시장인 우타르프라데시 주에서 쇠고기를 유통할 수 없게 되었다. 정부는 불법 도축장이 대상이라고 했지만 정육산업의 80%가 미인가인 데다 이 지역 거주자의 20%가 무슬림이며 이들이 주로 도축업에 종사하고 있음을 고려할 때 이슬람 차별정책으로 비춰진다.

2015년 9월 이곳의 한 무슬림이 쇠고기를 먹었다는 이유로 주민 백여 명에게 맞아 죽는 사건이 발생했다(알고 보니 염소고기였다). 2015년 8월에 힌두교의 우상숭배를 비판한 교수가 괴한에게 피살당한 사건이 발생하였다. 이러한 힌두 우월주의로 인한 종교 갈등이 더욱 심화될 것으로 예상된다.

아요디야 사원 분쟁 판결

인도 대법원은 2019년 11월 9일, 힌두교도와 무슬림들이 오랫동안 서로 자신의 소유라고 주장해 온 아요디야 사원 부지를 힌두교 측에 넘겨주되, 무슬림에게는 2만㎡의 대체 부지에 모스크를 짓도록 판결하였다. 이에 따라 힌두교 측은 숙원인 라마신사원 건립을 추진하고 있으나 무슬림들이 대체부지에 모스크를 세울지 미지수이며 분쟁의 불씨는 여전히 남아 있다.

▷ 카슈미르 분쟁48

분쟁의 경과

북인도 카슈미르는 무굴제국의 자한기르 황제가 "지구상에 낙원이 있다면 그건 카슈미르다"라고 할 정도로 경관이 수려하고 모직으로 유명하다. 독립 왕국이었으나 14세기 후반 무굴제국에 귀속되고 이후 영국이 지배한다.

인도 독립 당시 카슈미르는 독립하려 했으나 파키스탄 무장세력의 위협으로 위기에 처하자 인도의 도움을 받는다. 주민 70%가 무슬림이나 지배층은 힌두교도가 많아 국민투표로 결정하라는 국제중재안을 지배층이 거부하고 인도 귀속을 선언한다.

카슈미르 전경

48 카슈미르는 카라코람산맥(세계에서 두 번째 높은 산 K2가 있음)이 지나는 험준한 산악지대이며 한반도 면적과 비슷하나(22만㎢), 인구는 천백만 명에 불과하다. 고급 모직물을 뜻하는 영어단어 캐시미어(cashmere)는 카슈미르에서 나왔으며 산양털로 만든 양탄자와 모직 제품은 명품으로 손꼽힌다. 카슈미르 분쟁에 대해서는 『분쟁의 세계지도』, 푸른길, 이정록 외, pp. 155−166, 카슈미르 참조.

파키스탄이 이에 반발해 2년간 전쟁을 벌인다. 1949년 유엔중재로 2/3는 인도령 잠무 카슈미르, 1/3은 파키스탄령 아자드 카슈미르로 나뉜다.

폭탄테러 지속 발생

카슈미르 분쟁과 관련하여 두 나라는 1947년, 1965년, 1971년 세 차례 전쟁 이후에도 1989년부터 주요 도시에서 무장봉기, 폭탄테러가 연례행사처럼 일어나고 있다. 연도별로 주요 사건을 나열하면 다음과 같다.

1993년 뭄바이 연쇄 폭탄테러(257명 사망, 713명 부상)

2002년 12월 뭄바이 폭탄테러(3명 사망, 56명 부상)

2003년 1-8월 뭄바이 연쇄 폭탄테러(70명 사망, 374명 부상)

2005년 10월 뉴델리 연쇄 폭탄테러(59명 사망, 210명 부상)

2006년 3월 바라나시 연쇄 폭탄테러

2006년 7월 뭄바이 기차역 연쇄 폭탄테러(209명 사망, 700여 명 부상)

2008년 5월 서부 라자스탄 주 자이푸르 연쇄 폭탄테러(63명 사망, 200여 명 부상)

2008년 7월 벵갈루루 연쇄 폭탄 테러

2008년 7월 아메다바드 16건 폭탄테러(54명 사망, 160여 명 부상)

2008년 9월 뉴델리 연쇄 폭탄테러(23명 사망)

2008년 11월 뭄바이 무장 게릴라 테러(195명 사망, 350명 부상)

2010년 6월 무슬림 독립요구 시위에 인도가 군대 동원, 진압

2010년 9월 무슬림 백여 명 이상 사망

2011년 7월 뭄바이 폭탄테러(26명 사망, 130명 부상)

2019년 2월 14일 인도 중앙예비경찰대 요원 44명이 풀와마지역 순찰 중 이슬람의 자살폭탄 테러로 숨지는 사건이 발생한다. 배후는 파키스탄의 '자이세 모하메드'로 밝혀졌다.

이에 대해 인도는 48년 만에 처음 공군기를 투입하여 근거지 공습 등 양국이 서로 폭탄 공격을 하면서 긴장이 고조된다. 파키스탄은 생포한 인도조종사를 이틀 만에 석방하여 전면전으로 확산되지는 않았으나, 동년 4

월 1일 총격전으로 7명이 사망하였다.

2020년 11월 13일에는 파키스탄군이 정전통제선 침입을 시도하면서 인도군이 저지하자 기관총, 박격포, 로켓포격이 이어졌다. 가옥 수십 채가 파괴되고 불에 탔으며, 민간인을 포함하여 14명 사망, 36명이 부상당했다. 사망자 중에 8세 소녀가 포함되어 있어 안타까움을 더해 준다.

특별자치권 폐기

2019년 8월 5일 모디정부는 인도령 잠무·카슈미르의 특별자치권을 폐기하는 대통령령을 발표하고, 동년 10월 31일부로 잠무·카슈미르 주를 잠무·카슈미르와 라다크로 분리하여 연방직할지로 지정하였다. 이에 따라 인도 행정구역이 28개 주, 9개 연방직할지로 변경되었다(종전: 29개 주, 7개 연방직할지).

이 지역은 파키스탄, 중국, 아프가니스탄과 접경해 있어 전략적 의미가 크며, 수자원은 양국 경제 및 민생과 밀접하다. 두 나라가 국제사회의 비난을 무릅쓰고 핵무기를 개발한 것도 이 지역분쟁이 원인이라 할 정도다.[49]

▷ 인도-중국 국경분쟁

배경

역사적으로 인도와 중국의 충돌은 1962년부터 시작된다. 1962년 양국 간 전쟁에서 인도인 3천여 명이 사망하거나 실종되었다. 1975년 인도 시킴 주에서 다시 충돌하면서 80여 명의 인도군이 사망하고, 수백 명의 중국군 사상자가 발생하였다. 중국-인도분쟁의 근본 원인에는 티베트 문제가 깔려 있다. 1959년 티베트의 반중국 폭동을 중국이 무력으로 진압하

---

49 파키스탄은 자국이 개발한 미사일의 명칭을 과거 이슬람세력이 인도를 정복한 왕조의 이름에서 주로 따왔다. 예컨대 인도를 17차례나 유린한 가즈니왕조, 첫 이슬람왕조를 세우게 한 고르왕조, 인도의 정복자 티무르, 무굴제국을 세운 바부르 등이다.

자 인도는 티베트의 정신적 지도자 달라이 라마의 망명을 받아들이고 티베트의 임시정부를 허용한다. 1962년 양국 전쟁 후 냉각관계였으나 소련의 해체 이후 전기를 맞고 1975년부터 총격분쟁은 일어나지 않는다.

1997년 상호조약을 맺고 충돌을 자제해 왔으며 2018년 시진핑 주석과 모디 총리가 우한에서 정상회담을 갖고 새로운 시대를 선언하기도 했다. 하지만 그 이후 미국이 중국을 포위하려는 인도－태평양전략에 인도가 동참하면서 국경분쟁이 재현된 것이다.

경과

히말라야 산맥을 따라 3,200km 국경을 마주하는 양국은 1962년 전쟁 이후 수시로 충돌했지만, 2020년 6월 15일에 양국 국경분쟁이 표면화되고 1975년 이후 첫 사상자가 발생한다. 1975년 당시 인도 북동부 아루나찰 프라데시 주의 툴룽 라(La는 고개를 뜻함)에서 중국군이 인도 통제선 LAC(Line of Actual Control)를 넘어와 매복하고 있다가 순찰하던 인도군 4명을 살해한 적이 있다.

2020년 6월 충돌

양국 군대가 충돌한 곳은 해발 4천m가 넘는 라닥지역의 인도 통제선 내 '갈완 계곡(Galwan Valley)'이다. 인도 측은 2020년 5월 이후 중국군 수천 명이 이 지역으로 진입해 참호를 설치하고 포를 배치하며 점령했다고 주장한다. 이 충돌은 인도군이 중국군의 퇴진을 요구하면서 일어났다. 인도 매체들은 "인도군 20명이 숨졌고, 중국군도 43명이 숨졌다"고 보도했지만 중국 측은 숫자를 밝히지 않았다.

특이한 점은 양측이 총을 사용하지 않았다는 것이다. 1975년 '툴룽 라' 충돌 이후 총을 쏜 적이 없고 돌, 쇠파이프, 철사를 감은 몽둥이를 사용했다. 양국은 확전을 막기 위해 총기를 사용하지 않기로 2013년에 합의한 바 있다.

한편 중국 인민대 국제관계학원 진창룽 교수에 의하면 2020년 11월 자신의 소셜미디어에서 중국－인도 접경 해발 4,200m에 있는 판공호분쟁에서 중국군이 마이크로웨이브(극초단파) 무기를 사용하여 인도군이 구토를 일으키며 퇴각하였다고 하며 구체적인 시점은 밝히지 않았다.

상황 전개

2020년 6월 말 중국군이 산악지형용 155미리 곡사포를 배치하고, 인도는 T-90계열 비슈마 전차를 배치하고 항공 정찰 강화 등 제공권 경쟁까지 벌이고 있다. 인도는 라디크지역에 프랑스제 라팔전투기 5대를 배치하고 중국은 스텔스전투기 젠-20 2대를 신장 위그르자치구 허텐 공군기지에 배치하였다.

동년 9월에 양국은 무력충돌을 일으켰고 인도군에는 상당수의 티베트 망명자들이 배속되어 있어 다른 양상으로 번질 가능성이 높다. 모디 총리는 현장을 방문한 바 있고 인도의 중국제품 불매운동, 수입 규제, 5G 시범서비스에 중국 업체 제외 등으로 갈등이 깊어가고 있다.

한편 2020년 11월 쿼드 4개국(미국, 일본, 호주, 인도)이 2차에 걸쳐 합동해상군사훈련(말라바르 훈련)을 실시하였다. 이는 인도태평양 지역에서 팽창주의 행보를 보이고 있는 중국을 견지하기 위한 포석이다.

아울러 2020년 12월 21일에는 인도 총리와 베트남 총리가 원격회의를 통한 양국 정상회담에서 안보 및 방위산업을 위시한 7개 분야에서 3년간 (2021-2023) 로드맵을 확정하고 협력을 강화하기로 하였으며, 특히 인도-태평양지역의 위협에 대해 공동 대처하기로 하였다.

추가 갈등 요인

중국은 2020년 11월, 인도 국경지대의 브라마푸트라강(중국명: 야루짱부강)에 6천만kw 규모(세계 최대인 싼샤댐의 3배 규모)의 수력발전소 건설을 추진 중임을 밝혔다. 이 강은 히말라야 기슭에서 발원하여 티베트를 가로질러 갠지스강과 합류한 다음 벵골만으로 흘러간다. 중국이 댐을 짓고 강의 통제권을 확보하면 전략적으로 유리해지고 하류지역 생태계와 농경에 직접 영향을 주게 되므로 인도와의 갈등은 자명하다.

라. 인도문화사

인도는 수천 년 동안 외세의 침입을 받으면서도 외래문화를 수용하면서 독특하고 개성이 강한 문화를 창달해 왔다. 인도인은 자기문화에 애착과 자부심이 대단하며, 미술, 조각, 문학, 음악, 무용, 영화 등 문화 전반에 찬란한 업적을 남긴다. 인도문화사는 크게 네 시대로 분류한다.

베다문화(BC 1500-600)

아리안족의 침입 후 형성된 문화로 종교, 사회, 관습 등 다방면에 걸쳐 영향을 미치며 힌두교가 탄생되고 경전의 집대성, 대서사시 등 문학이 발전한다.

불교문화(BC 600-AD 1100)

아소카왕 시대에 산치, 녹야원 석탑, 아잔타와 엘로라 동굴 조각, 건축, 불전의 수집 및 정리 등 절정을 이룬다. 불교는 세계적인 종교로 자리 잡고 쿠샨왕조 때는 대승불교가 발전하여 중앙아시아 및 동북아시아로 전파된다. 한편 알렉산더 침입 이후 서북지역을 중심으로 헬레니즘 문명이 영향을 끼친다.

이슬람문화(AD 1100-1600)

이슬람문화가 언어, 문학, 그림, 음악, 건축 등 인도문화에 미친 영향은 지대하다. 건축에서 페르시아 및 힌두 건축 양식이 조화를 이룬 독특한 양식인 탄생되며, 미술에서 무굴 세밀화 양식이 탄생된다.

이슬람교, 힌두교를 조화시킨 우르두어의 탄생[50] 등 언어, 문학, 음악, 미

---

50 우르두어는 인도 고대 언어인 산스크리트어와 이슬람의 영향을 받아 발달한 인도-셈족-아리안계의 언어로 페르시아어, 쿠르드어, 아랍어, 산스크리트어의 혼합이다. 약 6천만 명이 모국어로 사용하고 제2외국어까지 포함하면 1억 명 이

술 분야에서 많은 발전을 이룬다. 힌디문학 태동기 시인 아미르 쿠스로 (1253-1324)는 최초로 카리볼리 힌디로 시를 쓰고 페르시아어로 시를 쓴 궁정시인이자 수피시인이다. 그가 페르시아어로 쓴 작품들은 현재 터키, 이란 등에 보존되어 있으며 페르시아 문학사에서 활발하게 연구되고 있다.[51]

유명한 북인도 힌두스탄 음악가는 알리 악바르 칸, 빌라야트 칸 같은 이슬람계 이름이다. 델리와 주변 건축물들은 이슬람교와 힌두교의 건축양식을 혼합한 것이다. 간결한 이슬람식 둥근 지붕과 화려한 장식의 힌두교 아치형 구조물이 결합되어 13세기 사암석탑 쿠트브 미나르[52]와 아지메르의 모스크와 같은 유적들이 탄생된다.

근대문화(AD 1600-1947 이후)

서양의 제도와 문물 도입, 영어 사용 등으로 인도인의 생활양식과 사고방식에 적지 않은 변화가 일어난다. 특히 전통회화 분야는 많은 변화를 보인다. 그럼에도 인도인의 생활 전반에 영향을 미치는 힌두문화는 계승되어 기저문화로 작용하고 현대 인도인들의 의식을 지배하고 있다. 힌두교가 종교의 하나로 논의되기는 서구 영향을 받은 이후라는 점이 흥미롭다.

상이 사용한다. 약 4천 8백만 명의 인도인이 사용하며, 인도, 파키스탄의 공용어이다.
51 "아미르 쿠스로의 힌디어 작품에 나타난 대중성 연구", 이지현, 남아시아연구 제24권 2호.
52 쿠투브 미나르는 쿠트브 웃딘 아이바크가 델리를 수도로 인도에서 첫 이슬람왕조를 열게 된 것을 기념하는 승리의 탑이며 1193년에 시공하여 1368년에 완공된 원추형 탑이다.

3. 오늘날의 인도

인도는 1991년 경제위기를 계기로 자유화 및 경제개혁 정책을 추진해 오고 있으며 2015년 7%대 성장 이후 꾸준히 성장하고 있다. 2017년에 GDP 규모로 프랑스를 제치고 세계 6위를 차지하였다.

세계 2위의 인구수 및 인구의 절반이 25세 미만, 65%가 35세 미만이며, 생산가능인구(15-64세)가 8억 5천만 명에 달해 대규모 내수시장과 성장 잠재력이 높다. 우리나라의 신 남방정책과 관련, 포스트 차이나 주요 거점으로 부상되었다. 2019년 5월 총선에서 압승한 모디 총리가 재집권하여 개혁정책이 한층 강화되고, 친시장정책 강화로 장기적으로 성장 잠재력이 높다.

가. 국가 규모

면적: 3,287천km²(세계 7위, 남한 면적의 33배)

인구: 13.7억 명(2019년, 세계2위, 전 세계 인구의 17%)

2050년 인구 전망: 16.4억 명(유엔 세계인구전망, 2019년)

(중국 인구는 현재 14.3억 명에서 2050년까지 14억 명으로 감소할 것이며, 인도 인구는 2027년경 중국을 추월할 것으로 전망)

GDP: 3.2조 달러(세계 5위)/1인당 GDP: 2,338달러(IMF, 2019년)

공식화폐: 루피(Re, 복수형 Rs) U$1＝INR 71.3(2020년 2월 기준)

나. 언어

22개의 지역별 공용어가 있고 연방 공용어는 인구의 40%가 사용하는 힌디이며, 부공용어는 영어다. 영어는 정부 및 일상에서 널리 사용되며, 인도인이 타 지역인과 소통이 되지 않을 경우 영어를 사용한다. 힌디는 북부 지방 대표언어이며 인도아리아어 계통까지 합치면 사용 인구는 더 많다.

여기에 14개 추가 지정어가 있고 언어학자들이 인정하는 4백여 종의 다른 언어가 있다(14개 추가 지정어: 아사미즈어, 벵골어, 구자라티어, 칸나다어, 카슈미르어, 말레야람어, 마라티어, 오리아어, 펀잡어, 산스크리트어, 신드어, 타밀어,53 텔루구어, 우르두어).

힌두스타니어는 힌디어와 우르두어가 변형된 것으로 북인도에서 쓰이나 지정어는 아니다. 마하트마 간디는 힌두스타니어를 인도 국어로 삼자

---

53 타밀어는 우리말과 어순이 같고 발음과 뜻이 유사한 단어, 문장이 1800여 개라 한다. 아빠, 엄마, 언니, 나, 니(너), 궁디(엉덩이), 엄마 잉게 바(엄마, 이것 봐) 등이다. 막걸리, 김치, 떡 같은 음식, 공기놀이, 윷놀이도 있다. 경기대 하리박사, 유튜브 hahador alast, 션월드, 한국 타밀인 단체 KTN(Korea Tamil Nanbargal) 등이 타밀어 홍보 및 보급에 앞장서고 있다.

주요 지역별 통용되는 언어

는 주장을 폈다.

기본적으로 쓰이는 언어가 약 8백여 개, 지역별 방언 약 2천여 개, 실제 변형되어 쓰이는 언어가 많아 총 3,372개 언어가 사용된다. 힌디를 배우면 의사소통에 도움이 크지만 위의 지도에서 보는 것처럼 남부지역에서는 통용되지 않는 곳이 있다[54]

인도식 영어는 영미식 발음과 차이가 나고 말이 빠르므로 이에 적응해야 한다(인도식 영어는 부록 참조). 글자 해독 능력 비율은 대략 60% 정도이며 높아지고 있다.

---

54 BJP정부는 힌디를 국어로 지정하려는 포석을 두고 있다. "영어, 힌디, 지역언어를 공용어로 삼는다"는 '3개 언어 규정'을 제시하였는데 반대편에서는 힌디 강요라고 반발하였다. 그럼에도 힌디를 국어로 만들기 위한 노력을 지속하고 있다. 인도제헌의회는 독립 직후 1949년 9월 14일 영어와 더불어 힌디를 공용어로 채택하였으며 매년 이날에 힌디의 날 기념행사를 열고 있다.

다. 인종

6대 인종(Negrito, Proto-Australoid, Mongoloid, Alpine, Dravida, Arian)으로 나누며 아리안계 72%, 드라비다계 25%, 몽골로이드 및 기타 3%로 구성된다.

북부에는 주로 인도아리아어군에 속하는 종족이 산다. 아리아인은 유럽인처럼 흰 피부에 키가 크며, 산스크리트어가 세계 시초라 믿는 등 자부심이 강하다. 남부에는 드라비디어족에 속하는 종족이 살고 검은 피부에 작은 키가 특징이다. 히말라야와 동북부 고산지대에 중국 티베트어족이 거주한다. 동북부지역의 아삼 주, 미얀마 국경지대의 몽골계는 우리와 흡사하고 성실하며 일도 잘하지만 차별대우를 받고 있어 아삼 주를 중심으로 분리 운동이 일어나기도 한다.

지역별 특성으로는 펀잡인은 건장하고 용감하며 실천적이다. 벵갈인은 우수한 지적능력과 예술 감각이 풍부하며, 첸나이인은 보수적이고 종교적 속성이 강하다.

이름이 di, ni로 끝나면 인더스강 유역의 신디족이며 근성이 강하다. 신디족인 모디 총리의 전국구 진출은 지방정부 재직 시 부정부패에 대한 엄격한 단속이 계기가 되었는데 높은 카스트가 아님에도 불구하고 강한 추진력을 발휘한다. "밀림에서 인도인과 코브라를 만나면 인도인을 먼저 제압하라"라는 태국속담, "밀림에서 신디족과 코브라를 만나면 신디족을 먼저 제압하라"라는 인도속담이 있다.

라. 정치제도 및 정부

정치체제는 의원내각제, 연방제, 양원제, 공화제이며, 행정구역은 9개 연방직할지, 28개 주, 1개 수도권(2019년 10월 31일부로 변경)이고, 정치수도는 뉴델리, 경제수도는 뭄바이다.[55]

마. 국가 정체성

공식 명칭

국가 공식 명칭은 Republic of India[56]이며 대내적으로 바라트(Bharat)라 부른다. 바라트는 인도 2대 신화의 하나인 마하바라타에 나오는 부족장을 지칭한다. 인도의 장편 서사시 '마하바라타'는 '위대한 바라타'라는 의미이며 1950년 1월 26일 인도헌법이 제정되었을 때 인도를 대신하는 국명으로 바라타를 채택한 적이 있다.

국가 표어: 사트야메바 자야테(진리만이 승리한다)

국가(노래): 자나 가나 마나(당신은 만인의 마음을 다스리는 분/타고르 작사, 작곡)[57]

국화(國花): 연꽃

국가 수목: 반얀트리

국조(새): 인도공작

상징적 동물: 벵골 호랑이

국가 엠블럼: 네 마리 사자상(인도 여권 표지에 게재)

국기: 타랑카(삼색기)

마하트마 간디가 1921년 국가상징인 국기의 필요성을 제시하고 핑가리

---

55 인도는 1947년 8월 독립 후 1956년에 종교와 언어를 중심으로 주 경계를 확정하는 법을 시행하였다. 지역적 특색을 존중하고 동일한 언어, 문화권을 하나로 묶어주려는 것이다(간가나탄 주한 인도대사).

56 '인디아'는 고대 페르시아어 Hindu를 차용한 고대 그리스어 India에서 유래한다. 거슬러 올라가 '인더스강'에서 유래되었는데 인더스강은 산스크리트어로 '강'을 뜻하는 sindhu에서 유래되었고, 한자문화권의 인도(印度)는 현장이 indu를 음차한 것이다.

57 1947. 8. 14. 인도 독립 식전행사 노래의 첫 곡은 '반데 만뜨람(어머니께 경배)', 둘째 곡은 '사레 지한 세 앗짜 힌두스탄 하마라(세상에서 가장 뛰어난 힌두스탄)', 마지막 셋째 곡은 '자나 가나 마나'였다. 국가제정위원회는 1950년 1월 24일, 세 번째 곡을 선정하였다. 이유는 첫째 곡은 힌두민족주의 색채가 강하고 둘째 곡은 무슬림 계통이며 셋째 곡은 세속주의를 지향하는 독립인도의 방향을 제시한 것으로 보았다. 첫째 곡은 지금도 거의 인도 국가로 여겨질 정도이다 ("인도인의 역사인식과 신남방정책", 경사연, 2019년 연구과제, pp. 42–43).

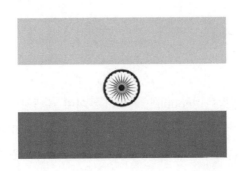

벤카야가 디자인하였다. 중앙 문양은 아소카왕이 세웠던 돌기둥 위의 장식(Ashoka Chakra)이고 세 가지 색(사프란색, 흰색, 초록색)은 각각 무관심, 빛, 땅을 의미한다. 무관심은 국가 지도자들이 물질적 탐욕에 물들지 않고 나라를 위한 헌신을 의미한다.

바. 4대 경제권

북부경제권

수도권(중심도시는 뉴델리, 구르가온, 노이다)이며, 인도 곡창지대이다. 주요산업은 자동차부품, 관광, 교육, 엔지니어링, 식품 가공, 섬유, 중소 제조 및 무역이며, 네팔, 중앙아시아, 파키스탄, 라오스와 연계되어 있다.

뉴델리에 다국적 기업이 많이 들어서 있으며 삼성, LG, 포스코, 현대자동차 등 약 2백여 개 이상의 우리 기업이 진출해 있다.

중서부경제권

중심도시는 뭄바이, 푸네, 아마다바드이며 아시아에서 가장 오래된 증권거래소가 있고 금융 중심지이다. 자동차 부품, 기계, 화학, 제약, 섬유, 다이아몬드가공, 물류산업이 주류이고 중동, 아프리카, 파키스탄 카라치와 연계되어 있다. 우리기업은 LG전자, 삼성물산, 현대중공업, 신한은행 등 백여 업체가 진출해 있다.

북부경제권

중서부경제권

동북부경제권

남부경제권

남부경제권

중심도시는 첸나이, 벵갈루루, 하이데라바드이다. 주요 산업은 자동차 부품, 의료 바이오, 우주항공, IT, 엔지니어링, 전자이며 스리랑카, 아세안 국가와 연계되어 있다.

'넥스트 실리콘밸리' 벵갈루루에는 인텔, 마이크로소프트, 구글, 아마존, 삼성 R&D센터, 소니 등 글로벌 기업들이 진출해 있고, 플립카드(인도 최대 상거래기업), 오라(배차서비스 앱), 뮤 시그마(세계 최대 빅데이터 회사), 인모비(모바일광고 네트워크업체) 등 인도 유니콘기업(기업가치 1조 원 이상 비상장회사)이 자리 잡고 있다.[58] 이 지역에 현대자동차와 협력사, 두산, 롯데제과, 포스코 등 2백여 업체가 진출해 있다.

---

58 전임 소니 인디아 소프트웨어센터 사장 다케야리 유키오는 이 지역이 기술패권을 둘러싼 미중 갈등의 최대 수혜지역이 될 것이라 한다(『넥스트 실리콘밸리』, 세종서적, 다케야리 유키오, 정승욱 역).

동북부경제권

중심도시는 콜카타, 부바네스바르, 파트나이며 인도 최대의 광공업 벨트로서 낙후된 인프라를 개발하고 있다. 주요산업은 광업, 제철, 금속가공, 화학, 식품가공, 섬유산업이며 방글라데시, 미얀마, 남중국과 연계되어 있다. 콜카타는 벵골만에 접해 무역에 유리하고 예술의 도시로 유명하나. 시성 타고르, 음악가 우스타드 알라우딘 칸토, 영화감독 사트야짓 레이의 고향이다.

사. 축제

인도는 세계에서 가장 축제가 많으며, 종교, 인종, 언어 등으로 분화된 나라를 통합하는 역할을 하고 있다. 봄에 바산뜨 빤짜미, 홀리 등이 열리고, 여름 초입에 바이사키, 우기에 띠즈, 여름 끝에 다세흐라, 겨울 초입에 디왈리 등이 열린다. 유명한 축제는 홀리와 디왈리이다.

홀리

카스트, 성 등이 어느 정도 무시되는 축제로 물감 던지는 풍습이 있다. 브라즈지역에는 여인들이 남자를 때리고 남자들은 방패로 막는 풍습이 있고, 비하르지역에는 사랑의 신과 연결되어 이 축제 이후 결혼식이 많이 열린다.

디왈리

10월 말에서 11월 초 5일간 열리고 추석과 같다. 라마신이 악마 라반을 물리치고 귀환하는 것을 기린다.

벵갈지역에는 깔리 신, 북인도에는 락슈미나, 하누만 신을 기리는 등 지역별로 다른 신을 섬긴다. 남인도 타밀나두에서는 나라까 짜뚜르라 부르며 크리슈나 신을 섬긴다.

자이나교는 마지막 띠르탄까라 마하비라의 열반을 기념하고, 시크교는 초대 교주의 탄생을 기념한다. 집집마다 현관 입구에 등잔불을 밝히고 폭죽을 터뜨리며 밤새 즐긴다. 화약연기가 도시를 뒤덮고 폭약 소리에 잠들 수가 없다(축제 관련 세부 내용은 부록 참조).

아. 문화예술 및 스포츠

인도 문화예술은 오랜 역사를 지니고 있으며 전통예술부터 현대예술까지 다양하게 발전해 왔다. 인도정부는 국립 미술아카데미(랄리트칼라), 국립 음악, 무용, 드라마아카데미(상게트나타크), 국립 문학아카데미(사히티아) 등을 설립하고 문화예술 활동을 촉진하고 있다.

1) 예술에 대한 식견

인도인은 예술에 대해 탁월한 식견을 보인다. 옛 현인들은 "음악과 문학과 미술을 모르는 자는 꼬리만 없다 뿐이지 짐승과 다를 바가 없다"라고 하며, "예술은 유혹에 맞서는 문명의 갑옷이자 무기이며 방패이다. 어두운 곳을 밝혀주며 위험한 길을 건너도록 도와준다. 해탈에 이르는 열쇠이며 어두운 현실로부터 벗어나는 즐거움을 선사한다"고 설파하였다.59

2) 인도예술의 특성

인도예술은 신성함이 배어 있으며 종교와 밀접하다. 연극은 신성시되며 춤과 노래는 숭배의식의 하나이다. 인도 전통음악은 북인도음악과 남인도음악이 양대 산맥이며 경계선은 뭄바이와 하이데라바드를 잇는 선이다.

북인도음악은 아리안족 중심으로 힌디를 사용하는 힌두스탄 음악이며, 남인도음악은 드라비다인을 중심으로 인도 남동쪽 카르나타카 주에서 시

---

59 앞의 책, 스탠리 월퍼트, 이창식·신현승 역, pp 253-268.

작된 음악으로 텔루구어와 타밀어를 사용한다. 카르나타카 주는 무굴제국의 지배로부터 비교적 자유로워 힌두교 전통이 잘 보존되어 있다.

3) 영화

인도영화는 맛살라 영화라 불리며 진통 음악극에 춤과 노래, 멜로드라마와 폭력을 적절히 가미한 독특한 장르이다. 영화산업은 볼리우드(봄베이＋할리우드)라 불리며 크게 발달해 있다. 할리우드의 10배 규모의 영화를 제작(연간 1,500－2,000편)하며, 위의 사진에서 보는 것처럼 특유의 노래와 춤 등이 등장하며 3시간이 넘는 영화도 많다.[60]

시장규모는 연간 20억 달러, 관객이 36억 명을 상회한다. 영화제는 델리와 각 주 수도에서 열린다. 뭄바이 아래 서쪽 해안에서 매년 열리는 고아영화제가 크다. 2016년 47회 고아영화제에 한국이 주빈국으로 선정되고 임권택 감독이 공로상을 수상하였다.

지역별로 다양한 언어(Hindi, Tamil, Telegu, Bengali)로 제작되며, 지역별 영화산업의 규모가 크고 스타들이 많다. 콜카타 영화, 타밀 영화도 지역 영화산업을 움직인다. 발리우드라 통칭되는 인도 영화는 지역별 명칭이 있다. 안드라프라데시 주는 Tollywood, 타밀나두는 Kollywood, 케랄라는 Mollywood이다.

---

60 1912년 인도인 제작 최초 영화 '하리사찬드라왕'부터 음악과 무용을 담은 영화가 주류를 이루게 된다(랑가나탄 주한 인도대사). 1952년 봄베이 첫 국제영화제는 인도 영화발전에 크게 공헌하였고 이 시기에 칸느영화제 최고 휴먼다큐상을 수상한 사탸지트 라이의 빠델 판칠리(길의 노래)는 인도영화를 세계적 수준에 올려놓은 기념비적 작품이다.

뭄바이는 인도 영화제작의 메카이며 뭄바이 북쪽 고레가온에 거대한 영화 세트장 필름 시티가 있다. 가로세로 2.1km이며 연간 2백 편 이상의 발리우드 영화가 힌디로 제작된다. 또한 하이데라바드에 소재한 라모지(Ramoji) 필름 시티는 종합 영화 촬영타운으로서 시대별 장소에 맞춘 거대한 세트장이 있으며 세계 최대 규모로 알려져 있다.

인도인과 영화 이야기로 대화를 시작하면 무난하며 지역별로 현지인과 대화할 때 현지 영화를 화제로 삼는 것이 좋다. 영화에 관심이 많은 인도인이면 한국영화에 대해서도 관심을 가질 것이므로 공감대 형성과 친밀도를 높일 수 있다.[61]

유명한 배우

샤룩 칸, 아미따브 바짠, 리딕 로샨, 라니 무케르지, 프리티 찐따, 애시와라야 라이(미스월드 출신), 아미르 칸, 살만 칸, 이르판 칸, 프리앙카 초프라, 타만나 바티아 등이 있다.

미스월드 출신 배우 애시와라야 라이

---

61 '기생충'의 아카데미 4관왕 수상 후 인도영화산업 관계자들은 한국영화 리메이크와 합작소재를 찾고 이를 통해 타국 진출을 모색하고 있다. 할리우드가 아시아영화를 존중하는 만큼 인도영화산업과 할리우드 간 교류 증대가 전망된다(김현우 크로스픽처스 대표).

유명한 감독

사트야지트 라이, 아파르나 센, 샤이암 베네갈, 아도르 고파라크리시난, 므리날 센, 라자몰리 등이다.

특히 사티야지트 라이 감독은 가장 유명하며 아푸 삼부작(벵골에서의 삶), 체스 경기자들, 고향과 세계 등 10여 편의 예술영화를 제작하였으며 프랑스, 미국에서 크게 인정받고 있다.

권장 영화

인도문화의 이해도를 높이는 데 권장할 만한 영화는 세 얼간이, 내 이름은 칸, 런치 박스, 당갈(여성 레슬러), 마리콤(여성 복서), 오스카상 수상작 슬럼독 밀리어네어(퀴즈왕), 데브다스, 랑군, Raam-leela, Om Shanti Om, 라자몰리 감독의 바후발리 더 비기닝 등이다.

4) 스포츠

인도 스포츠로서는 크리켓을 알아두어야 한다. 야구와 비슷하지만 파울볼이 없고 360도 방향으로 공격한다. 영연방 국가들 간 대회가 개최되고 국가 자존심이 걸려 있어 국민의 관심사이며 크리켓 스타는 국민적 영웅이다.[62]

최고의 크리켓 스타 비랏 콜리

---

62 2001년 인도영화 '라간'은 크리켓 발전과정을 보여준다. 영국은 식민통치를 위해 상류층에 먼저 개방하였고 1890년 부임한 해리스 봄베이 주지사가 적극 보급하였다. 크리켓은 인도의 다원사회의 분파적 요소와 다양한 집단을 결집시키고 규칙 준수와 공정함을 체득하도록 한다. 인도인을 동질성과 연대감으로 묶는 데 큰 역할을 하며 파키스탄과의 갈등의 대안을 제공하고 있다("인도 크리켓의 시작", 친디아저널, 2010. 8월호, 이옥순).

최고의 크리켓 스타 비랏 콜리는 2014년 영국 스포츠 잡지 '스포라츠프로'가 뽑은 세계 2위의 영향력 있는 스타이다. 크리켓의 레전드인 사친 텐둘카는 2011년 월드컵에서 우승한 25년 경력의 선수이며, 2013년 40세로 은퇴하였다. 2023년 인도 크리켓월드컵에 관심을 가

크리켓의 레전드 사친 텐둘카

지면 대화를 부드럽게 이어갈 수 있다(크리켓에 관해서는 부록 참조).

크리켓을 소재로 한 우리나라 애니메이션이 인도에 진출한 사례가 있다. 유니드 캐릭터는 '크리켓팡'으로 '인도 라이선스엑스포 2018'에 참가하여 주목을 받았다. 2019년 1월 인도 최대 브랜드마케팅사 '라이언스 인디아'와 파트너 계약을 체결하고 TV 방영, 브랜드 마케팅 등 '크리켓팡'의 인도 론칭을 추진하고 있다.63

그 외 인도 스포츠로는 필드하키, 카바디, 폴로가 있다. 동네마다 즐기는 카바디는 술래잡기, 피구, 격투기가 혼합된 형태로 1990년 아시안게임 종목으로 채택되었다. 인도, 방글라데시, 파키스탄, 네팔, 말레이시아 등에서 성행하며 인도에서는 프로리그 운영으로 인기가 높다. 한국선수 이장군이 2011년부터 억대 연봉을 받고 프로리그에서 활약하고 대표급 선수로 인기가 높다.

페르시아에서 건너온 폴로는 자이푸르에서 코끼리 폴로, 낙타 폴로, 자전거 폴로가 있고, 델리와 콜카타에서도 다양한 폴로를 볼 수 있다.

63 코트라 첸나이무역관 유은재(2020. 1. 9.).

인도 '히스토리텔링(History-telling)'
-인도 파트너와 마음의 문 열기-

아유타국 허황옥 설화

삼국유사 가락국기의 두 개 설화 중 하나가 허황옥(許黃玉)이다. 서기 48년 7월 돛단배 한 척이 망산도(경남 창원)에 닿는다. 파사석탑과 20여 명 종자, 16세 여인과 오빠 장유화상이 타고 왔다. 그녀는 "아유타국(阿踰陀國) 공주이며 김수로왕과 혼인하기 위해 왔습니다"라고 말했다.[64]

허황옥 때문에 김해 김씨, 김해 허씨를 비롯한 많은 사람들이 가야 역사에 관심을 두고 인도와 역사적 관계를 규명한다. 아유타국의 위치를 놓고 인도 갠지스강 유역 아요디아 왕국, 태국 북부 아유타야시 등이 거론된다. 바라나시 부근 아요디아로 추정되는 사유로 김병모 교수는 다음과 같이 주장한다.

---

[64] 서기 48년 7월 27일. 붉은 돛단배가 김해 중심 가락국(駕洛國·후에 가라, 가야로 변함)에 도착했다. 배에서 여러 명이 내렸다. 그중 한 여인이 수로왕 앞에 나아가 자기를 소개했다. "저는 아유타국 공주입니다. 성은 허씨, 이름은 황옥이고, 나이는 16세입니다(妾時 阿踰陀國 公主也, 姓許 名黃玉 年 二八矣)."(중앙선데이, 2010. 1. 16., 149호 10면). 파사석탑은 김해 수로왕비릉에 있으며 암석재질을 인도 등 남방 아시아 해안지역 석재와 비교하여 이동경로를 추적 중이다.

"김수로왕릉 앞 삼문(三門)에 쌍어문(물고기 두 마리가 마주하고 있는 모습)이 그려져 있고, 아요디아(옛 아유타국) 사원에도 쌍어문 조각이 있다. 아요디아 곳곳에 이 문장이 새겨져 있으며, 가락국 국장(國章)으로 추정된다."

2천 년 전 인도에서 한반도까지 무거운 탑을 싣고 이동이 가능했을까? 이론상으로 계절풍을 이용하고 필리핀 북부부터 구로시오(黑潮)에 편승하면 가능하다.

윤명철 교수는 2012년, 루손섬에서 출항한 뗏목탐험을 시도한 적이 있다. 당시 해양교류가 활발하고 언어의 유사성 등을 고려할 때 허황옥 집단이 인도에서 왔을 가능성은 열려 있지만 시기, 지역, 국제교역 상황, 유물 등을 고려할 때 역사적 사실로 인정하기에는 풀어야 할 과제가 많으며 규명 노력은 지속되고 있다. 그럼에도 허황옥집단이 항해능력을 갖추고 가야 진출을 목표로 한 집단이라는 점은 분명한 것으로 보인다(윤명철, 한경 기고문에서 발췌).

한국과 인도는 이를 근거로 교류를 이어가며[65] 김해시를 중심으로 인도와 상호방문 및 문화행사를 개최하고 있다. 2017년 3월 허성곤 김해시장이 아요디아 허왕후 기념공원에서 기념비 제막행사에 참석하였으며, 김해 김씨 일가가 매년 방문, 제사를 지낸다.

허황옥 설화는 역사적 진실로 보기 어렵다는 유력한 견해가 있지만(부산 외대 인도학부 이광수), 그럼에도 불구하고 한-인도 간 우호 증진에 귀중한 역할을 하고 있음은 주지의 사실이다.

---

65 김해시는 2000년 인도 아요디아시와 자매결연, 2017. 6. 23., 주한인도대사관과 허왕후 신행길 관광상품개발 공동추진 등 문화관광 및 경제교류 협약을 체결하였고, 아요디아 허왕후 기념공원과 김해시에 허왕후 기념공원 건립, 김수로왕과 허황옥의 사랑 이야기 콘텐츠 제작을 추진 중이다.

혜초의 왕오천축국전

왕오천축국전(往五天竺國傳)은 신라 성덕왕 때 승려 혜초의 5국(五國) 여행기로서 세계 4대 여행기로 손꼽힌다. 나머지 세 개는 13세기 후반 마르코 폴로의 동방견문록, 14세기 초반 오도록의 동유기, 14세기 중반 이븐바투타 여행기이며, 혜초의 것이 가장 오래되었다. 4년간(723−727) 인도, 중앙아시아, 아랍을 여행하고 공부하였다.

1908년 프랑스인 폴 펠리오(1878−1945)가 간쑤성 둔황의 막고굴(莫高窟) 장경동66의 관리인 왕위안루에게서 구입한 7천여 점의 유물 중에 있었으며, 프랑스 국립도서관에 보관 중이다. 당나라 승려의 것으로 여겨지다가 일본의 서본원사 승려이자 둔황학자 오타니 고즈이가 혜초의 것임을 밝혀냈다.

세로 28.5cm, 가로 42cm 종이를 아홉 장 이은 두루마리 필사본에 227행(1행은 27−30자) 6천여 글자가 쓰여 있는데 책명, 저자명과 여러 글자가 누락되었다. 그러나 불교서적에 주석을 단 '일체경음의'의 '혜초왕오천축국전' 제목 아래 설명 내용과 일치하여 혜초의 것임이 밝혀졌다. 여기에 "개원 15년 11월 상순에 안서에 이르렀다(開元十五年十一月上旬 至安西)"라고

---

66 막고굴은 서기 366년−14세기까지 만들어졌으며 번호가 매겨진 것만 492개다. 17호 장경동은 경전을 모은 굴이다. 9백 년간 밀폐되었다가 5만여 점 고문서와 그림, 유물이 발견되었다. 한문으로 된 불교문서, 종교문서, 천문학 자료, 티베트어, 산스크리트어, 위구르어(터키계), 소그드어(이란계) 등 외국어 문서가 나왔다. 둔황은 고비사막과 타클라마칸사막 사이의 오아시스 마을로 실크로드를 지날 때 반드시 거치는 곳이다.

되어 있어 여행 시기를 알게 되었다. 개원(당 현종연호) 15년은 서기 727년
이다.

왕오천축국전은 당시 중국-인도 교역로를 아는 데 귀중한 자료이다. 이
전 승려들은 대부분 해로 또는 육로만 이용한 반면 혜초는 갈 때는 해로,
올 때는 육로를 이용하였다. 8세기 인도, 중앙아시아를 기록한 현존하는 세
계 유일의 자료로 평가받으며 불교 성지를 모두 기록하였다는 점에서 가치
가 매우 크다.67

67 왕오천축국전은 5개의 천축국, 즉 동천축국, 서천축국, 남천축국, 북천축국, 중
천축국에 대한 기록과 40여 개 나라에 대한 견문록으로서 당시의 이야기를 담
고 있다.

인도의 시성 타고르와 한국

인도 동부 콜카타 명문집안 열넷째 아들로 태어난 라빈드라나트 타고르(1861–1941)는 11세부터 시를 썼고 16세에 시집 "들꽃"을 내어 인도의 퍼시 비시 셸리(영국의 3대 낭만파 시인의 한 사람)라 불렸다. 1877년 영국유학을 하여 유럽사상과 친숙하다.

1909년에 쓴 벵골어 시집 기탄잘리(신에게 바치는 송가)를 1912년 런던에서 영문으로 직접 번역, 발표하고 1913년 아시아인 최초로 노벨문학상을 수상한다. '기탄잘리'는 가난한 농민의 참상과 아내와 두 아들이 연이어 세상을 떠나는 슬픔을 종교적으로 승화시킨 작품이다.

영국 식민지배로 같은 입장인 조선에 관심을 가지고 영문 시를 보내왔는데 1929년 4월 2일 동아일보 주요한 편집국장(최초의 자유시 '불놀이'를 씀)의 번역으로 동아일보에 실렸다.

"아시아의 황금 시기에(In the golden age of Asia), 빛나던 등불의 하나였던 코리아(Korea was one of its lamp-bearers), 그 등불 다시 켜지는 날에(And that lamp is waiting to be lighted once again), 동방의 빛이 되리라(For the illumination in the East)."

2011년 5월 타고르 탄생 150주년 기념으로 인도정부가 타고르 흉상(인도 조각가 고담 팔 작품)을 한국에 기증하여 서울 지하철 4호선 혜화역 1번 출구 부근에 설치되었다. 2020년 주 인도 한국문화원 주관으로 콜카타의 타고르 박물관에 한국실 개관을 추진한다. 여기에 타고르 관련 출판물, 한국 역사, 허황옥 설화, 왕오천축국전 등 양국 문화교류 자료들을 전시한다.[68]

타고르박물관 전경

타고르는 인도의 대표 시인이며 소설, 희곡, 음악, 회화, 사상, 철학, 교육, 독립운동 등 뛰어난 재능을 발휘하고 인도문학과 서양문학의 가교 역할을 맡았다. 여러 나라를 방문하면서 동서 문화 결합에 힘쓰고, 벵갈 스와라지(자치)운동의 지도자 등 독립운동에도 힘을 쏟는다. 일본, 중국을 방문했지만 조선은 방문하지 못했다.[69]

그는 '이 세상은 하나의 둥지 속에서 서로 만난다'라는 세계 시민정신과 '인간과 자연의 예지가 필요하다'는 자연주의를 주창한 이상주의자다. 그의 시는 자유와 개성, 불굴의 대결 정신 등을 담고 있으며, 소박한 표현 속에서 깊은 사유를 접하게 한다. 그림에서도 새 분야를 개척하고, 많은 곡을

---

68 콜카타 타고르 박물관은 타고르 생가 등 저택 3채를 개조한 35천m²의 대형 박물관이다. 인도와 방글라데시 소재 8개 타고르 박물관 중 가장 크며 방문객은 연 20만 명에 이른다. 타고르 관련 서적 2,841점, 사진 3,297점, 가구 53점 등 타고르 유품 및 자료를 가장 많이 소장하고 있다. 타고르와 그의 가족의 삶이 전시되어 있고 미국실, 중국실, 일본실 등 해외 자료들도 방대하다(동아일보, 2019. 3. 22.).
69 타고르는 서구문화에 대응하여 동양문화의 동질성이란 관점에서 일본과 교분을 넓혔으므로 일본에 호의적인 타고르가 조선에 우호적인 태도를 취하였다는 견해에 대해 재해석이 필요하다는 의견도 있다("인도사로 한국사회를 논하다", 이광수, 2008. 8. 5.).

작곡하여 국민의 사랑을 받았으며 샨티니케탄 대학의 설립 등 교육자이기도 하다.

타고르가 작사, 작곡한 인도국가 '자나 가나 마나'는 1911년 12월 27일, 국민회의 캘커타회의에서 최초로 불렸고, 1950년 1월 24일 인도헌법 제정의회에서 인도국가로 정했다. 그는 모한다스 카람찬드 간디에게 '마하트마 (위대한 영혼)'라는 존칭을 붙여주었으며 마하트마 간디는 그를 구루데브(성스러운 스승)라 일컬었다.

벵골인인 그는 가문소유 토지를 관리하기 위해 10여 년간 지금의 방글라데시 쿨나 주에 살며 기탄잘리 등 많은 작품을 쓴다. 방글라데시인들의 그에 대한 사랑은 인도인들을 능가한다. 사후 35년(1976)에 명예 시민권을 추서하였고, 타고르 박물관 8곳 중 5곳이 이곳에 있으며, 타고르는 방글라데시 국가 '나의 황금빛 벵골'의 가사를 만들었다.

한국과 인도의 유사점70

신분제도

인도의 카스트제와 우리의 반상제는 사람이 출생하면서부터 신분이 확정
된다. 그러나 반상제는 신분차별이지만 카스트제는 종교적 계급과 사회적
기능의 차이(승려, 무사, 사업, 노동 등 분업 역할)에 의한 상하관계이다. 반상
제는 소멸되었지만 의식상으로는 유교, 사농공상, 제사문화 등으로 남아 있
으며, 카스트제 역시 여전히 인도사회를 지배하고 있다.

혈연사회

인도는 농경사회가 기반이 된 혈연사회로 대가족제를 유지하고, 자녀 교
육, 결혼, 직업 선택 등에 직접 관여한다. 기업에서는 직원의 집안 대소사를
챙겨준다. 명절이나 집안 대소사에는 아무리 멀어도(심지어 해외에 있어도)
가족, 친지들을 찾고 선물한다.

지연사회

인도는 지연(地緣) 사회로서 지역언어로 관계가 형성된다. 같은 지역언어
를 사용하는 사람을 신뢰하며 해외에서도 인맥 형성에 작용한다.

---

70 인도 델리대 김도영 교수 기고 내용에서 인용(친디아저널, pp. 58-59)

남아선호사상

남아선호사상은 한국은 아들이 가문을 잇기 때문이나 인도는 딸의 결혼 지참금(다우리) 부담이 크다는 현실적인 이유가 있다. 결혼비용이 수백만 원에서 수억 원까지 드는 데다 결혼 후에도 지원해야 한다.

교육열

아이가 유치원에 입학하면 같은 재단의 고등학교까지 연계해서 공부하므로 수준 높은 유치원, 초등학교 선택이 아이의 장래를 좌우한다. 학부모는 유치원 입학을 위해 기부금, 인맥, 재력 등 모든 수단을 동원한다. 중고교에서는 취직에 유리한 대학과 학과에 진학하기 위해 고액 과외를 시킨다. 동네마다 학원이 있고 사립학교는 진학률을 높이기 위해 보충수업을 실시한다.71

언어의 유사성

힌디의 어순이 우리와 같고 상황에 따라 주어, 목적어를 파악한다. 우리는 상대방에게 "갈게"라고 전화하면 상대방은 "상대방이 있는 곳으로 온다"라고 이해하듯이 힌디도 "자웅가(갈게)" 하면 상대방이 똑같이 알아듣는다. 반면에 영어는 주어가 빠지면 누가 가는지 불분명하다. 경음화현상도 닮았다. 우리가 봄바람을 '봄빠람'이라 하듯이 인도인들은 country를 '깐뜨리'로 발음한다.

외세 지배와 다문화 가족

인도는 이슬람, 영국 지배를 받으면서 다인종, 다문화 국가가 되었고, 한국은 외세 침입과 일본 지배를 거쳐 다문화 국가로 변모 중이다.

---

71 인도의 조기 교육은 엄마 배 속에서부터 시작된다. 엄마들은 좋은 놀이방에 보내려 줄을 선다. 우리는 '극성 엄마'이지만, 인도는 '극성 가족'이다. 웬만한 집은 아이교육에 온 가족이 참여한다. 일곱 살짜리 손자가 학교 갔다 오면 지방언어는 할머니가, 영어는 할아버지가, 타 과목은 부모가, 외국어는 삼촌이 가르친다. 가난한 마을에서는 할머니 또는 엄마가 도시락을 배달하며 뒷바라지한다. 인도인들은 이러한 노력을 삶의 의무(다르마)라 여긴다.

근현대 한국-인도 관계

한국전쟁에 기여

1950년 6월 한국전쟁 발발 직후 같은 해 7월 31일 유엔안전보장이사회가 민간인 구호를 결의하자 인도는 의료지원부대(제60공정 야전병원) 파견을 결정하고, 동년 11월 20일 부산에 상륙, 미 8군에 배속되어 활동을 시작한다.72

인도는 전쟁포로의 중립국 송환위원회 의장직과 집행위원에 선출되어 전쟁포로의 안전한 송환업무를 수행하였다. 한국은 주도적으로 반공포로를 석방함으로써 국제 위상을 높였는데 포로석방 합의내용에 남북한행을 거부하는 사람들이 선택할 수 있는 국가를 한국전에 참전하지 않은 중립국으로 한정하였다. 당시 어느 누구도 전쟁포로를 받아들이겠다는 나라가 없었는데

인도군의 한국전 참전 장면

인도가 먼저 받아들이겠다고 선언하였다. 또한 1991년 유엔총회에서 남북한 유엔가입을 제안하였다.

외교관계 수립

양국은 1962년 '무역과 문화협정'에 조인하여 영사급 외교관계를 수립하고 1973년 대사급 관계로 발전한다.

1974년 문화협력 협정을 체결, 문화교류의 틀이 마련되었다. 예술인들과 문화단체들의 교류가 활발하게 이루어지고73 네루 종합대학에 한국학이 개설되었다.

1993년 인도총리가 한국을 최초로 방문하고, 1996년 김영삼 대통령이 인도를 최초로 방문하였다.

2010년 전략적 동반자관계로 격상되고 포괄적 경제동반자협정 CEPA (Comprehensive Economic Partnership Agreement)를 맺었다.

2014년 1월 박근혜 대통령이 인도를 방문하고, 2015년 5월 모디 총리가 방한하여 특별 전략적 동반자관계로 격상되었다.

2018년 7월 문재인 대통령이 인도를 방문, 한-인도 CEPA를 개정하였으며, 2019년 2월 모디 총리가 방한하였다. 이때 양국 정상 간에 한-인도 공동선언(3P플러스 협력), 한국제조업 인도 진출 확대, 2030년까지 교역액 500억 달러로 확대, 인도 인프라사업 협력강화 등을 합의하였다. 3P 플러스는 People, Prosperity, Peace, Future이다.

2015년부터 CEPA 개선 협상을 추진 중이며 2018년 5월 서울, 2019년

---

72 제60공정 야전병원은 의료지원국 중 최대 규모인 627명의 의료진을 보내 군인 및 민간인 22만 명을 치료하였다. 2020년 2월 5일 인도 국방장관 라즈나트 싱의 초청으로 인도를 방문한 정경두 국방장관은 한국전쟁 70주년을 맞아 인도 참전용사 및 가족 초청행사를 뉴델리에서 개최했으며 다음 날 제 60공정 야전병원을 방문하였다.

73 간디탄생 150주년 기념세미나(2019. 6월 인도대사관 문화센터), 미술캠프 및 워크숍(2019. 6월 서울아트스페이스), 미술전시회(2019. 6월 창원대), 한-인도 현대미술 교류전(2019. 10월 갤러리 내일) 등 문화예술 교류가 활발하다. 한-인도 현대작가교류회 이민주 회장, 송인상 감독의 역할이 크다.

6월 뉴델리에서 개최되었다.

인도의 한류

인도에서 한류는 2000년대 중반 인도 동북부지역(마니푸르, 나가랜드, 미조람, 아삼 주 등)에 한국 드라마가 들어가면서 시작된다. 여기에 KBS world와 아리랑 TV가 들어가 다양한 한류 콘텐츠가 소개되었다. 이 지역 사람들은 몽골리언으로 우리의 생김새와 비슷하며 된장, 돼지고기를 먹는다. 해외에서 한국의 대중문화는 전통적 가치가 우선시되는 사회에서 약한 고리인 젊은 층과 여성들에게 인기가 높다(인도의 한류 팬 다수가 10-20대 여성이 주류임).

2006년 TV와 온라인채널에서 큰 반응을 보인 대장금,[74] 해신, 꽃보다 남자, 태양의 후예, 허준이 방영되었고 BTS 팬덤 아미가 2014년에 결성되었다. 한국문화원 노력으로 2012년에 시작된 K-pop경연대회는 2018년 인도 전역에서 520개 팀 1215명이 참가하고 최종 경선을 거쳐 선발된 대표팀이 한국 창원 K-pop 페스티벌에 참가하였다.

2013년에 마니푸르 주의 마니푸르대학에 학부전공 한국어과가 설치되어 한류 확산의 촉매가 되고 있다. 인도에서의 한류는 앞으로 학술, 문화, 사회 교류와 미디어, 화장품, 식음료, 관광 등 산업 발전에 크게 기여할 것으로 전망된다(세부 내용은 부록 참조).[75]

---

74 대장금은 2006년 9월 전국 공중파 두르다샨 TV의 전국 채널을 통해 힌디로 방영되었다.
75 "한류, 한-인도 경제협력의 윤활유", 한경, 심두보, 2018. 7. 12.

인도와 협상하기

1. 인도인의 협상문화

가. 전반적인 협상문화

▷ 인도인은 전반적으로 수준이 매우 높다

인도인들은 상류층의 수준이 높고 IIT(인도공과대학)와 IIM(인도경영대학)은 세계적인 수준으로 평가받는다. 인도 전 펩시 여성회장이 IIM 출신이며 IIT, IIM 출신은 미국기업에서 입도선매할 정도다. 일반인들의 평균만 보고 인도인을 평가해서는 안 된다. 뛰어난 숫자감각, 넓고 깊은 사고방식과 유연성을 지니고 있으며 지혜가 뛰어나 적응력이 강하다.

▷ 대화하기를 좋아한다

리셉션에 참석하면 집안 이야기부터 경제, 문화, 스포츠, 예술 등 많은 대화를 나누게 되므로 평소 인도의 문화와 역사에 대해 학습을 하고, 만나기 전에 소재를 미리 준비해 가야 한다. 그렇지 않으면 인도인들이 하는 말을 듣고만 있어야 한다.

인도인들을 만나보면 머리가 좋고 기억력이 뛰어나다는 느낌을 받는다. 흥미로운 사실은 인도인이라도 자신들의 긴 역사에 대해 자세히는 모를 수도 있다는 것이다. 이럴 경우 우리가 인도역사와 전통에 대해 긍정적인 화제를 이끌어가면 인도인들이 경청하게 된다.

민감한 화제76는 꺼내지 말고 인도의 좋은 점, 뛰어난 점을 칭찬하고 유적지의 역사적 배경 등을 이야기하면 대화가 잘 풀린다. 인도인은 지적능력을 자랑하며 분위기를 유리하게 이끌려고 하므로 우리도 인도 역사, 유적지, 인도문화, 양국 관계 등을 준비해 호응하면 우호적인 관계를 형성하는 데 유용하다.

협상이론에서는 이를 '의도적 관계 형성 행위(Intentional Relationship Move)'라고 표현한다. 예컨대 상대방의 선호도, 취미, 성품, 철학 등을 미리 파악하여 칭찬해 주고 호응해 줌으로써 좋은 관계 형성의 발판으로 만들 수 있다.77

▷ 타고난 협상기질

인도인들은 흥정이 몸에 배어 있다. 잡화점, 옷가게, 야채가게에 이르기까지 흥정이 일상화되어 있다. 핫메일의 창시자 사비르 바티아는 1977년 그의 기업을 초유의 4억 불에 마이크로소프트사에 매각하였으며 이보다 낮은 금액에 매각할 유혹을 극복했다. 낮은 금액이라도 거액이기 때문이다. 그는 와이드 매거진과 인터뷰에서 "가족들이 채소가게, 상점 주인들과 벌이는 협상과정을 보면서 체득한 교훈에 기인한다. 최선의 가격을

76 대화에서 피해야 할 화제는 영국의 식민지배, 종교 및 지역 분쟁, 계급제도, 빈곤, 여성 차별, 정치현안, 인도의 부정적인 면 등이다. 상세 내용은 '금기사항'에서 후술.
77 『글로벌협상전략』, 박영사, 안세영, pp. 115 – 116, '인간관계 형성방법' 참조.

위한 흥정이 성공요인이었다"라고 밝혔다.[78]

나. 인도인이 보는 인도 협상문화[79]

미국 에너지기업 엔론[80]이 인도문화에 대한 이해 부족으로 협상에 실패하였듯이(상세 내용은 후술), 인도인과의 협상은 매우 어렵다. 인도인의 협상문화의 특징은 다음과 같다.

개인주의와 집단의식 공존

개인으로서는 목표 지향적이고 공격적이나 가족과 커뮤니티의 구성원들에게는 애정과 충성심을 보인다. 이는 서구 및 타 아시아권과 구별된다. 인도인의 사고방식은 서양인에 가까우며 상황에 따라 개인주의(저상황 문화) 또는 집단주의(고상황문화) 성향을 보인다.

인도인이 고상황문화(High-context Culture) 성향을 보일 경우 서구인은 이해하기 어렵다. 한 서구인이 "인도인과 협상 시 어렵다고 느낄 때는 인도인이 하나를 이야기하면서, 다른 일을 생각하고, 제3의 행동을 하는 것이다"라고 하였다.

인도인은 훌륭한 팀 플레이어로 보기 어려운 측면이 있다. 내집단(In-group)을 떠나서는 팀원으로서 역할을 소홀히하며 잘못을 인정하지 않고 어떠한 경우라도 자신은 옳다고 주장하기 때문이다. 이를 무질서한 개인주의(anarchistic individualism)라 칭한다.

---

78 Arsha Consulting, Project Management, Market Entry Strategy(2017. 9. 12.).
79 Negotiating with the complex and imaginative Indian, Rajesh Kurmar.
80 엔론의 파산은 회계분식 등 도덕적 해이와 인도투자 실패 등 부실 요인이 겹쳐 일어났다. 저자는 엔론과 합작법인 근무 당시 지켜보았으며 협상을 위한 협상이 아닌, 경영의 본질에 입각한 협상의 중요성을 체감하였다(상세 내용은 후술).

높은 분별력

인도문화에는 영성과 철학적 명상이 투영되어 있으므로 인도인들은 분석력이 뛰어나고 높은 열망을 가지고 있다. 따라서 높은 분별력으로 협상이슈의 핵심을 신속히 파악한다.

강한 민족주의 색채

인도인은 민족주의 색채가 강하며 외국인의 행태에 민감하므로 외국인의 투자가 국가의 이익에 위해가 되는지 살펴보는 경향이 크다. 이는 영국 지배와 냉전시대 미국과의 긴장관계 등에 기인된다.

PEW 센터 연구에 의하면 인도인들은 외국인 투자에 대해 다음과 같이 반응한다고 한다.

첫째, 외국투자자들에게 더 높은 기준을 제시한다. 둘째, 외국인투자 프로젝트의 비전이 클수록 더 엄밀하게 평가한다. 셋째, 외국투자자들의 합법적 지위가 유지되도록 계속 압력을 행사한다.

시간에 대한 주관적인 관점

인도인은 시간에 대해 주관적 관점을 가지고 있다.[81] 12개 다른 문화권 협상연구 자료에 의하면 인도인은 시간을 고려하는 데 낮은 민감도를 보인다.

이는 인도인들이 일을 하면서 느끼는 시급성이 다르며, 라다끄리슈난이 자신의 저서 『동양종교와 서양사상』에서 주장했듯이 인도인들의 세계관은 행위(doing)보다 존재(being)에 더 치우치기 때문인 것으로 풀이된다.

---

81 "The Global Negotiator: Making, Managing and Mending Deals Around the World", Palgrave Macmillan, Jeswald Salacuse, *Ivy Business Journal*, 2005.

톱-다운 의사결정방식

계층문화로서 톱－다운 의사결정방식이다. 부하들은 설령 상사의 업무수행방식이나 의사결정에 동의하지 않더라도 상사와 다른 의견을 표명하는 일은 거의 없다. 부하들은 상사가 자신들에게 시혜를 베풀어주기를 기대하고 이것이 상호적일 경우 더욱 충성하게 된다.

풍부한 상상력 동원

인도인 협상가는 다양한 인도문화의 영향으로 복합적이고 상상력이 풍부하다. 개인주의자로서의 인도인 협상가는 공격적이면서도, 집단주의자로서는 수동적이며 조직 내 일치되지 않은 의견을 거의 표명하지 않는다.

인도인은 풍부한 상상력을 통해 높은 열망(aspiration)과 창조적 문제해결 능력을 높이며, 지나칠 경우 때로는 과도한 집착을 보이기도 한다. 따라서 이들은 협상과정에서 언제 어디서나 문제점들을 발견하며, 높은 민족주의 성향으로 이를 가중시키기도 한다.

다. 한국인과 인도인과의 문화 차이

▷ 한국-인도의 거리는 유교-힌두교의 거리[82]

힌두이즘은 인도인의 삶의 방식을 형성하는 종교적, 문화적, 사회적, 정치적, 철학적인 믿음을 말하며 자신들의 종교적 전통을 '사나타나 다르마(영원한 법)'라 한다. 힌두이즘은 유교문화와 유사점이 많으나[83] 생활에서 표출되는 모습은 크게 다르다. 정치이념과 윤리를 배경으로 한 유교와 달리 힌두교는 생활 속에서 발전하고 정립되었다.

---

82 외대 김형준 전문위원 기고 내용을 토대로 작성하였다.
83 유가 의례(儀禮) 상복편(喪服篇)에 '여자는 어려서 아버지를 따르고, 시집가면 남편을 따르고, 남편 사후에는 아들을 따라야 한다'는 삼종지의(三從之義)가 있으며 인도의 남아선호, 가부장제, 가족중심 등과 유사하다.

유교문화의 영향을 받은 우리는 체면, 겉치레 등 명분을 중시하나 인도인들은 실질적 이익을 추구한다. 우리는 "양반은 비가 와도 뛰지 않는다, 남아일언 중천금, 곧 죽어도…"라는 말처럼 자존심, 고집을 드러내는 경향을 보인다.

그러나 인도인들은 '상황이 바뀌면 말도 달라져야 한다'고 생각한다. 말도 되지 않는 변명과 조금 전과 다른 말을 천연덕스럽게 한다. 우리가 그들의 모순을 지적하면 다양한 얘기를 꺼내며 얼버무린다. 수긍하지 않으면 알아들을 수 없는 지역언어를 빠르게 섞어가며 이야기한다. 더 이상 대꾸하지 않으면 의기양양한 표정을 짓는다.

우리와 다른 인도문화의 특징으로 '다양성 속의 통일성', '대립되는 내용의 조화'를 말하는데 이는 명분보다 실리를 택하기 때문이다. 상층계급인 브라만이라도 돈 많은 하층계급을 만나면 친절해야 한다고 베다는 가르친다.

▷ 한국인과 인도인의 문화 차이[84]

권력거리

인도의 권력거리 지수가 한국보다 높다. 인도인들은 상하 구분이 분명하고 권력자에 복종하는 태도가 강하다. 우리나라도 권력거리 점수가 높은 편이지만 인도에 비해서는 평등한 편이다.

남성성

한국보다 인도의 남성성 지수가 높다. 인도인들이 경쟁적이고 성공과 업적을 중시하며 남녀 간 역할 차이가 뚜렷한 반면 한국인은 배려와 삶의 질에 더 높은 가치를 부여한다.

---

84 홉스테드는 국가 간 문화 차이를 4가지 범주로 비교하는데 권력거리, 개인주의 대 집단주의, 남성성 대 여성성, 불확실성 회피 정도를 지수화하였다. 한국과 인도는 같은 동양권임에도 4가지 범주에 큰 차이를 보인다(포스코 경영연구소).

개인주의 성향

인도인의 개인주의적인 성향이 한국인보다 강하다. 인도 가정의 일상의 의사결정(결혼, 가족 여행 등)이 가족 중심인데도 불구하고 개인주의 성향이 강한 이유는 가족과 커뮤니티(동일 카스트집단) 내에서는 집단주의적이지만 이를 벗어나면 개인주의적인 성향을 더 크게 보이기 때문이다. 인도인들은 커뮤니티 밖의 사람을 믿을 수 없는 '남'으로 여긴다. 이에 비해 한국은 '우리'라는 말이 일상적일 정도로 집단의식이 강하다.

불확실성 회피

불확실성 회피 정도는 한국인이 인도인들에 비해 훨씬 높다. 한국인들은 단일민족, 단일언어 등 제약된 사회에서 남들과 차이나지 않는 장래를 선호하는 반면 인도인들은 넓은 영토에 복잡한 문화 속에 다른 것을 수용하고 입장을 달리하는 유연성이 높다.

▷ 한국인과 인도인과의 공통점 및 차이점

공통점

혈연, 지연, 학연을 중시하고, 부모공경, 끈끈한 가족애 및 자식교육에 투자를 아끼지 않는다. 장유유서, 체면, 연공서열을 중시하며, 감성적이고 어려운 사람을 도와주는 의식이 강하다.

차이점

인도인들은 개인, 가족, 사생활을 더 중시한다. 사회적으로 용인되며 회사 일정보다 집안 대소사가 우선이다. 이기적이며 물질, 금전에 대한 집착이 강하다. 인도인들의 인생의 세 가지 목표는 마누법전(고대 인도법전)에 나와 있듯이 다르마(규범), 아르타(부), 까마(성애) 세 가지이며 아르타를 우선시한다.

인도인은 자신의 실력을 과대 포장하는 경향이 있다. 권력, 권위, 위계질서에 약하나 자신의 권력은 확실하게 행사한다. No problem 문화로서 어떤 일이 있더라도 '아니다'라고 말하지 않고 잘못에 대해서는 끝까지 핑계를 댄다. 이로 인해 업무 수행상 치밀함이 결여되어 부실한 결과를 낳을 수 있다.

감사하거나 미안해하지 않고, 화 내지 않으며, 핑곗거리는 거짓말을 해서라도 둘러댄다. 화내는 것은 미성숙하거나 인격부족으로 여긴다. 이들이 죄책감 없이 거짓말하는 것은 여건이 바뀌면 입장을 바꾸는 것이 당연하다고 여기기 때문이다.

한국-인도 양자 간에 이러한 적지 않은 차이점을 지니고 있는 상황에서 성공적인 협상을 이루어내기가 결코 만만치 않다. 그렇다면 우리는 어떠한 시각을 가지고 인도인들과 협상에 임해야 할까? 인도인과의 효과적인 협상전략 수립 방안에 대해 다음과 같이 살펴보고자 한다.

2. 인도인과의 협상전략

전략 1. 의도적 지연에 대해 전략을 수립하여 대응하라

인도인 협상가는 협상과정을 거쳐 내린 결론이라도 쉽게 수용하지 않고 더 많은 정보를 요구하고 분석한다. 더 높은 목표 달성, 상사의 신뢰 획득 노력 등이 작용하여 지체된다. 협상이 지연되면 서구 협상가는 초조해진다. 시간을 귀중하게 여기고 협상완료 후 다음 프로젝트로 넘어가야 하기 때문이다. 1990년대 해외 전력사업자들이 인도에서 발전(發電) 프로젝트를 개발하고자 했으나 협상지연으로 많은 기업들이 떠났다.

한 서구 협상가는 말한다. "협상이 시작되면 인도인은 상대방의 제안을 결코 수용하지 않는다. 많은 압박을 가한다. 최선의 결과를 만들어내려고 수 주간의 협상을 마다하지 않는다. 협상상대방은 마지막 5% 협상에 지쳐 인도인들이 주장하는 대로 합의하게 된다."

이는 중국인의 협상전략 중 만만디(慢慢地) 전략과 유사하다.[85] 협상 마감시간에 쫓기는 인상을 주면 우리 측의 협상력이 약해지고 상대방은 조건을 더 까다롭게 제시한다.

인도기업이 협상을 지연시킬 경우 대응방안은 다음과 같다.[86]

첫째, 협상이 지연되는 원인을 정확하게 파악해야 한다. 지연 사유를 알게 되면 대응책을 세울 수 있다. 만약 인도기업이 예기치 않게 어려운 상황을 만나 부득이하게 지연되는 경우라면 문제를 해결하도록 도와주어야 한다. 예컨대 행정상의 문제나 다른 거래처와의 갈등 해결에 도움을 줄 경우 관계는 더욱 돈독해질 수 있다.

둘째, 고의로 지연시키는 경우라면 우리 측의 협상력에 따라 대응방안이 달라진다. 우리 측이 우월한 협상력을 가지고 있을 경우에는 신속히 진행하도록 종용해야 한다. 우리 측이 불리한 경우에는 서두를 필요가 없다. 이 기회를 활용하여 충분한 정보 획득, 유리한 상황이 조성될 때까지 기다린다거나 인도기업이 강박관념을 가지도록 역이용하는 등의 전략을 구사하는 것이다.[87] 서구 협상가가 동양인보다 시간 제약에 더 민감한 것은 시간관리(time commitment)에 대한 동서양 간의 문화적 차이에 기인한다. 이를 활용하면 오히려 강한 협상력을 발휘할 수 있게 된다.

우리 측 담당자는 인도인과의 협상에 앞서 미리 본사와 충분한 협의를 통해 일정을 여유 있게 잡아야 한다. 마감시한 압박(time pressure)을 받지 않아야 협상력을 충분히 발휘할 수 있음을 이해시켜야 한다.[88] 협상 마무리 단계에서 마감시간에 쫓기면 서둘러 양보하게 된다. 상대방이 역이용하면 말려들기 쉽다. 일정을 여유 있게 잡아야 마감시간에 쫓기지 않는다.

---

85 앞의 책, 안세영, pp. 476-483, 중국인과의 협상전략.
86 위의 책, pp. 161-162, 지연전략(Delay), pp. 183-185, 협상시한(Deadline) 설정.
87 위의 책, pp. 28-29, 시간제약(Deadline, Time pressure), pp. 212-213, 시간엄수 vs 느슨한 시간관리.
88 위의 책, pp. 133-135, 마무리협상전략, 마감시한(Deadline).

전략 2. 본격 협상단계에서 힘을 발휘하는 관계성을 강화하라[89]

인도인과의 협상초기에는 인도인과 관계성이 약하다고 해서 협상에 그다지 영향을 받지 않는다. 중국에서처럼 연회나 술 접대의 필요성이 적다. 그렇다고 협상기간이 줄어드는 것도 아니다. 관계의 중요성은 본격 협상단계에서 발휘된다. 이때 협상당사자들이 정확하게 서로의 기대수준을 맞추고 외국투자자는 인도기업에 대해 자신들의 성실함을 더욱 명확하게 표명해야 하기 때문이다.

인도 비즈니스에서 관계가 중요한 또 다른 이유는 계약 위반 사례가 생길 경우 법적 해결에 통상 10년 전후의 기간이 소요되기 때문이다.[90] 인도법원의 느린 시스템은 정평이 나 있다. 우리 기업들은 인도기업에게 소송을 제기해 문제의 신속한 해결을 기대하지 않는다. 반면 우리 기업이 소송을 당한 경우 재판이 빠르게 진행되고 불리한 판결(손해배상, 가처분, 가압류 등)로 사업에 지장을 받는 경우가 종종 발생한다.

따라서 장기적으로 우호적인 관계를 형성하면 법적 문제가 대두되더라도 신속한 해결에 도움이 된다. 상대방을 자주 만나고, 결혼식 등 각종 행사에 참석하며, 그들이 출입하는 클럽을 방문하고, 인도 명절 때 선물을 보내며, 때로는 집을 방문하는 등 탄탄한 신뢰를 구축하는 것이 필요하다. 돈독한 인간관계는 신뢰형성의 기반이다[91]

여기서 말하는 관계는 개인 간에 쌓는 신뢰나 친밀감을 바탕으로 하는 개인적 관계를 말한다. 좋은 인간관계 형성 방법으로 접대가 유용한 수단이다(만찬, 골프, 공연 관람 등). 상대방의 취미, 선호도 등을 파악하여 의도적인 행위(intentional relationship move)를 통해 형성할 수 있고, 상대방과

89 앞의 책, pp. 33-35, 협상의 3요소, 관계, pp. 115-117, 인간관계 형성방법 및 신뢰구축기법.
90 오윤식 뉴델리 무역관(2020. 1. 16.).
91 "성공적인 국제거래를 위한 인도상인과의 협상전략에 관한 연구", 박양섭, 한국무역상무학회지 제43권(2009. 8.).

공통점(전공, 음악, 미술, 사진, 스포츠 등)에 대해 의견을 나눔으로써 공감대를 높일 수 있다(상세 내용은 '스마트 협상하기'에서 후술).

또한 우리 측의 신뢰도를 상대방에게 심어주기 위해 우리 측 담당자가 합당한 지위와 권한을 가지고 있고, 전문성을 확보하고 있으며, 외부로부터 좋은 평판을 받고 있음을 알려야 한다. 아울러 상대방이 우리에게 호감을 가지도록 개인의 이미지도 관리해야 한다(옷차림, 매너, 교양, 상식 등).

전략 3. 계약에 대한 관행과 인식을 파악하고 대응하라

협상결과는 반드시 문서로 남겨놓아야 한다. 인도인은 자신이 속한 집단이 아닌 사람에게는 약속위반, 대금지불 연기, 거짓말, 사기 등 각종 기만전술을 동원하는 사례가 많다. 그러므로 인도사회는 계약이 발달하고 소송에 대비해 세부 사항까지 명시하느라 두꺼운 계약서가 일반적이다.[92] 회의록(meeting minutes)을 작성하여 공유하면 시행착오를 줄이고 협상의 진척에 도움이 된다. 계약체결부터 계약이행까지 시간 간격이 클 경우에는 중간에 진도사항을 확인해야 한다.

실무자와 가격에 합의하더라도 윗선으로 올라가면 협상은 다시 시작된다. 부사장, 사장 등 실권을 가진 사람들과 면담하는 자리에서 가격 인하를 또 요청받는다. 문서로 합의되지 않은 실무자와의 약속은 아무런 의미가 없다.

인도인들은 협상과 계약을 분리해서 생각하므로 특정 회사와 구매협상 진행 후 실제 다른 회사에서 구매하기도 하고,[93] 협상체결 후 계약서 작성 시 불쑥 다른 조건을 추가하거나, 실행단계에서 재협상을 요구하기도 한다.

이는 중국인의 협상전술 화비삼가(貨比三家)와 유사한데 물품 구매 시

---

92 협상에서의 도덕성과 관련해서는 앞의 책, 안세영, pp. 148-172 참조.
93 위의 책, pp. 483-485.

적어도 세 군데 이상 접촉하여 가장 유리한 제품을 구입하는 것이다. 인도기업으로 하여금 계약사항을 강제적으로 이행시키려면 소송으로 가야 하는데 빨라도 수년 이상 걸리므로 부득이 재협상을 고려하게 된다.[94] 문서로 명시된 계약서를 작성해야 갈등소지를 줄이고 소송 등의 사태에 대비할 수 있다.[95]

이와 관련, 협상학자 리차드 쉘은 "협상의 목적은 단순히 합의에 도달하는 것이 아니라 이행약속(gaining a commitment)을 받아내는 것이다"라고 하여 약속이행을 강조하고 있다. 국가 간 통상협상이나 다자협상 등 공식회담에서 구두합의에 도달하면 협상이 끝났다고 생각하고 다른 일정을 챙기며 합의문 작성에 관심을 놓치기 쉬운데 이는 잘못이다.

합의된 사항의 이행약속을 받아내는 것은 협상의 중요한 마무리 과정이며, 다음과 같은 방법을 동원하면 좀 더 분명해진다. 디테일한 서류작성(계약서, 의향서, 부속합의서 등), 매스컴이나 정부기관에 합의내용의 공개(public announcement), 이행약속 표시(물건, 증표 등의 교환), 양사 고위층과 정부인사가 참석하는 행사 개최 등이다.[96]

전략 4. 계약상 의무이행에 대한 시각 차이를 극복할 전략을 수립하라

인도인은 계약상 의무사항에 대해 엄격한 구속력을 느끼지 않는다. 사

---

94 소송을 통한 계약 이행에 시간이 걸리는 이유는 인도 사법체계의 특성에 기인한다. 판사 약 2만 명에 매년 3천만 건 이상의 사건을 다루며 사건은 매년 늘어난다. 또한 공익소송제도(Public Interest Litigation)로 판사들의 업무 부담이 가중되며 판사들의 휴가기간이 길어 업무 공백이 생긴다. 이들은 사안별로 신중하게 판단하여 판결하므로 20년 걸린 소송도 있고 범죄자에 대한 판결이 10년이 지나도 나지 않아 증인들이 사망하고 증거가 훼손되어 무죄로 풀려나는 경우도 있다.
95 앞의 논문, 박양섭.
96 앞의 책, 안세영, p. 137, 합의에 대한 이행약속.

업수행 과정에서 혼돈상황(chaotic environment)을 겪어 왔다. 불안정한 전력 등 기간시설 부족, 정치적 불안, 행정 및 사법절차 지연, 상황의 높은 가변성, 피해의식 등으로 인해 이들은 제약조건이 약한 의무사항을 선호한다. 동등한 양보는 하지 않으면서 외국 파트너는 자신들을 도와주어야 한다고 주장한다. 이것이 충족되지 않으면 외국 투자자들에 대해 분개한다. 이런 경우 재협상이 어려워지고, 서구인들이 투자사업 성공을 확신할 수 없게 되며, 인도 파트너를 더 이상 신뢰할 수 없게 된다.

여기에서 관점을 달리해 보면, "계약 의무사항을 반드시 지켜야 한다"는 생각이 서구인들을 반드시 정당화시키지는 않는다. 불완전하고 제도적으로 변화하는 인도 환경에서 협상의 성공요소는 기꺼이 유연하게 되는 것이다. 유연성 관련 사안은 인도사회의 문화적, 정치적, 사회적 영역 전반에 걸쳐 파악하고 고려해야 한다.

이들에게 있어서 계약조항은 협상프로세스의 출발점이다. 상황 진전에 따른 변동내용을 반영해 나간다. 모든 변화의 수용이 아니라 변화의 필요성을 반사적으로 거절하지 않아야 함을 뜻한다. 역설적으로 상황의 변화를 반영하는 것은 서구인들에게도 유리하게 작용할 수 있다.

이에 대한 전략은 하버드대학 휘셔-유리 이론을 적용하여 협상방향을 정하는 것이다.[97] 이 이론은 협상을 강성협상, 연성협상, 원칙협상으로 나누고 상대방과의 관계(우호적 관계, 경쟁적 관계, 문제 해결자), 협상목적, 포지션 등에 따라 적합한 전략을 선택한다.

본격 협상에 앞서 원칙과 기준을 먼저 정하고 이를 합의한 후 본격 협상을 진행하면 시각 차이를 크게 줄일 수 있다. 원칙협상은 '상대방을 문제 해결자(problem-solver)로 인식하여 상호이익을 얻는 방법을 찾는다. 관계와 협상을 분리하며, 상대방에게 부드럽게 대하면서도 협상이슈에 대해서는 엄격함을 견지'하는 것이다.

원칙 합의는 이슈가 복잡하고 장기간 소요될 때 매우 유효한 협상전략

---

97 앞의 책, 안세영, pp. 43-45, 휘셔-유리 협상이론.

이다. 국가 간 통상협상, 기업 간 전략적 제휴에서 '원칙에 의한 협상'을 약속하고 원칙에 관련된 세부사항을 하나씩 합의해 나가면 효과적으로 협상을 추진할 수 있다.[98]

전략 5. 공정성에 대한 인식 차이를 극복할 전략을 수립하라

협상의 중요요소인 공정성에 대해 인도인의 인식은 서구인들과 매우 다르다. 공정성은 분배적 공정(성과의 공정한 배분)과 절차적 공정(공정한 절차 수립)이란 두 가지 차원이 있다.[99]

서구에서는 절차적 공정성을 크게 고려하지만 인도에서는 배분적 공정성을 중요시 여긴다. 이유는 첫째, 과거 강대국이 인도의 부를 강탈했다는 인식으로서 외국투자자의 성과배분 비율이 인도기업보다 크다고 인식될 경우 강하게 비판한다.[100] 둘째, 서구에서는 공헌도가 높으면 높은 배분비율이 원칙이지만 인도인은 요구 중심(need-based), 즉 부유한 파트너로부터 더 큰 양보를 기대하며 이를 준거점(reference point)으로 삼는다. 즉 크게 양보받는 것을 기본으로 여기다 보니 이보다 적게 보상받는 경우에는 불만을 갖는다.[101] 협상이론에서 이를 준거점 구속효과(framing effect)라고 한다.

레위키의 협상전략을 검토하면 공정성에 대한 시각 차이를 극복할 수 있다.[102] 레위키는 협상을 투쟁적(분배적) 협상과 호혜적(결합적) 협상으로

---

98 앞의 책, 안세영, pp. 167-168, 원칙합의전략(Agreement in Principle)
99 『조직행동론』14판, 프렌티스 홀, 로빈스 외, pp. 244-248, 공정성 이론 참조. 분배적 정의는 급여와 같은 결과에 대한 만족과 연계되지만 절차적 정의는 직무만족, 신뢰, 시민행동 등과 연계되어 있다.
100 미국 엔론은 인도와 투자협상 시 인도인들의 정서를 무시하였다. 인도국민들은 인도에게 일방적으로 불리한 계약조건에 대해 크게 분노하고 결과적으로 협상의 실패를 가져왔다(상세 내용 후술).
101 위의 책, pp. 79-82, 준거점 구속효과(Framing Effect).
102 위의 책, pp. 46-48, 레위키 협상이론.

나눈다. 전자는 win-lose 또는 zero-sum 게임이며 후자는 win-win 또는 positive-sum 게임이다.

따라서 우리 측에서는 인도기업과의 관계(투쟁적 또는 호혜적)를 설정하고 이에 맞춘 협상전략을 선택한다. 인도기업의 기술력과 신인도가 높아 장기 파트너로서의 잠재력이 높을 경우에는 후자를 선택하고 협상이익 자체를 키워야 한다. 신뢰를 기반으로 정보를 공유하며, 인도기업의 요구사항과 입장을 이해하는 등 협조적인 협상전략을 세워야 한다.

전략 6. 스트레스 상황을 극복하고 전화위복의 계기로 삼아라

서구인은 인도인의 숨은 의도(hidden interest)를 간파하기가 어려울 수 있고, 협상지연이나 과도한 정보 요구 등으로 좌절할 수도 있다. 서구 협상가는 어떻게 해야 할까? 인내가 필수다. 인내심이 부족하면 좌절과 분노가 일어나고 스트레스를 가중시킨다. 좌절과 분노를 잘 통제하면 협상을 유리한 국면으로 전환시킬 수 있다.

스트레스 상황 대응전략은 스트레스 상황의 원인을 분석하고 대응방안을 마련함으로써 협상을 주도하는 것이다. 협상 관련 감정 통제방법으로 휘셔 교수는 여섯 가지 방안을 제시한다.[103]

  (1) 협상 중 감정이 생기는 것 자체를 백안시하지 말라. 협상자도 인간인 이상 감정이 생기는 것은 당연하다.
  (2) 자신의 감정뿐 아니라 상대방의 감정도 관찰하라.
  (3) 적절한 범위 내에 적절한 방법으로 감정을 표현하라. 솔직함과 진지함을 알리는 계기가 될 수 있다.
  (4) 상대방이 감정을 격하게 노출하면 실컷 표출하도록 내버려 두어라.
  (5) 양자 간에 감정이 너무 격화되면 냉각기(cooling period)를 가져라.
  (6) 감정이 격해지더라도 상대방을 부드럽게 대해야 한다(Be soft on the

---

103 앞의 책, 안세영, pp. 97-98, 감정통제기술(Emotion-control Skill).

people).

국제협상에서 상대방이 의도적으로 스트레스 상황을 조성하는 경우가 있다. 이럴 경우 단호하게 제거해 줄 것을 요구해야 한다. 우리 측이 협상 과정에서 호락호락하지 않은 모습을 보여줄 필요가 있다.[104]

한 서구 협상가는 절차적 이슈 관련 인도 파트너와의 갈등을 다음과 같이 해결한 경험이 있다고 소개한다.

"내가 기억하기로 인도인과의 첫 충돌은 그들이 미팅에 1시간 이상 늦게 나타난 것이다. 그래서 우리는 '미팅시간조차 합의하지 못하면 합작계약 성사가능성은 없다'고 잘라 말했다. 그 이후 절차상으로 문제가 발생하지 않았다."

국제협상에서 염두에 두어야 할 것은 이슈와 사람을 철저히 분리해야한다는 것이다. 특히 인도인과의 협상에서는 더욱 그러하다. 다음의 경구를 명심하자.

"Separate the Issue from People!"

전략 7. 인도인들의 높은 열의를 함께 하고 대적을 피하라

인도인들은 상상력이 높다. 서구 협상가가 인도인의 열의와 창조력을 함께 하면 쌍방에게 유리하게 작용할 수 있다. 반대로 서구 협상가가 인도인의 과도한 이상주의적인 생각과 직접 마주칠 경우, 거절하든지 아니면 상호 이득이 되는 방안을 모색할 수 있다.

만약 서구인들이 직접적으로 거절 의사를 표명하면 인도인들은 격분하게 된다. 유럽 제국주의 유산을 떠올릴 때 더 민감하게 반응하며 서구 파트너가 제시한 내용을 묵살하기 쉽다.

이럴 때 양 당사자에게 공히 도움이 되는 대안(creative options)들을 마

---

104 앞의 책, 안세영, pp. 169-172, 기만적 술책의 한계 및 대응전략, 스트레스
   상황 거부.

련하여 인도인이 문제를 재구성하도록 도와주어야 한다. 민감한 사안일수록 시간이 걸린다. 결과적으로 이러한 방식을 통해 인도인 파트너의 신뢰를 얻게 된다.

이와 관련된 추진전략을 리차드 쉘의 가격협상 모델에서 찾을 수 있다. 첫째로 Relationship−Outcome 모델(R−O Model)에 의한 다섯 가지 협상상황을 고려한다.

둘째로 다섯 가지 협상상황을 고려하여 우리 측의 입장(position)을 정한다.

셋째로 다섯 가지 협상전략(수용전략, 경쟁전략, 원원전략, 회피전략, 타협전략) 중 우리 측의 입장에 부합하는 전략을 택하여 세부전략을 수립하는 것이다.[105]

전략 8. 인도인에게 정서적 안정감을 제공하라

인도인의 행동에 변화를 주고자 인센티브를 제공하는 것은 도움이 된다. 그 방법 중 하나로서 인도인들이 안전함을 느끼도록 하는 것이다. 우리 측이 겸손한 모습을 보여주면 그들은 안전함을 느끼게 된다.

이념적 논쟁과 압력의 행사는 생산적이지 못하다. 예컨대 인도에 진출하는 스칸디나비아 사람들은 북미인들보다 덜 공격적이므로 유리하다.[106]

인도인들과 감성적인 공감대를 형성하여 안정적인 분위기를 조성하면 심각한 의제라도 부드럽게 협상을 진행하는 데 도움이 된다.[107] 그러므로 의제에 대해서는 엄격하되 사람에 대해서는 부드럽게 대해야 한다. 다음의 경구를 명심하자.

---

105 앞의 책, 안세영, pp. 107−114, 협상상황 분석과 협상전략 수립.
106 노키아, 바르트실라 디젤 같은 북유럽회사의 인도 진출의 성공은 이의 증표이다.
107 아리스토텔레스는 수사학에서 상대방을 설득시키는 세 요소를 논리, 감성, 평판이라 하고 영향력 구성비가 10:30:60이라 하였다. 즉 감성적인 교감은 논리만 강조하는 것에 비해 세배의 효과가 있다.

"Be hard on the Issue, but, be soft on the People!"

전략 9. 합의내용 이행이 지연되더라도 일단 수용태세를 취한 다음에 설득하라

인도인은 합의 내용을 적기에 이행하지 않아 서구인들에게 혼란과 분노를 가져다줄 수 있다. 그렇지만 협상의 큰 틀은 유지해야 한다. 이행 지연의 원인이 관료적 문제, 행정적 절차, 다른 이해관계자와의 문제 등 불가피하거나 긴급한 사안일 수도 있다. 우리 측은 인도인 파트너가 통제할 수 없는 요인이 발생하였는지를 파악하고 대응책을 마련하여 도와주어야 한다.

인도인들은 합의된 결정사항을 프로세스로 간주하는 경향이 있으므로 합의했던 사안이라도 다시 협의하고자 한다. 이럴 경우 여유 있게 대화를 시작하고 우리가 할 수 있는 것과 할 수 없는 것을 가려야 한다. 필요할 경우 협상조직의 변화도 고려해 보아야 한다.108

인도인들은 이해타산이 빠르다. 약속을 지키는 것이 이득이라면 지킬 것이고 불리하다고 여기면 지연시키거나 또는 지키지 않을 공산이 크다. 그들이 합의 사안을 번복하는 것은 합의 내용을 따져가며 생각을 바꾸는 과정이다.

우리는 그들로 하여금 뒤집어 느끼도록 만들어야 그들이 약속을 지킨다. "약속을 지키지 않으면 손실이 더 크다"라는 인식, 즉 손실 발생의 가능성이 아니라 손실이 현실적으로 일어남을 깨닫게 해야 한다. 그러므로 이들과의 합의는 구체적이고 현실적이라야 설득력이 커진다.

인도 특유의 사업 환경에서 성공하려면 인도인들의 관습과 스킬을 이해하고, 새로운 방식을 학습하고, 비즈니스 제약 요인들을 세밀하게 점검해야 한다.

---

108 Marian Stetson Todriguez, President, Charis Intercultural Training.

덴마크 아르후스 경영대학원 인도센터장 Rajesh Kumar 교수는 인도에 파견된 서구인 실비오 나폴리의 말을 인용하면서 인도 비즈니스문화의 특성을 다음과 같이 묘사한다.

"인도에서 성공하려면 절반은 승려(monk), 절반은 전사(warrior)가 되어야 한다. 지금까지는 승려부분을 학습해 오고 있다."

이와 관련 상대방이 적기에 이행하도록 독려하는 방안의 하나로서 바트나(BATNA)를 확보하여 우리 측의 협상력을 높이는 것이다. 바트나는 합의에 도달하지 못할 경우 선택할 수 있는 최선의 대안이다. 우리가 바트나를 확보하고 있으면 상대방은 협상지연으로 불리해질 것으로 판단하게 되어 적기에 이행하려고 노력하게 된다.109

전략 10. 인도식 커뮤니케이션 방식을 이해하고 대응하라

우리 측의 위상을 알리는 것이 중요하다

우리의 기술력과 평판 등을 잘 엮어 멋진 모습을 각인시켜 그들로부터 존중심을 확보해야 한다. 개인적인 차원에서 인도인 협상자의 가족 구성원들에게 관심을 높이면 도움이 된다. 예컨대 MBA를 취득한 아들에게 관심을 표명하는 것이다.

가족으로 구성된 사업체들이 인도 사회의 주류들이며 릴라이언스, 타타 그룹이 두드러진다. 인테로 바이오팔마슈티컬의 브라이언 롤리스 대표는 "인도에서 네트워크 형성과 개인적인 유대관계를 가지는 것이 중요하다"고 말한다.

인도식 대화 스타일을 이해해야 한다

그들의 주장이 옳다고 여길 때는 직설적이나, 존중심을 표명해야 할 상황

---

109 앞의 책, 안세영, pp. 35-37, 협상의 제4요소 BATNA(Best Alternative to a Negotiated Agreement) 참조.

에는 간접적이고 모호한 태도를 보인다(공손, 의견 불일치, 거절, 대립 회피 등).
인도인들이 서로 겹쳐 말하면서 스피드와 목소리를 높일 때 우리 측은 끼어들어서라도 누군가에게 요점을 이야기해야 한다. 타이밍을 놓치기 쉽다.

인도인들은 우리에게 익숙하지 않은 영어로 빠르게 말한다. 소통에 어려움을 느끼면 천천히 말해 달라고 해야 한다. 우리가 그들의 영어에 만족스럽지 못한 인상을 주면 그들은 분개할 수 있다.

인도인들의 영어구사력은 매우 높다.[110] 발음이 미국식과 다르다고 해서 영어를 못하는 것이 아니다. 유치원 때부터 영어로 수업하며 모국어처럼 구사한다. 명문학교 교사들은 영국 명문대 출신이 많다. 인도인들은 기본적으로 4-5가지 언어를 구사한다. 토론수업이 많고, 시험은 주관식에 과목당 3시간, 10장 이상의 답안지를 제출한다. 토론식 영어와 교육을 바탕으로 영어권 국가에 진출하여 다방면에서 활약하고 있다.

바이어는 갑의 영어를 할 수 있으나 셀러는 갑의 요구를 만족시키는 을의 영어를 구사해야 한다. 인도 식자층에 알려진 저널리스트 마크 툴리는 2011년 저서 『논스톱 인디아』에서 인도인들에게 영어가 가지는 의미를 다음과 같이 표현하였다.

"인도가 세계적인 슈퍼 파워로 자리매김하게 된 배경의 하나가 영어구사력이며 영어는 인도 엘리트들의 모국어이자 인도정부의 효과적 공용어이다"(인도식 영어에 대해 p. 319-320 부록 참조).

인도인에게 익숙한 설득방식을 파악하고 준비하라

인도인 협상가는 상대방이 철저하게 작성한 제안서, 심층적인 데이터 분석과 세부 자료를 준비해 올 것이라 기대한다. 세부 이행단계 진입 전에 큰 그림을 가지고 사실에 기반을 둔 전달을 고마워한다. 인도인들은 신뢰도 높은 데이터를 동원하여 반복해서 주장하고, 강하고 감성적인 방

---

110 "인도영어에 대한 오해와 진실", 친디아저널, 2010. 1월호, 넥슨 해외신규사업
   팀 김안나.

식으로 상대방을 설득한다. 우리는 미소 짓고 친절하게 대응하는 것이 효과적이다.

긍정적 피드백 선호

인도문화는 즐거움을 주고자 하며 부정적인 피드백(문제점 거론, 비판, 대결 등)과 나쁜 소식을 전하기를 원하지 않는다. 인도인들은 목표에 미달하였거나 달성이 지연될 때 상대방이 알기 전에 개선시키려는 경향이 있다. "그것은 바라던 바가 아니다"라는 식의 비판적인 코멘트에 민감하며, 자신들의 성과에 대한 칭찬을 고마워한다.

애매한 합의는 명확하게 확인해야 한다

인도식 합의는 애매하므로 명확하게 확인해야 한다. 인도인의 '예스'는 '아마도' 또는 '지켜보겠다'라는 의미이므로 우리는 인도인이 확고하게 합의하는지 또는 합의하지 않는 것인지를 명확하게 해 두어야 한다. 직설적인 '노'는 인도인들로부터 들어보기 어렵다. 부정적인 대답은 침묵 또는 애매한 태도로 완곡하게 표현한다.

기브 앤 테이크는 가능성의 열쇠

인도인들은 자신들이 원하는 것이라면 기꺼이 타협한다. '기브 앤 테이크'는 가능성을 항상 열어둔 상태에서 상대방과의 관계를 구축하고 조화를 이루기 위한 방안이다.

숨은 의도 파악

인도인들은 의견을 개진할 때 신중한 경향을 보이므로 우리는 그들의 숨은 의도(hidden interest)를 파악해야 한다. 물러나려 하는지, 시간이 더 필요한지, 공손하게 제의를 거절하는 것인지 확인해야 한다.

인내심을 가지고 관찰하고 경청하는 것이 좋다. 그들은 앞으로 진행될

변동 상황에 대해 고심하고 있을 수도 있다. 인도인들로 하여금 우리가 바라는 것을 말하도록 만들어야 한다.

예를 들어 보자. 일자리를 구하는 사람이 당신의 제안을 받아들이고 난 뒤 첫날에 나타나지 않거나 나중에 이메일로 거절한다면 다음과 같은 이유일 것이다. 대면해서 거절하기가 불편하든지 또는 다른 제안을 받았기 때문이다. 따라서 우리가 제안한 뒤 하루 이틀 기다리는 것이 낫다. 그들도 서명하기 전에 우리의 제안에 대해 생각할 여유를 가지게 된다.111

전략 11. 신뢰 형성이 무엇보다 중요하다
(원제: Building Trust is Key to Negotiating in India)

인도인들은 서구인들에 비해 협상에 대한 신뢰감이 적다. 상대방의 의도를 의심하는 경향이 있고 약속이 깨질 수 있음을 염두에 둔다. 그들이 의식하는 사회규범은 가문의 배경, 언어, 카스트, 종교, 지역 등과 연관되어 있다. 관습과 제도로 인해 행동과 의사결정에 제약을 받는다.

인도인들이 집단역학(group dynamics)에 의해 움직이는 민감도는 세계 3위이다. 타이트한 문화의 일본을 앞지르고 미국은 22위이다. 따라서 협상에 대한 인도인의 낮은 신뢰도를 염두에 두어야 한다.

역설적으로 협상초기에 인도 측이 정보 공유와 질의 및 답변 과정에 불편함을 보인다면 오히려 생산적일 수도 있다. 인도 측을 설득하기 위한 자료를 철저하게 준비하고 케이스를 입증시켜 대화를 진전시켜야 하기 때문이다. 인도 측 의사결정권자와 개인적인 관계를 형성하는 것은 문화 차이의 극복과 신뢰관계를 형성하는 데 크게 도움이 된다.

인도인들은 일상의 삶에 대한 상대방의 관심에 대해 호응하며 그들의 문화에 대해 열심히 이야기하고자 한다. 인도는 언어, 신앙, 요리, 축제 등 다양한 문화의 용광로(melting pot)이다. 인도인들은 따뜻하고 우호적이

111 Arsha Consulting, Project Management, Market Entry Strategy, 2017. 9. 12.

고 경험을 나누기를 원한다. 인도인 파트너와 의미 있는 연계를 맺고 인내심을 가지고 신뢰를 구축하면 장기적인 성공을 확보할 수 있다.[112]

인도 파트너에게 우리 측의 신뢰도를 높이는 방법은 다음과 같다.

첫째, 우리의 합당한 지위를 강조하고, 협상의제 관련 분야의 최고 전문가와 연계되어 있음을 알린다.

둘째, 우리의 좋은 평판과 좋은 인간관계에 바탕을 두고 협상한다는 선의(goodwill)를 강조한다.

셋째, 개인적으로 좋은 이미지를 형성한다. 이를 위해서는 TPO에 맞는 복장 등 매너와 교양, 다방면의 지식과 상식, 인도 역사와 문화에 대한 높은 이해 등으로 인도 파트너가 우리에게 호감을 갖도록 만드는 것이다.[113]

112 Preeti Prakash, Arsha Consulting, 저널리스트 2017. 9. 21.
113 앞의 책, 안세영, p. 116, 신뢰구축 기법(Credibility Building). TPO는 Time, Place, Occasion의 약자로 협상 시기, 장소, 상황(공식, 비공식행사 등)에 맞게 복장을 갖추어야 한다.

3. 인도시장에서 프로처럼 흥정하는 방법과 사례

가. 프로처럼 흥정하는 방법

인도를 처음 방문하는 사람들에게 놀라운 사실 중의 하나는 인도인들은 모든 거래에 대해 끊임없이 흥정한다는 것이다. 물품구매, 택시비, 음식점 청구서, 결혼지참금 등 끝이 없다. 서구인들에게는 어색하고 불편할 수 있지만 협상이란 관점에서 보면 귀중한 경험이다.

예컨대 일상의 돈거래에서 액수가 얼마인지 설명하지 않고 거스름돈을 손에 쥐게 될 경우, 손을 벌린 채 가만히 있으면 거스름돈을 더 받게 될 것이다. 작은 거스름돈을 지니고 다녀야 한다. 길거리 상인들이나 택시기사들은 종종 거스름돈이 없다고 말한다.

인도인들에게 흥정이 일상적인 것은 문화적인 특성 외에도 실제적인 이유가 있다.

첫째, 적정 소매가격을 알 수 없어 속지 않기 위해 판매자가 부르는 가격을 가지고 흥정한다.

둘째, 판매자가 통상 가격의 5배, 10배, 심지어 30배를 부르기도 한다.

따라서 그들과 게임하듯 흥정해야 하며 흥정이 자연스러운 것이다. 쇼핑할 때 협상기법을 알아보자.114

[협상기법]

1) 여러 상점을 방문하라. 적정한 가격 수준을 파악할 수 있고 협상에 도움이 된다.

2) 판매자가 부르는 대로 지불하지 마라. 정찰제 표시가 있어도 그대로 지불하지 말고 'No Bargaining' 표시가 있어도 흥정이 된다.

---

114 Sharell Cook(2019. 9. 5.).

3) 흥정을 빨리 시작해 판매자가 속임수를 쓸 공간을 허용하지 마라. 판매자가 가격을 말하면 무심한 것처럼 하면서 그가 제시할 수 있는 최선의 가격인지 물어보라. 상당한 영향력을 준다.

일반적으로 어떤 품목이라도 판매자의 첫 제시 가격의 절반 이상을 지불하지 마라. 여러 품목을 구매하면 절반 이하도 가능하다.

4) 무관심한 태도를 지속하라. 특정 항목에 관심이 있다는 것을 노출시키지 마라. 판매자가 알게 되면 구매자는 불리한 위치에 놓이게 되고 판매자를 움직이는 것이 어려워진다.

5) 판매자로 하여금 움직이도록 만들어라. 양탄자 가게라면 구매자가 첫 오퍼를 제시하기 전에 판매자로 하여금 땀이 날 정도로 많은 것을 보이도록 하라. 즉 판매원이 거래 성사를 위해 투자하도록 만들어라(감성, 시간, 에너지 등). 마음에 드는 품목이 있더라도 다른 품목을 보여달라고 하여 여기에 관심을 보여라. 그리고 더 많은 품목을 요청하라. 결국 이것이 작용한다. 판매자는 판매를 해야 보상을 받으므로 기꺼이 더 좋은 조건을 제시하게 된다.

6) 한 품목 이상을 구매하라. 가능하다면 여러 품목을 선택하라. 가격을 상당히 낮출 수 있다.

그러나 한 번에 한 항목씩만 오퍼하라. 다수 품목을 구매하려면 처음에는 표시 내지 말라. 많이 사고자 하더라도 한 가지 품목만 사는 것처럼 행동하라. 판매자가 구매자에게 한 품목에 대한 가격을 제시하도록 하라. 한 품목씩 떼어 품목별로 비교해 봄으로써 당신이 낮은 가격을 찾고 있음을 보여주게 된다.

7) 가격이 25-30% 낮아졌다면 이번에는 두 품목 구매한다면 어떤 조건을 제시해 줄 수 있는지 물어보라. 5% 할인을 기대하라. 세 번째 품목을 물어보고 추가로 5% 할인을 얻도록 하라. 그리고 아주 비싼 네 번째 품목을 보태라(실제로 이 품목은 구매할 의향이 없음).

이렇게 되면 판매원은 흥분하여 구매자가 더 이상 흥정하지 않도록 열심히 계산기를 두드리게 된다. 가격은 비싼 품목 판매를 위한 수준까지 인하될 것이다. 이 가격대를 고수하고 비싼 품목을 제외시켜라. 이 시점에서 초기 제시가격의 50% 가까이 인하시킬 수 있어야 한다.

8) 종이 패드를 기다려라. 세일즈맨은 흥정이 심각해지면 종이 패드와 펜을 꺼낸다. 판매자가 한 품목의 가격을 패드에 적더라도 시작에 불과하다. 70%를 할인한다는 원칙을 상기하라. 그리고 "너무 비싸다"란 말을 여러 차례 하라. 판매자가 초기 가격을 쓰고 그리고 적어도 두 번 이상 낮추기 전까지는 흥정을 시작하지 말라. 구매자가 단순히 종이 패드를 말없이 쳐다보기만 해도 판매원은 가격을 낮추게 된다.

9) 본격 협상에 들어가면 판매원의 제시가격에 대해 "최선의 가격입니까?" 또는 "할인이 됩니까?"라고 물어보라. 판매원이 가격을 낮추더라도 여전히 너무 높다고 하라.

판매원은 얼마를 지불하려는지 물어볼 것이다. 이때 마음속으로 지불하고자 하는 수준보다 훨씬 낮은 가격으로 시작하라. 인용가격의 1/3 내지 1/4 수준이 적정하다. 예컨대 판매원이 500루피라고 하면 150~200루피, 1,000루피라고 하면 300~400루피로 대응하라.

10) 협상이 교착상태에 빠지면 '판매자가 원하는 최선의 가격 또는 교착된 상태의 가격보다 더 낮은 가격'을 제시해 달라고 하라. 아직은 판매자가 원하는 가격을 구매자가 지불하지 않고 있기 때문이다. 판매자는 고객이 상점 밖으로 나갈 태세라 생각되면 적정 가격을 제시할 것이다.

11) 가격이 여전히 높다고 생각되면 상점 밖으로 걸어 나오라. 종종 큰 폭의 가격하락을 가져온다. 판매자가 붙잡지 않으면 당신이 요구한 가격이 너무 낮은 것이다. 도로 들어가 협상하든지 아니면 더 싼 상점을 찾아 나서라.

12) 판매자가 구매자의 제시가격을 수용하여 거래가 성사되면 더 이상 흥정하지 마라. 예의에 어긋난다. 흥정은 재미난 것임을 명심하고 웃으면서 흥정하라. 인도인은 흥정 자체를 즐긴다. 현지어 몇 마디를 사용하면 분위기도 좋아지고 좋은 거래에 도움이 된다.

13) 구매자가 어떠한 금액을 지불하더라도 상점을 나서는 순간 판매원은 미소 짓고 있을 것이다. 누가 이겼는지 생각해 보라. 이것이 협상에 능숙한 인도인들의 전형적인 모습이다.115 이것이 적정하였는가?라는 의문에 함몰되지 말고 추후 인도인 파트너들과 협상의 지혜를 겨루는 본격 기회를 대비하라.116

쇼핑할 때 유용한 힌디는 다음과 같다.

Any discount?=daam kum kijiye(담 쿰 키지예)

How much is this?=ye kitnay ka hai(예 키트네 카 하이)

It is expensive=yeh bahut mehanga hai(예 바훗 메한가 하이)

Bill please=bill de dijiye(빌 데 디지예)

What happened?=kya hua(캬 후아)

I want a ticket=mujhe ek ticket chahiye(무즈헤 엑 티켓 차히예)

나. 인도시장에서의 흥정 세 가지 사례

다음 세 가지 흥정 사례를 보면 앞서 살펴본 인도인들의 협상행태를 이해할 수 있다.

[사례 #1: 타이트한 흥정을 하지 않아 터무니없이 높은 가격으로 구매]
(원제: If you don't bargain, some shopkeepers will cheat you with the price)[117]

(인용 시작) 나는 친구와 방갈로의 작은 가게들이 모여 있는 상점거리에 갔다. 신발가게가 늘어선 곳을 따라가다 한 가게에 들러 신발을 보여달라고 했다. 나와 친구는 신발 하나를 손에 들고 흥정을 시작하였다.

나: 이 신발 가격이 얼마입니까?

판매원: 750루피입니다.

내 친구: 500루피로 해 주세요.

판매원: 안 됩니다. 650루피면 되겠습니다.

내 친구: 오케이, 그러면 600루피로 하죠.

---

115 'Two Million Minutes'는 미국, 중국, 인도의 교육을 비교하는 다큐멘터리 영화인데, 제작자 밥 콤프톤은 자신의 저서 *Blogging through India*에서 인도인들의 협상스킬을 소개하고 있다.

116 Tim Ferriss, 'The 4-Hour Workweek' 저자(2017. 12. 7.).

판매원: 오케이.

판매원은 박스에 신발을 집어넣고 포장하여 건네주었다. 집에 돌아와 보니 MRP(Maximum Retail Price)가 적혀 있었고 350루피였다.

나는 다음에 이러한 작은 규모의 상점에서도 물품을 구매할 때 반드시 타이트하게 흥정을 하고 판매자가 부르는 가격의 절반 이하로 시작할 것이다. 이유는 그들은 항상 MRP보다 적어도 두 배 이상 부르기 때문이다. (인용 끝)

[사례 #2: 인도에서 새 차 구입 가격을 흥정할 수 있나요?]
(원제: In India, can we bargain for the price of a new car?)

(인용 시작) 몇 년 전 내가 첫 차를 구매했던 때를 회상해 본다. 당시 몬순기를 겨냥한 특별 혜택이 30,000루피 상당의 액세서리였다(50만 원 상당). 판매원은 "마지막 조건이고 오늘 예약해야 유효하다"고 하였다. 판매 조건을 살펴보니 7월 8일까지 판매되는 모든 차에 유효함을 알게 되었다. 이를 이야기하니 판매원은 "청구서상 날짜가 7월 8일 이후라도 유효하도록 특별히 보장하겠다"고 하였다.

그러나 아직 내가 마음에 두는 차량이 두세 가지가 있어 결론을 내리지 않고 그에게 "다시 올 것이니 그때 예약하겠다"고 하였다. 그는 동의하고 나에게 "고객정보를 양식에 기입해 달라"고 하여 기입해 주었다. 나는 이날 오후 늦게 전화를 걸어 "다른 사정으로 오늘 갈 수 없어 며칠 후 가겠다"고 하였다. 나는 다른 두 차에 대해 체크해 보고 고객 후기를 읽은 후 선택하기로 마음먹었다. 이 주일 동안 판매원이 네 번이나 전화했는데 받지 않았다.

다른 차량과 비교 후 드디어 차량을 구매하기로 마음먹고 쇼룸에 갔다. 여자 안내원에게 판매원에게 전화해 줄 것을 부탁하고 "차량 예약 차 왔다"고 하였다. 그녀는 나에게 "앉아서 기다리라"고 해서 앉아 있으니 2분 후 나타났다. 의례적인 인사말을 나눈 후 그는 단호하게 차 구입을 요청하였다. 나는 다른 모델들의

117 Sushma Shetty, 타람스 소프트웨어 기술 근무(2018. 3. 11.).

규격에 대해 물었고 각 모델별로 차이점과 성능에 대해 물어보았다.

나는 그가 설명하는 세부 항목들을 경청하였다. 그가 이 차에 대해서는 8월 10일까지 25,000루피(40만 원 상당)의 특별 할인이 있다고 하여, 나는 그에게 정부기관에서 일하는 사람들도 유효한지, 절차는 어떻게 되는지 물었다. 그는 "예스"라 하고 "신분증을 가져오면 된다"고 하였다.

나는 이 조건이 정부기관 사람들에게만 적용되는지 물었더니 "기업에 근무하는 사람들에게도 유효하다"고 하였다. 나는 명함을 건넸고 그는 체크 후 "10,000루피(17만 원 상당)의 추가 할인을 해 주겠다"고 하였다.

나는 지난번 액세서리 할인에 대해 문의하였다. 그는 미소 지으며 "그 조건은 기한이 끝나서 적용할 수 없다"고 하였다. 나는 그가 이전에 말했던 것을 상기시켰다. "당신은 2주 전에 나에게 7월 8일 이후라도 3만 루피의 액세서리 할인조건을 제공하기로 하였고 따라서 그 조건은 지금도 유효하다"라고 항변하고 적용해 주기를 강력하게 요청하였다.

그는 꼼짝 못하고 "상사와 의논한 후 돌아오겠다"고 하였다. 그가 상사를 만나러 가기 전에 나는 이렇게 말하였다. "만일 오늘 당신이 나에게 그 조건을 제공해 주면 바로 예약할 것이며, 나는 다른 쇼룸에 있는 판매원과 좋은 조건의 거래를 상담하고 있다." 내가 이렇게 말한 것으로 인해 그는 상사를 설득하기 위해 최선을 다했을 것이다.[118]

그는 10분 후 돌아와 "상사와 합의하였으며 양식에 필요사항을 기입해 달라"고 하였다. 기입 후 읽어 보는 중에 그는 회사로부터 걸려온 전화를 받고 내 이름과 양식에 기록된 내용을 답해 주었다.

그는 나에게 전화기를 보여주면서 말했다. 그의 목표는 일주일에 적어도 문의한 고객 중 두 사람 이상에게 차를 판매하는 것이며 그때까지 회사로부터 문자와 전화를 받고 계속 주의를 집중시킨다는 것이다. 그는 목표 달성을 위해 단단히 결심하고 내가 차량을 구입하도록 노력했던 것이다. 그는 내가 요청하는 어떠한 사항도 제공할 준비가 되어 있었고 나는 35,000루피의 할인과 30,000루피 상당의 액세서리 할인까지 얻게 되었다(도합 110만 원 상당).[119] (인용 끝)

▷ 인도인들의 흥정에 대한 시각

구매자는 판매자를 믿지 않으며 속는다고 느끼므로 흥정하게 된다. 판매자는 판매가격을 속여서라도 높게 판매할 수 있다고 믿고 흥정한다.

인도인들은 비교하기를 좋아하며 거래 성사 후 최선의 흥정이었는지를 본능적으로 확인하고자 한다. 이윤을 최대한 남기기 위해 주어진 모든 것을 활용한다. 빈틈없는 제품을 원하고 (유효기간 확인 등) 최선을 다한다.[120] 예컨대 치약조차 끝까지 짜서 사용한다.

인도인은 스마트하다. 적어도 판매의 25%의 이윤을 남긴다. 재빨리 계산하고 위험도를 측정하며 가능한 방법을 모두 동원하여 마진을 극대화하기 위해 노력한다. 키쇼르 비야니[121]가 자서전에서 인용했듯이 뛰어난 인도인 소비자는 이를 잘 알고 가격을 최대한 인하하고자 노력한다. 단순하며 작은 규모의 협상에서도 최선을 다한다.

아래의 예시를 보면 인도인 양곡 소매업자가 어떠한 시각을 가지고 고객과 협상하는지 짐작할 수 있다.

[사례 #3: 양곡 소매업자의 고객과의 협상에 대한 시각]

(예시 시작) 양곡 소매업자가 도매업자로부터 쌀을 25루피/kg로 구매하면 신

---

118 구매자는 바트나(최선의 대안)를 확보하여 판매자에 대한 협상력을 강화한 것이다.
119 Yash, 인도 카나타카 벵갈루루 거주 직장인(2017. 11. 27.).
120 Mubashir Usmani, Social Seety 창업자(2013. 7. 16.).
121 키쇼르 비야니는 인도 최대 슈퍼마켓 체인 '빅바자르'를 창업한 퓨처그룹 회장이며 마르와리 상인카스트 출신이다. 인도상인 중에서 으뜸은 마르와리이다. 인도의 유대인으로 불리며 인도 사막지역 라자스탄에 소재한 작은 마을 마르와르 출신의 상인을 지칭한다. 이들은 시장 흐름을 간파하는 판단력, 저돌적인 투자, 위험을 무릅쓰는 창업으로 큰 성공을 거둔다. 본능적인 숫자 감각, 견고한 인적 네트워크, 근면 성실, 시장정보 공유, 돈 흐름을 읽는 천부적인 감각, 위험을 즐기는 최고의 비즈니스 승부사로 알려져 있다(『마르와리 상인』, 매일경제, 오화석).

속하게 부대비용 3루피/kg를 합해 총비용을 28루피/kg로 정한다.

그리고 마진을 최대화하면서 고객이 기꺼이 지불할 수 있는 수준인 35루피/kg로 판매가를 세팅한다.

고객은 양곡 소매업자가 35루피보다 더 작은 숫자를 가지고 있다는 것을 알고 협상을 시작하여 최종 32루피 수준으로 내려올 것이다.

협상은 결코 나쁜 관행이 아니다. 쌍방이 만족감을 추구해 나가는 과정이다. 소매업자는 15%의 이윤을 얻고, 고객은 인하율 10%에 해당하는 3루피의 절감으로 만족할 수 있다. 이것이 원원 상황이다. 인도인은 이러한 협상을 거쳐 양 당사자가 만족할 수준을 찾는다.[122] (예시 끝)

시사점

인도인은 흥정을 통해 돈을 절약한다는 정신적 만족감과 행복감을 느낀다. 흥정을 '학습된 예술과 같다'고 보고 '흥정을 올바르게 하려면 능숙한 예술가가 되어야 한다'라고 믿는다. 인도인들은 이러한 협상의 예술가적인 자질이 뛰어나다.[123]

이러한 특성을 지닌 인도인 파트너를 상대로 협상을 효과적으로 이끌어나가기 위해서는 어떠한 협상전략을 수립해야 할까?

협상학자 리차드 쉘은 4단계 협상전략[124]을 제시하고 본 협상단계에서 가격협상전략을 다루고 있다.

4단계 협상전략이란 첫째로 협상상황을 분석하고 자사의 협상전략을 수립하는 것이며, 둘째로 쌍방이 정보를 교환하여 각자의 입장을 정하고, 셋째로 본 협상인 가격에 대해 협상하는 것이다. 넷째로는 마무리협상으로서 계약에서 정해진 사안들이 잘 이행되도록 실효성을 확보해야 한다.

---

122 Aditya Pappula, 작가(2013. 9. 7.).
123 Nitin Gupta, 인도 거주(2013. 7. 10.).
124 상세 내용은 앞의 책, 안세영, pp. 79−82, pp. 108−143 참조.

성공적인 가격협상을 위해서는 준거점(reference point)을 합리적으로 설정하고, 쌍방 간에 양보와 타협을 통해 가격합의 가능지대(ZOPA: Zone of Possible Agreement)를 형성해야 하며, 정보력과 협상력을 키워 협상을 주도해야 한다.

품목의 원가를 파악하고 언제 걸어 나갈 것인지, 언제 협상을 중단할 것인지 판단해야 한다. 카운터오퍼를 제시하는 데에 두려워 할 이유가 없다. 상대방과의 관계, 우리 측의 입지(position) 등을 고려하여 유연하게 대응해야 한다.

4. 인도 진출 한국인들의 경험과 대응전략[125]

인도에 진출한 한국인들이 인도인들과 협상을 하면서 겪은 다양한 경험과 에피소드가 많다. 협상 경험자들이 겪은 내용은 대부분 후발주자가 답습하게 된다. 예컨대 계약조건 미이행, 자본금 납입 지연, 수출 및 원부자재 대금 미회수 등이다. 조언을 듣고도 유사한 경우를 반복하는 이유는 파트너에 대한 막연한 신뢰, 자기는 당하지 않을 것이라는 섣부른 자신감 등이다.

유경험자의 경험담을 참고하면 협상실패를 예방하고 예기치 않은 사안에 대한 해결책을 모색할 수 있다. 코트라, 무역협회, 한인연합회, 컨설팅 회사 등으로부터 자문을 구하면 큰 도움이 된다. 아울러 협상 관련 전문 서적을 학습하면 협상 시작에서부터 협상 이후까지 많은 도움이 된다.[126]

저자는 인도에 진출하여 협상을 경험한 분들의 사례를 다년간 발굴하여 다음과 같이 정리하였다. 우리 측 협상자들은 이러한 사안의 발생을

125 앞의 책, 이운용, pp. 153−157, pp. 203−213.
126 앞의 책, 안세영, Part 3. 국제협상과 문화, Part 4. 글로벌경영협상 참조.

염두에 두고 대응책을 마련해 두면 시행착오를 줄이고 협상을 주도할 수 있다.

▷ 인도인들은 여건이 불리하면 유리해질 때까지 끝없이 기다린다

인도인들은 자신들에게 상황이 불리하면 상황이 유리해질 때까지 기다린다. 가격을 내리기 위해 시간을 끌면서 경쟁사 제품을 찾아 압박하거나 한국 업체 간 경쟁을 유발시키기도 한다.

실적을 조속히 올리려는 한국 측은 시작부터 게임이 되지 않는다. 인도 국영기업의 선박입찰, 플랜트수주 등에서 우리나라 대기업들 간 출혈경쟁이 대표적인 피해사례. 값을 후려치기 위해 입찰로 가격을 오픈한 후 재입찰을 부치기도 한다. 실적에 급급한 기업은 좋은 먹잇감이 된다.

우리나라 비즈니스맨들이 인도에 출장 가서 접하는 한 사례를 보자. 인도 바이어가 다음 날 아침 9시 반에 호텔로비에서 만나자고 약속했으나 다음 날 그 시간에 나타나지 않는다. 1시간이 지나도 나타나지 않아 화날 무렵쯤 전화가 온다. "11시 반 정도 도착할 것이며 점심을 사겠다"고 한다. 화는 나지만 비싼 출장비를 들여왔으니 상담은 하고 돌아가야겠다는 생각에 기다린다. 12시가 되어도 나타나지 않고 전화로 차를 보낼 테니 자기 사무실로 와 달라고 한다. 어쩔 수 없이 따르게 된다.

우월한 입장에서 상대방을 애타도록 만든 다음 조금만 베풀어도 상대방은 크게 고마워한다. 인도인들의 이런 방식은 기선을 제압하고 상대방을 다루는 수법 중 하나이다. 중소기업은 이런 경우를 당하기 쉽다. 그러나 인도 측이 필요로 요청하는 경우에는 완전히 달라진다. 자기에게 중요한 비즈니스라면 비행기를 타서라도 약속을 지킨다. 하지만 자기들이 유리하면 약속을 하고도 잘 지키지 않는다.

이에 대한 대응전략은 앞서 협상전략에서 소개한 내용을 참고하면 된다(전략 1. 의도적 지연에 대해 전략을 수립하여 대응하라).

▷ 뛰어난 기억력으로 협상을 유리하게 전개한다

식사하면서 주고받은 이야기라도 자기들에게 유리한 내용은 나중에 이용하는 재주가 탁월하다. 관련 지식도 상당한 수준이다. 그러므로 마지막 순간까지 어떤 자리에서도 어떤 작은 것도 선뜻 약속하지 말아야 한다. 나중에 이용당하기 쉽다.

▷ 접촉 초기에 인도인들의 목적은 정보수집이 대부분이다

인도인이 수출입 또는 합작투자 등의 협상을 요청할 때는 그들이 정말 사업을 추진하기 위해서인지 단지 정보만 캐내기 위해서인지 살펴야 한다.

그들은 막연한 생각임에도 당장 추진할 것처럼 말한다. 제품 가격, 시장동향 등 정보만 입수할 것이면서도 샘플을 요구하고 인도까지 출장 가도록 만든다. 우리 측 입장을 아랑곳하지 않는다. 인도인과의 거래 결과가 잘 나오지 않는 이유 중 하나다. 입찰서류로 기술과 정보만 입수하고 입찰 자체를 없애기도 한다. 자신이 이익을 얻을 수 있을 것이라 생각하면 우선 요구부터 하고 본다.

▷ 최초 상담은 사실만 전달하고 시간낭비를 피하라

바이어로부터 수입 레터가 오면 신규 바이어를 만난 기쁨에 정성을 다하게 된다. 하지만 인도인과는 그렇게 서두를 필요가 없다. 정보 수집이 대부분이다. 우리가 자료제공, 샘플송부 등 정성을 다하더라도 막상 인도 출장 후에 시간과 비용만 낭비한 것을 알게 되어 실망하는 경우가 적지 않다.

인도인들과 초기 상담은 제품정보와 수출의향이 있다는 정도만 알리고 본격 협상은 진의를 확인한 후 추진해야 한다. 바이어를 놓친다고 걱정을 할 필요가 없다. 필요하면 몇 년 후라도 찾아온다. 알고 싶은 내용이 있으면 전 세계에 연락하여 수집한다.

▷ 과도한 접대를 받았다고 생각되면 상호주의로 대응하라

우리 기업인의 인도 방문 시 인도 파트너는 공항에서 꽃다발을 걸어주면서 환영하고, 기사 딸린 차로 상석에 앉히며, 호텔 체크인부터 방 배정까지 배려한다. 저녁에 집으로 초대하여 온 가족이 맞이하고 "인도에서 일어나는 모든 문제는 해결해 줄 테니 걱정하지 말라"고 한다. 많은 음식이 나오고 늦게까지 환대가 지속된다. 숙소로 돌아갈 때 기사 딸린 승용차를 내 주고 인도를 떠날 때까지 사용하라고 한다. 영빈관에 묵게 될 경우 차량, 하우스보이, 경비원, 요리사까지 배정하고 아침에 안부 전화를 한다.

이 정도 대접받으면 보답을 생각하게 되고 "웬만하면 양보해 주어야지"라는 마음이 생긴다. 본격 협상 전에 심리적 부담을 느낀다. 인도인의 이러한 대접은 자신의 책무(다르마)를 이행하는 것으로서 카스트제 사회에서 이러한 대접이 없다면 오히려 이상한 것이다. 그들은 한국 측이 필요 없는 존재라 생각하면 돈 한 푼 쓰지 않는다.[127]

이 같은 사례는 해외 여러 나라에서도 겪게 된다. 이럴 경우 어떻게 대응하면 좋을까?

협상이론에서는 상호주의(reciprocity)에 입각하여 교환의 법칙(Rule of Exchange)에 따라 상대방을 대우해 주면 된다고 한다.[128] 상대방의 과다한 접대로 인해 심리적 부담을 느낄 필요가 없다. 저자는 실제로 다양한 외국기업과의 협상과정에서 과도한 접대를 받았을 때 이러한 상호주의 원칙으로 대응한 사례가 많다.

---

127 『내일은 인도다』, 인도코리아센터, 이운용, pp. 241-243.
128 앞의 책, 안세영, pp. 215-216, 교환의 법칙과 단기적 성과, pp. 431-432, 상호주의 통상협력전략, p. 130, 상호주의 원칙(Reciprocity Principle), p. 180, 상호주의 접근(로비전략).

▷ '염치'라는 한국적 사고에서 벗어나 미끼전략을 파악하라

외국인과 합작투자 시 협상내용이 수십 가지 이상이다. 인도 측이 작성한 초안은 일방적 요구가 많고, 초안 작성 시에 한 약속까지 뒤집어 놓으며, 인도 측이 당연히 부담해야 할 사항인데도 우리 측에 슬쩍 전가시켜 놓는다.

협상과정에서 우리 측이 하나하나 지적하면서 인도 측이 부담해야 한다고 주장하고, 인도 측은 마지못해 양보하듯이 받아들인다. 우리가 계속해서 양보를 요구하다 보면 우리가 너무 몰염치한 것으로 생각하기 쉽다. 수십 가지 사안 중에서 절반 가까이 인도 측의 부담으로 넘기고 나면 자연스레 우리가 심리적인 부담감을 느끼게 된다.

이때부터 인도 측이 당연히 부담해야 할 몫인데도 우리 측이 부담해야 하는 것으로 분위기가 바뀐다. 한국적 사고방식으로 인해 우리 측의 손해가 시작되는 것이다.

앞에서 본 바와 같이 인도인은 게임하듯이 밀고 당기는 식의 협상 자체를 즐긴다. 우리가 쉽게 양보하면 그들은 오히려 우리를 우습게 본다. 우리가 양보했다고 생각하지 않고 논리적으로 자신들이 옳다고 생각한다. 따라서 사소한 사항이라도 체면상 양보하면 안 된다. 우리가 제대로 평가받으려면 끈질긴 협상력을 보여주는 것이 훨씬 더 낫다.

인도인은 다수의 자잘한 문제를 제기하여 혼란을 야기한다. 이를 놓고 씨름하다 보면 지치게 되며 본질을 놓치기 쉽다. 인도인은 이를 틈타 소소한 양보를 받아내고 중요한 쟁점은 대충 넘어가려 한다.

이와 비슷한 경우가 국제협상에서 종종 발생하는데 이를 미끼협상전략(decoy)이라 하며 다음과 같은 단계를 거친다.

＜무리한 조건(미끼조건)을 여러 개 제시하고→상대방이 이를 수용하지 않아 난관에 봉착하면→협상결렬 직전까지 가서→미끼조건을 양보하는 대신 자신이 진짜로 원하는 핵심사안의 양보를 받아낸다.＞

미끼협상전략의 대응방안은 상대방이 제시한 많은 조건 중에서 무엇이 미끼조건이고 무엇이 핵심 사안인지를 정확하게 파악하는 것이다.129

인도인들은 염치뿐 아니라 겸손함도 없어 보인다. 긍정을 넘어 과도한 자신감을 피력하기도 한다. 우리 측 협상가는 인도인 파트너와 협상할 때 한국적 사고방식으로 겸손보다는 다소 과장된 표현이 더 낫다. 예컨대 "우리 공장은 규모가 작은 편입니다"라든가 "차린 건 별로 없지만 많이 드세요"라기보다는 "우리공장은 높은 효율을 자랑합니다" 혹은 "공들여 맛있게 차린 한국 전통음식이니 즐겨 드시기 바랍니다"라고 적극적으로 표현하는 것이다.

▷ "너를 믿는다"라는 말에 넘어가지 말고 분명한 입장을 밝혀라

우리가 인도 측으로부터 중요한 양보를 받아내야 할 경우 인도인은 "No Problem"이라고 하면서 장황한 말로 초점을 흐려놓는다. 계약서에 넣자고 하면 "자기가 책임질 것이며 서약서를 써주겠다"라고 하거나 "법적으로 검토한 후에 보자"라며 슬쩍 넘기려 한다.

그리고 "서약서까지 써준다고 하는데 믿지 못하면 어떻게 사업을 같이 하느냐"라며 반론도 편다. 자칫 미안한 생각이 들어 "좋다, 너를 믿는다"라며 넘어가기 쉽다.

이럴 때 "너희는 우리를 못 믿어서 사소한 사항까지 일일이 계약서에 넣자고 하느냐"라고 대응하고 우리의 입장을 분명히 밝혀야 한다. 인도 측은 사소한 사항까지 계약서에 넣으면서 우리 측 주장을 계약서에 넣지 않으려 할 때는 무언가 이유가 있다.

▷ 우리도 무리한 요구를 해 보라. 앵커링 효과가 있다

한국인끼리의 협상은 체면상 무리하게 요구하지는 않는데, 인도인은 우선 많은 것을 요구해 놓고 본다. 자신들이 원하는 것을 모두 요구하고 나서 상대방이 반박하지 않는 선에서부터 자신들에게 이득이 된다고 여

---

129 앞의 책, 안세영, pp. 160-161, 미끼협상전략(Decoy)

긴다. 계약서 초안에 모든 것을 상대방 부담으로 해 놓는 것도 이 때문이다. 상대방이 더 이상 따지지 않으면 나머지는 자신들의 이득이 되는 것이다.

협상이론의 앵커링(anchoring) 효과와 같다. 즉 협상 시 상대방이 먼저 제안한 가격, 조건에 구속되는 경향이 있다. 상대방이 제안한 가격수준에서부터 협상하게 된다.

자신이 먼저 가격, 조건을 제안하면 앵커링 효과 때문에 자신에게 유리한 수준에서 가격협상을 시작할 수 있다. 우리 측 협상자가 상대방보다 월등한 고급 정보를 가지고 있다면 선제전략을 통한 앵커링 효과를 활용하는 것이 유리하다.

인도인들은 우리가 인도 측의 요구를 받아들이면 '받아들일 만한 상황이 되었기 때문에 받아들인다'라고 생각하지 우리가 양보했다고 생각하지 않는다.

따라서 역으로 우리가 인도인이라 가정하고 다소 무리한 내용이라도 먼저 요구해 보라. 논리를 개발하여 설득하면 예상치 않게 인도 측이 쉽게 수용할 수 있다. 인도 측이 양보할 의향이 있었을 수도 있다. 요청하는 것만으로 이득이 생길 수 있으며 손해 볼 이유가 없다.

협상이론에서 상대방에게 높은 조건을 제시할 경우 하이볼(High Ball), 낮은 조건을 제시할 경우 로우볼(Low Ball)이라 한다. 협상학자 리차드 쉘의 연구에 의하면 경쟁적 상황에서는 하이볼전략이 유리한 것으로 나타났다.[130]

관계적 상황(win-win) 또는 경쟁적 상황(win-lose)에 따라 탄력적으로 전략을 구사해야 하며, 인도 측에게 무리한 요구를 하는 전략(High Ball)은 상황에 따라 충분히 고려할 가치가 있다.

---

130 앞의 책, 안세영, pp. 128-133, 높은 가격제시와 낮은 가격 제시.

▷ 좋은 날은 언제든지 있다. 서두르지 말고 협상력을 발휘하라

인도인이 지분문제 등의 중요의제를 양보할 의사가 있을지라도 절대 양보할 수 없는 것처럼 주장한다. 그러면서 점성술사까지 동원하여 계약 체결 분위기를 조성하는 등 협상과정을 관리한다. 이렇게 나올 때는 계약을 성사시키고자 하는 의도가 깔려 있다.

우리 측이 충분히 검토하지 못한 경우에 인도 측에서 가계약이라도 체결하자고 나온다. 이는 추후 악용될 소지가 많아 서두를 이유가 없다. 우리 측의 협상력이 우위에 있을 때 이러한 경우가 발생하므로 충분한 검토 후 득실을 따져 협상을 진행해야 한다.

이와 관련, 협상이론에서 협상력의 4대 결정요인과 협상력 측정방법을 소개하고 있다.

이에 따르면 협상력은 첫째, 협상담당자의 지위가 높거나 의사결정권을 가지고 있으면 협상력이 커진다(position power). 예컨대 삼성전자 부장급 직원이 인도 정보통신회사의 고위 임원급과 협상을 한다고 하면 당연히 협상력이 약해질 것이다.

둘째, 마감시간에 여유를 가져야 한다(deadline 설정, time pressure 해소). 시간에 쫓기게 되면 서둘러 양보를 해야 할 경우가 생긴다.

셋째, 상대방에 대한 의존도가 높지 않고 유용한 정보와 최선의 대안을 확보하고 있으면 협상력이 높아진다(interdependence).

넷째, 자사 측의 내부 호응도가 높을 경우 높은 협상력을 발휘할 수 있다.

자사의 협상력을 측정하는 방법으로서 리차드 쉘의 'No Deal' 법이 있다. 이는 '협상이 이루어지지 않았을 경우 누가 더 큰 손실을 입느냐'를 분석하는 것이다. 협상이 결렬되었을 때 손실을 적게 입는 협상자가 협상력이 강하다.[131] 이 이론을 실제 협상 시에 활용하면 훌륭한 협상대안을

---

131 앞의 책, 안세영, pp. 25-32, 협상의 제2요소 협상력(Bargaining Power), pp. 130-131. 하이볼의 제약요건을 보면 협상자가 불리한 상황에 있고 상대방이 이를 인지할 경우 협상력이 약해진다(예: 생선가게나 빵집 등의 마감시간 무렵). 또

마련할 수 있다.

▷ '약속은 지켜야지'라는 고정 관념이 아니라 유연성을 발휘하라

우리는 협상과정에서 쉽게 약속하는 경향이 있다. 현지사정을 잘 모르고 한 약속이라도 가능하면 지키려 하며 자칫 손해를 자초하기도 한다. 반면에 인도인은 우리가 인도를 잘 모른다는 점을 이용하고, 어제 한 약속이 오늘 자신에게 불리하게 될 것이라 생각하면 거리낌 없이 번복한다.

이것은 인도인들의 특유한 비즈니스방식이자 적응력이다. 다민족, 다종교, 다언어, 다계층 사회의 이해관계를 조율하려면 현실의 변동 상황을 서로 이해해 줄 수밖에 없다.

예를 들어 힌두교 지도자와 이슬람교 지도자가 오늘 어떤 사항을 합의하였는데 다음 날 이슬람교 내부 사정으로 합의를 이행할 수 없게 된다면 힌두교 지도자는 변동 상황을 근거로 다시 협상을 한다. 어느 쪽도 상대방을 비난하지 않는다. 그러지 않을 경우 더 큰 문제가 발생할 수 있기 때문이다.

따라서 인도인이 말을 바꾼다고 해서 그들을 매도하기보다는 우리도 유연성을 발휘하는 것이다. 즉 '남아일언 중천금', '한번 약속했으면 지켜야지'라는 우리 식의 고정관념에서 벗어나 유연하게 대안을 마련해 보는 것이다.

▷ 인도인들의 느린 업무 처리는 악명이 높다

인도인의 느린 업무에 대해 인내심을 가져야 하며, 데드라인을 여유 있게 잡아야 한다. 의사결정자와 협상하는 것이 효과적이며 우리 측 협상담당자가 의사결정권을 가지고 있음을 보여주어야 한다. 주요 문건의 서명권자가 누구인지, 직급상 위치를 확인해야 한다.

한 구매자가 가격 흥정을 싫어할 경우 판매자는 가격을 높게 부를 수 없어 협상력이 약해진다(예: 시간이 귀중한 변호사, 의사, CEO, 기술자, 전문가 등).

가격협상은 수차례 이상 할 것을 각오해야 하며 마지노선을 제시하지 않는 것이 좋다. 대금 결제는 L/C 또는 T/T로 하고 신용제공은 피해야 한다.

▷ 협상에 도움이 될 자료는 철저히 준비하라

상대방을 설득할 자료로서 영문 기탈로그는 필수이며 샘플은 효과가 크다. 인도 측이 "인도 또는 중국가격보다 높으면 안 된다"고 압박을 가할 경우 한국제품의 우수성을 설명하는 자료를 제시하라. 예컨대 우수한 품질, 저렴한 유지보수 및 부품 교체비 등의 비교분석표를 제시하는 것이다. 인도 측이 우리의 신인도를 확인하고자 할 경우 공신력 있는 회사나 정부기관과의 관계를 제안서에 명기하면 된다.

▷ 물품 수령 거절의 빌미를 주어서는 안 된다

선적 전 제품 검사에 대해 동의를 받아야 한다. 샘플로 합의한 후 실제 선적제품에 하자가 있다고 거절하기도 하고 터무니없는 가격 할인을 요구하기도 한다.

제품 성능기준을 명확히 해야 한다. 그렇지 않으면 수령 거절의 빌미를 제공한다. 예컨대 농산물 선별기계 성능을 99% 선별능력이 있다고 하였는데 나중에 인도 측이 일일이 손으로 확인하여 98%라 주장하는 바람에 제값을 받지 못하는 경우도 발생한다.

▷ 중요 사안은 문서로 남기고 계약서 조항은 일일이 따져 보아야 한다

중요한 사안은 반드시 문서로 남겨야 한다. 한 유경험자는 "인도인과의 거래에서 신사도는 없다"고 잘라 말한다. 유선으로 확인한 내용이라도 수신 확인이 가능한 메일을 인도 측에게 발송하고 유선으로 재차 확인해야 한다.

중요한 내용일수록 서면으로 확인을 받아야 하며, 법적인 문제를 야기할 수 있는 부분은 쌍방이 서명을 한 공식문서를 만들어 놓아야 한다. 그래야 문제가 생길 경우 신속한 대응이 가능하며, 분쟁에 따른 소송에도 대비할 수 있다. 까다로운 제품검사 등 예외적으로 추가로 발생하는 비용은 보상받을 수 있도록 미리 계약에 반영해야 한다.

5. 글로벌 계약에 대한 인도인의 인식과 대응방안

가. 고상황문화와 저상황문화

다문화협상학자로 알더, 클러크혼 등이 있으며 미국 문화인류학자 에드워드 홀은 『문화를 넘어서』라는 저서에서 동서양문화를 고상황문화(High-context culture)와 저상황문화(Low-context culture)로 구분하고 의사소통의 특징을 기술하였다.[132]

고상황문화에서는 상호 이해관계와 상황 및 맥락의 해석이 중요하며, 저상황문화에서는 문서로 작성된 내용과 사실이 중요하다. "동양에서는 웃으면서 계약하고 싸우면서 헤어지지만 서양에서는 싸우면서 계약하고 웃으면서 헤어진다"라는 말이 있다.

나. 문화권별 계약에 대한 인식 차이

고상황문화권에서는 계약은 유대관계 형성과정이며 외부 환경이 바뀌면 융통성을 발휘하여 수정할 수 있다고 여긴다. 반면 저상황문화권에서는 계약서 작성에 심혈을 기울이고 철저한 조사, 분석, 검토, 확인 등을

---

132 앞의 책, 안세영, pp. 205-219, 글로벌리스트 박희권 외대 석좌교수 기고 내용(한경, 2019. 10. 29.).

거듭한다. 예컨대 저상황문화권인 독일인, 유대인은 서명하기 전에 양자 합의내용을 확인하기 위해 양쪽 계약서를 불빛에 비춰보면서까지 확인한다. 이러한 과정을 거친 계약서는 엄격하게 이행된다.

전통적으로 벼농사를 짓는 아시아는 정착생활로 공동체적 동질성이 높지만, 해상무역, 이민 등 이동이 잦은 서구는 불확실성에 대비하여 문서로 상세하게 규정하게 되었다. 미국, 캐나다, 호주 등 이민국가에서는 구성원 간 문화적 배경이 달라 명시적인 계약서에 의거하여 규율할 필요성이 컸다. 서구에서 소송과 법 지상주의가 자리 잡게 된 배경이다.

서구인들은 구두 약속이라도 계약서처럼 중시한다. 따라서 글로벌 거래에서 반드시 상대방의 의도를 명확하게 파악한 후에 구두로 의사표시를 해야 한다. 구두 합의가 중요한 이유는 심리적인 특성인 '일관성의 법칙' 때문이다. 사람들은 믿음이나 행동에 일관성을 유지하려는 욕구가 있고 구두 약속이라도 이에 부합되게 행동하려는 경향이 있다.

구두 합의를 한 경우에는 이메일이나 메신저 서비스로 합의 내용을 확인하고 계약서를 작성해야 한다. 글로벌 거래에서는 구체적이고 명확하게 의사표시를 하고 문서로 정리해서 서명하는 것이 오해의 소지를 없애고 분쟁 예방에 필수이다. 문서화된 약속은 합의서, 약정서, 계약서, 양해각서, 회의록 등 여러 형식이 있으나 서명 주체가 법적 권리와 의무를 인정한다는 의사 표시가 있으면 법적 효력을 갖는다.

다. 인도인과 계약 체결 및 이행과정 상의 유의점

인도의 상거래문화는 동양과 서양문화가 혼재된 데다 지역별로 다르며 외세지배 영향으로 복잡하다. 합의한 조건이라도 상황이 바뀌면 서구인들이 이해하기 힘들 정도로 입장을 바꾼다. 우리 기업은 이를 역이용하는 전략이 필요하다. 같은 전략으로 대응하는 것이다.

인도인과 계약체결 및 이행과정에서 유의해야 할 점을 살펴보자.

평판 및 신용도 파악

계약체결 전에 상대방의 평판과 신용도를 철저히 파악해야 한다. 전문기관을 이용하거나 신뢰관계가 깊은 사람을 통해 조사하는 것이 좋다. 반드시 여러 군데를 통해 중복해서 체크해야 한다. 인도에 진출한 우리 업체 중에 한 업체는 합작계약을 체결하고 자본금을 납입하자 곧바로 법원의 차압이 들어와 사업을 시작조차 하지 못한 사례가 있다.

최고 책임자와 협의

중요사안은 반드시 상대방의 최고책임자와 협의해야 한다. 최종 의사결정권자가 누구인지, 법적인 책임자가 누구인지 확인해야 한다. 예컨대 계약서에는 법인 명의로 서명하고 정관에는 개인 명의로 서명하는 경우도 있다.

유효기간 명시

주요 사안의 유효기간을 명시한다. 일정기간 내에 자본금 납입 등 중요한 의무사항을 이행하지 않을 경우 효력을 정지시켜야 한다. 이는 인도 측이 계약이행을 지연시키거나 변경을 요구하지 못하도록 하는 효과가 있으며, 업무 추진과정에서 부적절한 모습을 보일 경우 계약을 중단시키기가 쉬워진다.

어떤 인도 측 파트너는 자신이 부담해야 할 자본금을 납입하지 않고 수년간 미루다가 합작기업이 정상 운영되는 것을 확인한 후에 납입한 사례도 있다. 정상 운영되지 않았더라면 손해 한 푼 보지 않고 빠지려 한 것이다. 유효기간 명시는 신규 사업 진출, 증자 등 중요사안의 합의 시에 인도 측의 이행을 담보하기 위해서도 필요하다.

이사회 구성

합작회사의 원활한 운영을 위해 이사회 구성을 신중히 해야 한다. 이사회의 의결사항이 상당한 영향을 미친다. 경영부진 등의 사유 발생 시 이사회 의결로 대표가 물러나기도 한다. 인도 측은 영향력을 행사하려 자신의 지분을 쪼개어 여러 명의 이사를 두려 한다. 지분 10%를 넘는 이사는 다수결에 참여할 수 있다.

합작계약서 검토

합작계약서 검토는 공인회계사가 효율적이다. 인도는 소득세, 법인세, 과실 송금, 외환, 회사법 등 재무회계 관련 사안이 복잡하다. 대규모 합작투자일 경우 전문 로펌을 대동해야 하지만 통상의 경우 사안의 경중에 따라 변호사 선임을 결정하면 된다. Attorney는 법정에 갈 수 있고 Solicitor는 갈 수 없다.

합작법인 대표

법인 대표(MD: Managing Director)를 현지인에게 맡길 때는 신중하게 판단해야 한다. 우리 측이 경험이 부족하다면 책임감 있고 유능한 인도 직원으로 보강하거나 공인회계사, 변호사, 기술자, 자문회사 등 해당 전문가를 활용하면 된다. 법인 대표를 맡은 현지인이 권한만 행사하려 들며 회사를 개인의 이익을 챙기는 방편으로 활용하는 사례가 다수 있다는 것이 중론이다.

경험 활용과 상상력 동원 필요

당연하다고 여겨지는 조항도 조목조목 따져보고 경험과 상상력을 동원하여 향후 일어날 수 있는 상황을 가정하여 시나리오별로 대비해야 한다. 이에 대한 적절한 사례가 있어 다음과 같이 소개한다.[133]

---

133 인도에서 실제 프로젝트를 수행하면서 겪었던 경험을 이창이 님께서 소개해 주신 사례이다.

[사례: 인도에 진출한 A기업]

프로젝트 관련 계약서에는 통상적으로 "계약자(인도 측)가 요청하는 건에 대해서는 공급자(우리 측)는 우선적으로 검토/변경을 진행한다"라는 조항이 있다. 일반적으로 통용되며 계약자가 사업진행 과정에서 추가 부담을 최소화하려는 제도적 장치이다. 즉 계약자가 계약 내용 변경사유 발생 시 비용최소화 등 보호차원에서 포함하고 있다.

하지만 실제 인도업체와 프로젝트를 진행한 A기업 담당자에 의하면 이 조항으로 인해 다음과 같은 고충이 있었다. 프로젝트 진행 여러 단계 중에서 해당 단계가 아직 시작되지 않았는데 인도 측에서 설계의 변경, 검토, 진행을 요구하였다.

인도 측은 위 조항을 근거로 해당 단계에서 추가금액과 공정지연 없이 모든 일정을 그대로 준수해야 한다는 것이다.

달리 표현하면 프로젝트 진행 순서가 A → B → C → D이고, 현재 상태가 A 완료 → B 완료 → C 진행 예정일 때 계약자가 C 공정 설계를 변경해 줄 것과 당초 계약 일정을 지켜달라는 것이다. 인도 측은 일정이 지연되면 페널티를 적용하겠다고 엄포를 놓았다.

이에 대해 A기업이 속수무책으로 당할 수밖에 없었던 이유는 위 조항에 대한 세부 이행 사항에 대한 합의가 없었기 때문이다.

A기업은 위 조항이 관행상 포함되고 일반적으로 통용되는 조항이라 생각했었고, 고객 유치에 집중하다 보니 세부사항에 대한 검토를 소홀히 한 것이다. 미국 본사에 중재를 요청하여 인도 측으로부터 일정 금액을 받고 진행은 하였지만 기존 일정을 준수해야 하는 고충과 인도 측과의 마찰이 컸다.

사례를 통한 교훈

일반적인 프로젝트 진행 시 이렇게까지 어려운 국면에 처하는 경우는 드물지만 계약체결 이후의 진행과정에서 상대방이 이 조항을 들고 나오면 시간이 갈수록 우리 측은 더 많은 부담을 떠안게 된다. 그렇다고 소송을 통한 해결은 요원하다.

위와 같은 계약조건은 계약서 작성 전에 충분히 검토하여 별도의 항목으로 정하고, 해당 항목에 대한 세부적인 내용을 합의하여 명시해야 한다.

이를 통해 계약 이행과정에서 공급자(우리 측)는 기존의 관행적인 조항에 의한 불이익을 막고, 계약재(인도 측)가 악용할 소지를 줄일 수 있다.

6. 인도 공직자들과의 협상전략[134]

인도는 정부기관의 영향력이 크므로 공직자들과 협상을 거칠 때가 많다. 인도 비즈니스에서 관료주의가 가장 힘들다. 인도 공무원은 독점권과 재량권이 있어 크고 작은 부패가 있을 수 있고, 책임지는 것을 싫어해서 수동적이고 방어적으로 일을 처리하는 경향이 있다. 영국지배 시절부터 시작된 관료제로 인해 공무원은 서민들을 다스리고 통제하는 계층이란 인식이 강하며 각종 특권을 보장받는다.[135]

인도 정부와 효과적인 협상을 위해서는 다음 사항을 고려해야 한다.

인도 사회의 전반적인 동향 파악

인도의 전반적인 정세가 어떻게 돌아가는지, 중앙정부와 주 정부의 정당별 집권 현황, 투자대상지역의 주민동향, 언론성향 등을 알아야 한다. 문제 소지가 많은 NGO 및 현지 경쟁사들이 누구와 접촉하고 무슨 일을 도모하는지 파악해야 한다.

---

134 친디아저널(2010. 3.) 포스코 류호찬 부장의 기고 내용 참고.
135 공무원의 가장 큰 특권은 신분보장이며 부패 공무원이라도 해고는커녕 강등조차 어렵다. 뉴델리 중심부 고급 주택들 대부분은 공직자들의 관사이며 총리관저가 있는 레이스 코스 로드 7번지가 유명하다(앞의 책, 박민준, pp. 92-93).

신뢰 구축

인도인들의 마음을 사고 신뢰를 쌓으며 담당자들과 자주 만나 친밀감을 높여야 한다. 우리 기업이 추진하고자 하는 프로젝트에는 다양한 이해관계자들이 있으며 주 정부 담당 공무원들이 이들로부터 자유롭지 못하다. 예컨대 양해각서 체결이 주 정부 공무원의 손에 전적으로 달려 있지 않다고 보면 된다.

외지인을 기본적으로 신뢰하지 않는 인도인들의 마음을 사야 한다. 주 정부 공무원이든 주민이든 이해관계자이든 그들로부터 인정을 받는 것이 우선이다. 그들이 신뢰하고 동료처럼 여길 때 비로소 협상이 진척된다.

인도 공직자가 우리 기업의 진정성, 인도 사회에 도움이 되고자 하는 노력을 이해하고 그들이 마음을 열기까지에는 시간이 걸린다. 진입 초기에 적극적인 사회공헌과 홍보활동은 이들의 신뢰를 확보하는 데 큰 힘이 된다.

과거 사례와 공개 정보 수집

과거 사례는 주 정부의 승인 범위를 짐작하는 데 도움이 된다. 각 주별로 산업정책을 발표하며 단일창구, 승인권자, 인센티브, 부지가격 등 주요사항이 명기되어 있다. 정보공개법에 의거 상당히 많은 정보가 공개되어 있으므로 정부 종합 사이트, 주 정부 웹사이트, 뉴스사이트 등을 살펴보면 유용한 정보를 구할 수 있다.

인간관계 형성

담당자를 자주 만나 친구가 되어야 한다. 단순히 자료를 요청한다고 해서 얻을 수가 없다. 그들은 많은 회사들로부터 다양한 자료들을 확보해 놓고 있다. 친해진 후에는 경쟁사의 사업제안서까지 빌려보는 일도 가능해진다. 수시로 만나 이야기하는 것 자체가 협상과정이다.

인도인들은 속내를 알기 전까지는 결코 이야기해 주지 않는다. 인도에서의 문제는 '양파껍질 벗기기'와 같아서 벗길수록 계속 나온다. 그들이 얘기해 주지 않는 문제는 다양한 루트를 통해 밝혀내야 한다. 투자유치공사의 활용도 도움이 된다.

인내심 필요

양자가 서명한 양해각서라도 상황이 불리해지면 인정하지 않는 수도 있다. 프로젝트를 승인한 주 수상이나 수석차관(chief secretary)도 책임지지 않는다. 야당이나 주민, NGO, 경쟁사 등이 반대할 수 있다. 악의를 가진 NGO들은 문제가 생기면 어디든지 달려간다. 협상을 잘해 우리가 유리한 양해각서를 체결했다고 해서 낙관할 수 없다. 주민들을 설득하기 어려운 조항은 실행이 거의 불가능에 가깝다.

짧은 핵심 업무 시간 고려

주 정부 근무시간은 오전 10시에서 오후 5시까지이다. 고위직은 오전 10시 반에 출근, 오후 2-4시에 점심식사를 위해 나가고 오후 6-7시경에 일과를 끝낸다. 실제 근무시간은 오전 10시 반-오후 2시, 오후 4-6시 정도이므로 일이 제대로 진척되기 어렵다. 자연히 저녁에 만나 식사도 하고 업무도 논의하게 된다. 의사소통이 잘되고 분위기도 좋다. 인도 공직자들과의 협상은 저녁 시간을 잘 활용해야 한다. 장소는 당연히 청사 바깥이다.

모임 및 행사 참석

각종 행사(결혼식, 생일잔치, 문화행사 등)에 참가하고 지역상공인들의 모임에 참석하면 도움이 된다. 주 정부 고위 인사가 대부분 나오므로 필요한 사람을 소개받고 중요 정보를 얻거나 주 정부의 의향을 알아보는 데 유용하다.[136]

---

136 인도인들은 사람들과 어울리기를 좋아해서 상공회의소 등 단체를 조직해 사교 활동을 벌인다. 첸나이에 있는 상공회의소만 해도 마드라스 상공회의소, 인도

협력자 발굴 및 대외관계 강화

진심으로 우리 프로젝트에 관심을 가지고 도와줄 사람, 주 정부 사정을 잘 아는 고위층으로서 사업추진에 영향력을 미칠 수 있는 인사를 찾아 협조를 구하고 대외관계를 강화해야 한다. 주 수상이 합작 사업에 확신이 적다면 가족, 친구, 인간적인 유대를 가진 정치인 등 조언해 줄 인사를 통해 확신을 심어주어야 한다. 평소 지방자치단체장과도 좋은 유대관계를 맺어야 실질적인 협조를 받을 수 있다(지자체 관련 협상사례 부분 참조).

언론 선제 대응

언론에 관심을 가져야 한다. 이들은 허위 기사를 유포하는 데 아무런 제약과 죄책감을 느끼지 않는다. 정치인들은 주로 언론을 끼고 있으며, 정치적 동기에 따라 추측, 거짓 기사를 게재하고 사과하는 법이 없다. 나쁜 기사가 실리지 않도록 언론관계를 좋게 가져가야 한다. 선제적인 홍보가 필요하며 빠를수록 좋다. 거짓 기사가 나오면 이미 늦다.

정치인들과의 관계 정립

정치인을 가까이 하면 이들은 과도한 정치자금을 요구하거나, 멀리하면 적대적인 모습을 보이며 우리가 추진하는 합작투자를 반대한다. 협상 초기에 필요한 소수의 정치인들(투자대상지역의 대표 정치인, 주 수상에게 영향력을 미치는 정치인 등)에게 가끔 인사하는 정도가 도움이 되며, 최대한 존중해 주어야 한다. 그렇지 않으면 나중에 어려워질 수 있다.

상공회의소 남인도지부, 남인도 상의 등이다. 뉴델리의 짐카나클럽, 첸나이의 마드라스 클럽 같은 멤버십 클럽을 통해 교류하기도 한다. 이를 통해 유력 기업인이나 정관계 인사를 만나 교분을 쌓는 기회로 활용하면 큰 도움이 된다. 현지인들과 네트워크가 잘 구축된 사람은 이들을 통해 어려움을 극복하고 수월하게 일을 풀어나간다.

협상 교착상태 대응책 모색

협상이 교착상태에 빠지면 타결책을 모색해야 한다. 언론이 비난하고 경쟁사가 공무원 매수 등을 통해 방해공작을 하면 비전 제시, 전문 지식 및 기술력을 동원하여 초기에 높았던 관심을 환기시켜야 한다. 비서실장 (Principal Secretary to Chief Minister)이나 주 수상에게 영향력 있는 인사를 통해 이를 전달해야 한다.

장애요인 파악 및 제거

협상과정에서 발생할 장애요인을 미리 파악하고 제거해 나가야 한다. 부지 매입이 중요하나 부지 매입이 어려운 이유는 조상 대대로 이어온 토지를 내놓아야 한다는 저항과 과거 부지매각 보상 관련 주 정부에 대한 불신이다.

양해각서 작성 시 미리 부지 대안을 마련해 놓으면 유리해진다. 주민 선동세력에 대한 경찰의 무대응, 경쟁사들의 방해, 산업화를 반대하는 정당의 개입, 야당의 비협조, 주 정부의 미온적 태도 등도 작용하므로 대안을 미리 모색해 두어야 한다.

7. 인도 노사협상전략

가. 현지 직원 특성

1) 총괄

인도인은 머리가 좋고, 계산이 빠르며, 유연성을 발휘하므로 인도문화를 존중하고 체면을 세워주면서 관리하면 성과를 높일 수 있다. 이들의 사고방식은 동서양 혼합으로서 수동적이며 자기이해 중심이고 기업충성심은 그리 높지 않은 편이다.

정해진 업무 범위를 벗어나지 않으려 하므로 우리 측 관리자가 볼 때 책임회피로 여겨져 갈등요인이 될 수 있다. 중간에 목표를 수정할 경우 설득하는 데 노력과 시간이 걸린다. 명령을 싫어하며 일방적 지시는 반발심을 일으킬 수 있다. 업무 분장을 명확히 하고 권한과 책임을 분명하게 정해 주면 효율적으로 업무를 처리한다.

업무 성과를 자신의 공으로 돌리며, 책임질 사유가 생기면 거짓말까지 하는 경향이 있다. 업무처리가 느린 편이고 지시를 명확히 해야 이해시킬 수 있다. 키워드만 줄 경우 업무가 잘 이행되고 있지 않음을 나중에 발견하게 된다.

2) 개인문화와 집단문화 공존

다른 계층의 사람들에 대해 무관심하나, 같은 계층의 사람들에 대해서는 안 될 일도 성사시키는 등 집단문화가 강하다. 어떤 사안이 발생했을 때 사람들이 몰려 집단행동을 하는 경우를 보게 된다. 자신이 속한 계층을 보호하려는 경향이 강하다.

이처럼 인도인들은 내집단(內集團, In-group member) 사람과 외집단(外集團, Out-group member) 사람을 대하는 태도가 크게 다르다. 자신과 가족이 속한 집단의 이익을 위한 의무감이 작용하기 때문이다.

내집단 구성원 간에는 감정적 유대, 공생적 사고, 무조건적 관용을 베푼다. 이는 구성원을 결속시키고 집단을 보전(保全)시킨다. 내집단에 이익이 된다면 외집단 사람도 가까이하며 관계를 확장하지만 이익이 되지 않으면 멀리하기 시작한다. 친하게 지내다가도 갑자기 태도를 바꾼다.

서구인들이 이해하기 어려운 점은 첫째, 인도인에게 있어 도덕적이고 올바른 행위는 원칙이 아니라 내집단의 이익을 지키는 것이며, 둘째, 자신들의 보편적이지 않은 사고나 행동에 대해 부끄러워하지 않으면서 내집단의 이익을 지키지 못했을 때에는 부끄러워한다는 것이다. 인도인들은 외집단 사람들에게 베푸는 경우를 찾기 힘들고 상대방이 베풀어 주어도

'고맙다'라는 말은 기대하기 어렵다.

3) 계급사회 속성

인도인들은 직속상관, 직속라인이 중요하므로 업무지시가 말단까지 전달되기 위해서는 지휘계통을 간결하게 하고 일의 완급과 우선순위를 정해 지시해야 한다. 신업화 이후 직업에서의 지위나 직급이 새로운 사회적 카스트로 자리 잡아 기존의 카스트보다 우선시된다. 예를 들면, 상위카스트에 속한 부하가 하위카스트의 상사에게 Sir라는 존칭을 붙이고 업무 지시를 받는다. 단, 그들은 회사를 벗어나면 개인적인 관계는 갖지 않는다.

4) 계층별 차별의식

카스트제가 인도인의 일상을 지배하는 사례가 많다. 사무직원은 육체노동을 기피한다. 물건 나르기, 청소 등을 천하게 여기므로 나서지 않는다. 사무실 바닥에 커피를 쏟아도 청소부가 올 때까지 방치한다. 책상 뒤선반의 파일을 가져오려면 벨을 눌러 복도의 심부름꾼을 호출한다. 컴퓨터와 프린터 연결은 며칠 걸리더라도 전화를 걸어 서비스를 이용한다. 품위를 떨어뜨리는 일이라 생각되면 손대지 않는다. 인도에 진출한 한국 업체의 한국인 관리자가 현지 사무직 직원에게 육체적인 일을 강제로 시켜 노사 갈등을 일으킨 사례가 적지 않다.

5) Yes문화

Yes문화로서 No problem과 Done이 전형적이다. No Problem은 '문제는 있으나 자신의 능력으로 해결할 수 있다'라는 희망 섞인 대답이며 해결되지 않을 경우에도 마찬가지다. Done은 '이미 다 됐다'란 의미이지만 실제로는 아닌 경우가 많다. 인도인은 부정적인 표현은 예의에 어긋나는 것으로 인식한다.

나. 현지 직원 관리

1) 직원 채용

직원을 채용하면 복무지침을 읽게 하고 서명을 받아두어야 한다. 책임과 권한을 부여하되, 관리를 철저히 해야 한다. 목표수립 및 실행 결과 점검은 정해진 시점 이전에 해야 한다.

2) 업무 지시

업무를 지시할 때는 세부 내용까지 명확하게 지시하고 메모를 하도록 한다. 이들은 메모 습관이 없고 지시한 내용만 수행하는 경향이 있다. 지시한 내용을 제대로 이해했는지 그 자리에서 확인하고 이해한 내용을 말해 보라고 해야 한다. 이해가 되었으면 일지에 작성하도록 하고 지시한 관리자도 기록해 둔다. 보고 일자를 정한다. 지시사항을 수시로 점검하고, 반복 사항도 중간보고를 통해 확인해야 한다. 메모, 보고서는 공람시키고, 불만사항, 요청사항, 결정사항 등을 문서로 남겨야 한다. 인도인들은 예외적인 상황이 발생하면 상사의 지시가 있어야 처리하므로 피드백을 주어야 한다.

3) 질책

잘못을 저지른 직원은 체면이 손상되지 않도록 남이 보지 않는 곳으로 불러 지적해야 한다. 외국인 고용주가 현지 직원의 잘못에 대해 인정하도록 강요하는 방식은 역효과를 낼 수 있다. 공식적인 절차에 따라 자술서를 쓰게 하거나 회사 명의로 경고장을 주어야 한다. 옷깃을 잡거나 신체적 다툼은 안 된다. 관리자가 자제심을 잃으면 관리자의 권위를 잃는다. 언제 어디서든 미소를 잃지 않아야 한다.

4) 관리시스템

관리시스템을 확립하고 책임소재를 명확히 하며 정기, 수시로 관리 실태를 점검해야 한다. 주문 및 판매관리, 재고관리, 수금 및 외상관리를 철저히 하고, 장부조작, 현금 및 자산 절취 등을 못하도록 엄격하게 관리하여 부실 관리를 미연에 방지해야 한다. 현지 직원들의 책임감 고취를 위해 권한과 책임을 부여하고 성과 보상 체제는 직원들의 충성도를 높이는 데 도움이 된다. 성과 보상은 물질적 보상 외에도 가족초청 행사 등 심리적, 환경적인 배려를 하는 것이다. 직원이 집안 대소사로 결근하면 회사는 관심을 가져야 하며 성의를 보여야 한다.

5) 근태 관리

직원들은 가족행사 등 개인적인 사유로 지각, 결근, 돌발 휴가 등이 발생한다. 인도 진출 제조업체들은 대개 무단결근을 감안하여 필요 직원보다 10−30% 더 고용한다. 뭄바이 소재 한 식당의 하루 고객이 130명인데 직원은 40명이다. 물 가져다주는 종업원, 음식 가져다주는 종업원, 계산담당 종업원 등으로 구분하고 결근에 대비한다.

엄격하고 공정한 규정을 만들어 근태를 철저하게 관리해야 한다. 지각, 조퇴, 결근 등을 용납하면 끝이 없다. 규정을 철저히 적용하고 금액으로 환산하여 개근자에게 포상하고 태만자에게 불이익을 주어야 한다.

엄정한 근무평정 기록은 효과적 인사관리, 해고 및 노사분규 대응에 필수다. 해고사유 발생 시 잘못을 시인한 문서들이 근거가 된다. 채용 시 복무규정상으로 수당, 급여삭감, 해고조건 등을 명확히 해 놓아야 분규를 막을 수 있다. 예컨대 경고장 3회면 수당 및 급여 20% 삭감, 5회면 해고 등의 합의 조건을 명시하는 것이다.

6) 핵심 보직자 관리

현지인 핵심 보직자를 잘 관리해야 한다. 일정 기간이 지나면 일방적 행동, 정보 독점, 관리 태만, 파벌 형성, 조직 내 갈등, 노조활동, 외부업체와 연계 등의 문제를 야기할 수 있으므로 유심히 관찰하고 수시로 회의와 면담을 통해 계도시켜야 한다.

유능하고 충성심 높은 핵심 보직자의 이직에 대해 대비책을 세워 두어야 한다. 성장산업의 경우 이직자는 연봉상승의 기회가 되며, 헤드헌터의 부추김도 있다. 이들에 대한 장기근속 우대조치가 도움이 된다(근속연수에 따른 보너스, 복리 제공, 한국을 포함한 해외연수 등).

다. 노무관리

1) 노동 관련 법규 및 현지 관행 존중

총괄

중앙 및 지방정부의 노동 법규 및 정책, 노동관행 등의 이해가 필수다. 근로조건, 징계와 해고, 노사문제 발생 시 철저히 법 규정을 기본으로 해야 한다.

내부 운영기준 마련도 현지 관행을 존중해야 하며 우리 식 관행으로 판단하면 마찰을 일으킬 수 있다. 주변 및 경쟁업체의 인사정책, 근로조건을 파악해야 한다. 왜냐하면 이들의 노사 간 갈등이 영향을 미칠 수 있기 때문이다. 주재원과의 마찰, 언어소통 장애, 대화기법의 차이, 업무 지식의 간극, 처우가 다름에 대한 이해 부족, 정보공유 부족, 주재원과 현지인 간의 문화의 차이 등으로 현지인의 불신이 높아질 수 있다. 이를 파악하여 제도 개선, 유대강화 등의 조치로 갈등 소지를 줄여야 한다.

친기업 정책

인도정부가 그동안 근로자 위주 정책 시행으로 기업경영에 애로가 많다는 주장이 지속적으로 제기되어 온 데다 경제 환경 변화에 따라 복잡한 노동 관련 법을 정비해야 할 필요성이 커졌다. 이에 따라 다음과 같이 노

동 관련 법규를 정비하고 있다.[137]

인도 노동법은 44개 중앙 노동법과 100개를 상회하는 주 노동법으로 구성되어 있었으나 2019년 8월 8일 임금법 및 2020년 9월 23일 세 건의 노동법 개정으로 중앙 노동법은 다음과 같이 4개의 법으로 정비되었다.

① 임금법: 최저임금법, 임급지급법, 보너스지급법 통합 및 조정

② 노시관계법: 노동조합법, 산업고용(업무규정) 법, 노동쟁의법 통폐합

③ 사회보장법: 사회안전망 관련 다수 법령 통합 및 국가사회 안전위원회 설립근거 마련

④ 직업안전, 보건 및 근로조건법: 근로환경 관련 다수의 법령 통합

이번 개정 내용 중 특기 사항은,

첫째, 근로자 파업은 60일 전에 고용주에게 사전 통보해야 하는 것과 (종전: 14-42일 전 통보),

둘째, 3백 명 이하 근로자를 고용하는 대형시설 사업장은 정부의 승인을 받지 않고 근로자 해고 및 감축할 수 있도록 한 것과(종전: 백 명 이하),

셋째, 여성 근로자 고용제한이 없어진 것이다(종전: 위험한 작업이 동반되는 산업에 여성 근로자의 근로 불허).

넷째, 조직화되지 않는 근로자나 플랫폼 노동자처럼 새로운 형태의 노동자 정책을 수립하기로 하였다(사회보장법, 국가사회보장 위원회). 이는 노동시장의 권리를 증대시키기 위함이다.

다섯째, 주에서 주로 이동한 이주 노동자에 대한 혜택도 늘렸다. 즉 다른 주에서 이주 후 취업한 노동자도 이주 노동자로 포함시켰고, 출신지까지의 여정에 대한 수당도 높이게 되었다.

이처럼 향후 모디 정부의 친기업 정책과 부합하는 내용이 점차 많이 반영될 것으로 전망된다.[138]

---

137 "인도노동법 개혁의 주요 내용과 배경", 대외경제정책연구원 세계지역연구센터 인도남아시아팀 노윤제 전문연구원(2020. 10. 20.).
138 인도의 노동경쟁력은 상당히 낮은 수준에 속한다. 세계경제포럼이 141개국을 대상으로 매년 발표하는 국가경쟁력 평가에 따르면 2019년 노동시장 경쟁력에

2) 채용 및 해고

채용

사업을 궤도에 올려놓을 현지 출신 관리자급 임원의 채용이 중요하다. 관공서 업무, 재무관리, 지역사회에서의 위치, 대표직을 수행할 수 있는 능력 및 배경 등을 고려해야 한다. 다음으로 각종 관리 및 재무를 담당할 유능한 실무자급 직원이 필요하며 비용 및 수익 관련 자료, 증빙 서류를 잘 구비해야 한다. 공장 설립 및 운영과 관련해서는 영어구사가 가능한 한국 엔지니어를 파견하여 전반적인 사항을 점검하고 현지 하급 엔지니어를 채용하는 것이 효과적이다.

공장인근 주민의 정규직 채용과 특정 지역 출신 위주의 채용에 유의해야 한다. 지역주민들과 합세 또는 특정 지역 출신이 주도적으로 분규를 일으키지 않도록 경계해야 한다. 델리지역에 진출한 한 대기업은 멀리 떨어진 주를 돌면서 지역별로 필요한 인원을 채용하였다.

주 정부 홈페이지에 등록하거나 인력소개 사이트(예: naukri.com), 신문, 인력수급 대행사, 헤드헌터 등을 이용한다. 미숙련공은 학교 방문이나 연고자를 통하기도 한다. 시간이 걸려도 후보자의 평판, 학력, 전공, 성실성 등을 세밀하게 검증해야 한다.

해고

근로자 300인 이상과 300인 미만에 따라 조건이 다르다. 300인 이하인 경우에는 정부허가를 받지 않고 해고가 가능하다(2020년 9월 노사관계법 개정). 사무직 근로자는 고용계약서에 따라 해고할 수 있다. 생산직 근로자는 명백한 과실 등(의도적인 업무 불복종, 재산 손실 등)에 따른 해고는 가능

서 103위를 기록했다. 2019년 5월 집권 2기의 모디 총리는 회사가 근로자 채용 및 해고를 쉽게 하도록 노동개혁을 강하게 추진하고 있다. 경직된 노동시장이 외자 유치에 걸림돌이 되고 있어 유연한 고용제도는 필수적이다(한경, 2019. 11. 27.).

하나 내부 조사와 청문회를 거쳐야 한다. 따라서 관련 사안이 발생할 때마다 기록을 남겨 법적 준비를 해 두어야 한다. 구조조정 시 명예 퇴직제의 경우 보통 3-5년 치 급여를 제공한다.

노사갈등

노사갈등은 임금인상을 제외하면 대부분 계약직의 정규직 전환과 계약직의 재고용과 관련된다. 법적으로 정규직이 담당하던 업무를 계약직에게 맡길 수 없으나 대부분 어쩔 수 없이 계약직을 쓰고 있다. 정규직으로 임명되면 컨펌을 준다고 표현한다. 정규직과 비정규직 관리에 각별히 신경을 써야 한다.

3) 노동 시장

인도인 근로자는 젊은 인력이 풍부하고 임금은 낮지만 생산성과 책임의식이 낮은 것으로 인식되어 왔다. 그러나 IT붐 이후 경제가 성장하면서 노동 규율과 납기 준수에 대한 인식이 높아지고 외국기업의 인도 진출이 늘어나면서 개선되고 있다. 외국 기업은 높은 보수를 지급하면서 높은 생산성을 요구하고 지속적으로 교육시키고 있다.

글로벌 기업들은 숙련된 직원을 구하기가 쉽지 않다. IT, 엔지니어링 분야 인력은 영어구사력, 해외사업 및 프로그램 능력이 뛰어나 인기가 높다. 인력시장 수요는 인도경제의 흐름과 관련이 있으며 금융, 전자상거래, 핀테크, 바이오 및 헬스, 여행숙박업 등이 유망하다.

타사의 숙련된 직원을 데려오려면 급여를 20-30% 올려야 하며, 일반 직원들의 급여는 매년 8-10%씩 인상된다.[139] NCR지역(델리광역수도권)의 한 전자부품회사는 전 직원들에게 일괄적으로 급여의 30-50%를 올려

---

139 Aon Hewitt 인재경영컨설팅사의 보고에 의하면 2018년 인도 평균 임금인상률은 9.6%이며 아시아태평양국가 중 가장 높다. 이러한 추세는 서비스 및 제조업 부문의 성장에 기인한다.

준 경우도 있다. 프로젝트 사업의 경우 이직률이 25-40%에 이른다.

인도 남부 케랄라 주는 주 정부 노조가 있어 특별한 기술을 요하지 않는 일은 주 정부 노조 소속 직원을 의무적으로 고용해야 한다. 노동관계법이 복잡하고 임의휴가(casual leave)도 보장되는 근로문화를 고려해야 한다. 노조와의 협상이 중요하며, 환경문제, 여성차별 등 핫 이슈는 NGO와 협상해야 한다.140

4) 노사관계

노조는 100인 이상 혹은 근로자 1/10 이상 동의로 설립할 수 있으며 외부인은 집행부원의 1/3 또는 5명을 초과할 수 없다. 정치적 성향이 강하며 파업이나 쟁의행위는 정치적 수단으로 활용되는 경우가 많다. 노사 분규가 심한 지역은 중북부이며 남부지역은 양호한 편이다. 분규의 원인은 임금과 인력관리 문제이며, 법규상 노동쟁의 기간은 6주 이내이나 실제는 수개월 동안 지속된다.

100명 이상의 대기업에는 작업위원회(works committees)가 있으며 노사협조 등 건전한 노사문화를 촉진시키고자 인도정부가 독려하는 조직이다. 복수 노조인 경우 대표 노조를 선정하여 협상한다.

단체협상 내용 중 주요 부분은 법제화되어 있어 많은 부분이 법에 의해 해결된다. 노사 간 갈등 해결은 분쟁조정위원회(conciliation board)에 맡기거나 주 산업법원 또는 중앙법원의 결정에 따르기도 하는데 세 기관의 결정은 최종적이다.

노동법은 중앙정부와 주 정부가 동일한 사안에 대해 다르게 법제화할 수 있어 각 주는 주별 특성에 맞게 법을 정한다. 예컨대 라자스탄 주 정부는 우호적인 경제 환경을 만들기 위해 중앙정부의 감독 범위를 줄였다. 따라서 중앙정부와 주 정부의 노동관계 법령을 함께 숙지해야 한다. 외국기업의 투자를 장려하는 주 정부는 개선된 노사관계를 장려하는 쪽으로

---

140 앞의 책, 안세영, pp. 362-389, 글로벌 기업의 갈등관리 협상 참고.

법을 정비하고 있다.

동부지역 콜카타는 노조 영향력이 강하고, 북부 델리는 근로자 기질이 강하고 노사관계 안정성이 떨어지며, 남부 첸나이와 서부 뭄바이는 노사관계가 상대적으로 안정적이며 정부 지원이 많은 편이다.

[사례 #1: 마루티 스즈키 및 토요타 키를로스카 노조 파업]

마루티 스즈키 파업

2012년 7월, 미네사르 공장에서 3천여 명의 근로자가 파업하여 1명 사망, 100여 명이 중경상을 입는 사건이 발생하였다. 2011년에도 파업사태로 5억 달러 이상의 손해를 본 적이 있다. 원인은 마루티 스즈키에 대한 일본 본사 인사의 영향력 확대로 인도인 근로자들의 박탈감, 계약직 근로자 확대, 엄격한 규율에 대한 반발심 등이다.

회사는 주모자 색출과 파업 근로자 5백 명 해고 및 사태 해결 전에는 공장을 가동하지 않을 것임을 밝혔다. 이로 인해 4억 달러의 손해와 3백여 협력사, 2천여 벤더업체가 타격을 입었다. 아울러 차량 인도 지연과 디왈리 축제의 수요를 맞추지 못해 기회손실은 크게 늘어났다.

토요타 키를로스카 파업

2014년 3월, 임금인상을 앞두고 노사 간 지리한 협상을 이어가던 중 경영진은 직장폐쇄를 선언하였다. 2013년 평균 월 급여는 25,500루피(약 50만 원)이었으며, 경영진과 근로자가 주장하는 임금 인상 폭에 큰 차이를 보였다. 경영자는 3,050루피를, 근로자는 4,000루피를 주장하였다. 노조는 한 달 이상 파업했고 판매량은 전년 동월 대비 16%, 2천여 대 감소하여 손실이 크게 늘어났다.

노사분규 사례를 통한 교훈

인도의 문화를 인정하고 우리 기업문화를 일방적으로 강요하지 않도록 주의해야 한다. 인도의 기업문화는 우리의 엄격한 규율, 팀워크를 통한 일사 분란한 움직임과 반대이다. 종교, 인종, 계급, 개인주의 성향 등 '다름'을 인정해야 한다. 근로자의 관심사는 급여, 고용안정성, 회사 및 상사로부터의 인정, 직책 및 호칭 등이다. 동일 노동에 대해 동일한 급여와 혜택, 고용안정성을 보장해 주는 것이 중요하다. 회사와 근로자 간의 약속을 지켜야 하며, 재정악화로 지키기 어려울 경우 이해를 구하며 언제까지 지키겠다고 설명하는 등 설득이 필요하다.

근로자들은 회사에서 인정받지 못할 때 노조에 관심을 가지기 때문에 우수 직원의 표창, 성과에 대한 칭찬 등 시의적절한 격려가 힘을 발휘한다. 공개석상에서의 모멸감이나 욕설, 체벌 등 과격한 행위는 불만을 야기시키며 분규의 원인이 된다. 차별적인 기준이 있으면 개선시키고 소외 또는 불만 계층에 관심을 가지고 관리해야 한다.

노사문제가 발생할 경우 현지 최고경영자가 진두지휘하여 조기 진화해야 하며, 성급한 해고 등을 자제하여 확대되지 않도록 해야 한다. 유능한 중간관리자를 육성하여 분란의 징후가 보일 때 신속히 대처해야 하며, 노무 관련 데이터베이스를 구축하여 대응방안을 마련해야 한다.

[사례 #2: 애플사와 삼성전자 노사분규 대응 비교]

애플 협력사 위스트론의 노사분규

인도 내 아이폰 생산 확대를 꾀하던 애플이 협력사 위스트론의 노동법 위반 문제로 난관에 부딪혔다. 인도 남부 벵갈루루의 위스트론 공장 직원 2천여 명은 2020년 12월 12일 아침, 야간근무를 마치고 나오면서 회사 기물을 부수고 차량에 불을 지르는 등 시위를 벌였다. 일부 직원들은 임원실의 집기를 부수고 아이폰 수천 대를 훔치기도 했다. 현지 매체들의 영상에는 직원들이 공장 건물을 향해 돌을 던지고 쇠막대를 휘두르는 모습이 담겼다. 경찰은 직원 156명을 체포했고 직접 재산 피해액만 710만 달러(약 78억 원)에 달할 것으로 보았다. 직원들은 회사가 약속보다 적은 월급을 주면서 하루 12시간 근무를 강요했다고 주장했다. 대졸 엔지니어들에게 월 2만 천 루피(약 31만 원)를 약속했지만 실제 1만 6천 루피만 지급하고 최근 3개월은 1만 2천 루피로 줄었다. 일반 대졸 직원들은 월 8천 루피를 받았다고 한다. 한 직원은 일간지 타임즈오브인디아에 "한 달에 500루피(약 7,400원)만 받은 직원들도 있다"며 "지난 두 달간 이의를 제기한 계약직 직원 80명은 해고나 권고사직을 받았으며 초과근무 수당은 받지 못했다"고 말했다.

카르나타카 주 산입부는 회사의 임금 미지급을 확인하고 회사 측에 "3일 안에 밀린 임금을 지급하라"고 통지하였다. 애플도 위스트론이 자사 가이드라인을 따랐는지 여부를 조사한다는 방침이다. 위스트론은 하청업체가 제대로 지급하지 않았다고 억울함을 토로하고 있다. 위스트론은 6곳의 하청업체와 계약해 총 직원 수 15,000명의 과반인 8,900여 명을 간접 고용하고 있다. 위스트론은 AFP 통신에 "정체불명의 외부인들이 난입해 시설물을 훼손했다"고 하였다. 이번 분규로 애플의 시장 확대 계획에 차질이 생길 것이며 높은 가격으로 경쟁력이 떨어지는 상황에서 여론마저 악화되면 공격적 마케팅도 별 효과가 없을 것이다.

삼성전자 노이다공장의 노사분규

뉴델리 인근에 있는 삼성전자 인도 노이다공장의 근로자 약 1,500명이 2019년 1월, 임금인상, 교대근무제 개편 철회 등 9개의 요구조항을 내걸고 야간 침묵시위를 벌이는 등 파업행위에 들어갔다. 삼성전자는 2018년에 텐진 스마트공장을 폐쇄한 상태로서 인도로 생산체제를 이전할 준비를 추진 중이었다. 이러한 가운데 S10 모델과 폴더블 스마트폰 출시 등을 앞두고 있어서 조기 수습이 필요한 상황이 발생한 것이다.

삼성전자 현지 경영진은 타이밍을 놓치지 않고 공장장이 선두로 나서 근로자들을 설득하고 문제해결을 약속하였으며 조기에 수습하였다. 급여 인상, 교대시간 합리화, 점심시간 조정, 휴일보장 등 현지 실정에 맞게 최대한의 변화 조치를 추진하였다. 또한 의료시설 확충 등 근로자 복지에도 더욱 신경을 쓰게 되었다.

이러한 경영진의 노력에 따라 근로자는 물론 현지 주민들과의 상생 분위기가 더욱 높아지고 노사안정을 이루는 전화위복의 계기가 되었다.

시사점

인도 현지 근로자들은 개인의 이해관계가 앞서며 두드러진 차별에 대해서는 강한 반발심을 표출한다. 위스트론의 하청업체가 약속한 임금보다 낮게 지급함에 따라 근로자들의 반발심이 누적되어 폭발한 것이다. 사례 #1 교훈에서 본 바와 같이 사례 #2의 두 회사의 분규는 이를 극명하게 비교할 수 있는 사례이다.

애플사는 당초 이러한 상황이 발생할 것이란 사실조차 파악하지 못했다. 협력업체인 위스트론의 하청 업체에 대한 관리 실태를 평소 잘 파악하고 노사분규를 미연에 예방할 수 있었어야 했다.

이에 반해 삼성은 사태의 긴급성을 느끼고 노사분규가 더 이상 확산되지 않도록 현장의 최고 책임자가 진두에 서서 사태의 수습에 나섬으로써 노사안정을 더욱 강화시키는 계기로 만들었다.

노사분규는 언제 어디서든 일어날 수가 있지만 대응방식에 따라 현격한 차이가 발생한다. 치명적인 손실로 이어질 수도 있는가 하면, 오히려 더 발전할 수 있는 계기를 마련할 수 있게 된다.

5) 현지 근로자의 충성도 제고 방안

노조 파업 사례에서 보는 것처럼 파업에 따른 회사 손실이 막대하다. 그러므로 파업을 미연에 방지하는 것이 매우 중요하며 이는 인도인들을 어떻게 대우하고 관리하느냐에 따라 크게 좌우된다.

인도인은 겉으로 정감이 넘치는 것처럼 보이지만 실제로는 자신의 이해관계가 앞선다. 조직의 발전에 대한 관심은 후순위다. 자신의 이익과 관계가 적은 일에 나서는 일은 드물다. 나의 몫, 나의 가족, 나의 울타리까지가 자발적 행동의 경계선이다. 이들의 조직에 대한 자발적 관심과 배려가 효율성과 직결되므로 정서적인 교감을 높이는 것이 중요하다. 이들이 회사를 자신의 울타리라고 느끼도록 만들어야 한다.

가족 중심 문화의 존중, 즉 직장을 확장된 가족 개념(內集團)으로 인식시키는 방안이 효과적이다. 예컨대 신입사원 채용 시 가족 초청행사를 열어 가족들을 강당이나 호텔 연회장에 초대한 뒤 "지금까지 자제분을 키워주시고 회사에 보내주셔서 감사합니다. 이제부터 회사가 책임지겠습니다"라고 한다면 효과가 클 것이다.

회사 대표가 우수 직원의 집을 방문하면 인도 사람들은 영광스럽게 생각한다. 가족의 날이나 문화의 날 행사를 개최하는 것도 효과적이다(가족 초청 야유회, 공연 관람, 봉사활동 등). 가장 효과적인 방안으로 직원들의 경조사에 경영진이 찾아가는 것이다. 특히 회사 경영진의 직원 결혼식 참석은 의미가 매우 크다.

Ⅳ
인도에서 스마트 협상하기

인도인들이 가지고 있는 한국에 대한 이미지는 좋은 편이다. 높은 기술 수준, 세계 10위 경제대국, 제조업 강국, 높은 교육열, 문화예술, 스포츠, 영화, 한류 등 다양한 콘텐츠를 보유한 나라로 인식하고 있다. 우리 대기업이 진출하여 구축해 놓은 선진국 이미지가 후발 진입주자들에게 힘이 되고 있다. 우리가 인도인을 만나면 존중심을 표하고 한국인으로서 걸맞은 언행과 겸손한 태도를 보여야 한다.

▷ 첫 만남, 첫 인상이 중요하다. 넉넉한 명함과 화제를 준비하라

첫 만남은 명함 교환과 가벼운 화제로 시작하며 차를 마시면서 다양한 주제로 대화를 한다. 명함은 넉넉하게 준비해야 한다. 업무에 간접적으로 관여된 사람들도 미팅에 참석하므로 직접 관련되는 파트너에게 주지 못하는 경우도 생긴다. 콘퍼런스 참석 시 더 많이 준비해야 한다.141

---

141 한꺼번에 많은 사람을 만나면 일일이 기억하기 어려우므로 명함에 인상착의를

인도인들은 개방적이고 우호적이다. 친구, 가족에 대한 얘기는 관계형성에 도움이 되며, 사적인 질문은 우호의 표시다. 그러나 개인차가 있으므로 처음 만난 사이거나 적절하지 않은 자리에서 지나치게 사적인 질문은 결례가 될 수 있다. 상황에 따라 조절하고 가급적이면 프라이버시에 해당하는 민감한 질문은 하지 않는 것이 무난하다.

인기 화제는 스포츠(특히 크리켓), 영화, 문화예술, 경제발전 등이며 주제를 미리 준비하면 도움이 된다. 인도인들은 대부분 최신 상영작을 놓치지 않으며 영화스타가 국회의원이나 주 의원으로 등용하는 경우도 많다. 정치이슈 등 민감한 화제는 토론에 끼어들지 말고 경청하는 것이 좋다. 인도정부 정책에 대해서는 각자 의견이 다르므로 유의해야 한다.

인도인들은 풍부하고 오랜 문화적 유산에 자긍심을 가지고 있으며 외국인이 이에 대해 이야기하는 것을 반긴다. 예컨대 마하트마 간디의 위대한 정신이나 '마하바라타'나 '라마야나' 같은 인도 신화의 가르침에 대해 이야기하면 친밀감을 크게 높일 수 있다(인도 신화에 대해 부록 참조).

인도인들은 외국인을 만나면 의례적으로 "인도에 대해 어떻게 생각하느냐?"라는 질문을 하는데 이때 긍정적이고 희망적인 의견을 나타내면 된다. 부정적인 답변을 결코 기대하지 않는다.

▷ 그들의 언어를 이해하고 활용하라

그들의 언어(힌디 또는 지역언어)를 이해하는 것은 호감도를 높이는 첫걸음이다. 지역별 고유 언어 몇 백 단어 정도의 어휘와 간단한 문법을 익히면 가격을 물어보거나 답변을 이해할 수 있다. 우리가 그들의 언어를 배우는 자세는 그들의 문화에 대한 존중의 태도로 받아들여진다.

예컨대 어느 한국인 사업가가 인도 남부지역의 타밀인과 음식을 나누면서 타밀어로 Nalla ruji(굉장히 맛있네요)라고 표현하여 친밀한 관계를 형성하는 데 큰 효과를 본 사례가 있다.

적어두면 편리하다.

숍 CJ 인도법인장 출신으로 『코끼리에 올라타라』의 신시열 저자는 인도에서 협회 회의, 세미나, 콘퍼런스에서 힌디로 자신과 회사를 소개할 때 호의적인 반응과 스타대접을 받았다고 한다. 힌디를 배울 정도로 인도와 인도문화에 관심이 많다는 인상을 주었기 때문이다. 한국에서도 주한 인도대사관 등의 도움으로 힌디를 공부할 기회가 있다.

힌디는 우리말과 어순이 같고 주어, 목적어, 소유격, 조사 용법이 우리와 비슷하며 남인도 타밀어는 우리말과 흡사하여 놀랄 정도이다. 인도에서 먼저 배우게 되는 힌디는 다음과 같다.

나마스떼(안녕하세요), 슈크리야(감사합니다),

아차(좋다), 바혼아차(매우 좋다),

아야(여자 하인), 쪼끼다(경비원), 박시시(팁),

잘디잘디(빨리빨리), 아차해(그렇군요), 티~케(오케이),

아람새(조심조심), 아람새 짤로(조심해서 갑시다),

아게쎄 롸이트(앞에서 우회전입니다), 바엔 다엔(왼쪽, 오른쪽),

꼬뜨왈리(경찰서),

대도(~를 주세요), 빠니 대도(물 주세요), 탄다빠니 대도(찬물 주세요),

파이샤 바술(가격으로 말한다. 가성비가 좋아야 한다),

예 키트네 카 하이(이것은 얼마입니까?),

예 바홋 메한가 하이(값이 비쌉니다),

담 쿰 키지예(할인해 주세요),

빌 데 디지예(계산서 주세요),

캬 후아(무슨 일인가요?),

무즈헤 엑 티켓 차히예(티켓 주세요) 등이다.

▷ 시간 지키기(Time commitment)

인도인들은 시간 엄수를 존중하지만 스스로 엄격히 지키지는 않는다. 미팅 일정은 상황에 따라 바뀔 수 있으며 늦은 시간에 즉흥 미팅을 요청하기도 한다. 약속일정은 여유 있게 잡아 놓고 수시로 확인해야 한다. 우리 측

이 인도를 방문할 경우 상당 기간 전에 문서로 약속해 두어야 한다.[142]

시간관념은 고상황 동양문화와 저상황 서양문화에 따라 차이가 있다. 인도인은 고상황문화에 속하므로 새로운 상황이 생기면 얼마든지 바꾸고 약속시간을 다소 어길 수도 있다고 여긴다.

인도기업 경영층과의 약속은 늦은 오전 또는 이른 오후 시간대(오전 11시–오후 4시 사이)가 적당하다. 계절상으로 인도 방문 최적 시기는 10월과 3월 사이이며 혹서기와 몬순 기간을 피하는 것이 좋다.[143]

직원들의 개인사유로 돌연 휴가(casual leave)가 발생하는데 가족사를 우선하기 때문이다. 이를 고려하여 업무에 지장을 주지 않도록 해야 한다. 결혼식 등 가족행사는 주로 11월에서 다음 해 1월 사이에 많이 열린다.

담당자가 가정에 중요한 일이 생길 경우 해당 비즈니스가 진행되지 않는다. 자녀 결혼, 관혼상제, 부모와 일가친척의 보살핌 등 집안 대소사는 남자가 주관한다.

휴일은 종류가 많고 날짜는 매년 바뀐다. 종교 휴일에는 비즈니스가 진척되지 않는다. 대표적인 휴일은 연방정부 공포 National Holiday, 주 정부가 정하는 State Holiday, 중앙은행이 기준으로 삼는 Bank Holiday, 이해 관계자별로 Restricted Holiday(Optional Holiday)가 있다. 회사가 이를 모두 휴일로 삼지는 않고 내규로 휴일을 정한다.

인도는 그리니치 표준시간 대비 5시간 반, 미국 EST 대비 10시간 반 앞서고 단일시간제이다. 우리나라와는 3시간 반 차이가 난다. 인도인들의 IST(Indian Stretchable Time)는 서머타임이 아니며 시간관념을 말한다. 10분이 1시간이 될 수 있고 30분이 1시간 30분이 될 수도 있다.

인도인들은 서구인들보다 시간에 대해 서두르지 않는 경향이 있다. "시

---

142 앞의 책, 안세영, pp. 212–213, 시간엄수(punctuality) vs 느슨한 시간관리.
143 열대 몬순형인 인도의 기후는 겨울(1–2월), 여름(3–5월), 몬순(6–9월), 몬순 후기(10–12월)로 나눈다. 지역에 따라 히말라야 고산지대의 한대성기후, 라자스탄, 구자라트 등 서북부의 사막성 건조기후, 중부와 동부의 온대성기후, 남부의 열대성기후로 구분하기도 한다.

간은 돈이다"라는 격언은 인도인들에게는 다소 거리가 있다.144

보스턴대학의 코틀 교수(Thomas J. Cottle)는 나라마다 각기 다른 시간지평(time horizon)을 가지고 있다고 하였다. 이에 따라 비즈니스 사고방식에 차이가 있다. 예컨대 시간지평이 짧은 미국인에게는 자신이 통제할 수 없는 먼 미래(distant future)는 의미가 적지만 시간지평이 긴 인도인에게는 시간을 두고 미래를 준비한다는 것이다.

▷ 커뮤니케이션(Communication)

인도기업의 내부 커뮤니케이션이 톱다운방식이고 인도인들은 최종 의사결정을 미루는 경향이 있다. 그러므로 우리는 협상이 지연될 수 있음을 염두에 두고 인내심을 가지고 협상완결 시까지 소요 기간과 절차를 추산해야 한다.

인도 측에서 중간관리자가 협상테이블에 나오면 우리도 중간관리자가 대응하는 편이 낫다. 중간관리자가 접근하기 쉽고 상세한 정보를 파악하기가 용이한 측면도 있다. 인도 측에서 최고위층이 나오면 우리도 동급의 인사가 참석해야 한다. 이때 우리 측에서 낮은 지위의 담당자가 참석하면 협상력도 약화되고 결례로 오해를 줄 수 있다. 협상자의 지위가 협상력에 영향을 준다. 위임형 협상문화권의 기업은 협상단이 대표권을 가지고 진행하나 비위임형 협상문화권의 기업은 협상자의 지위나 계급이 중요하다.

주요 사안의 결정을 위해서는 의사결정권을 가진 인사들이 참석하면 효율적이다. 우리 측 협상단이 의사결정권을 가지고 있음을 암시해 줄 필요가 있다. 협상과정에서 상대방에게 법률적으로 따지기보다는 유연성을 보이는 것이 좋다. 경쟁력 있는 기술 및 서비스 패키지(기술지원, 훈련프로그램 등)를 제공하면 협상을 주도할 수 있다.

인도에서의 협상은 개인적인 성향이 작용한다. 작은 친절과 호의적 태도는 호감을 갖게 만든다. 예컨대 음료나 간식이 나왔을 때 처음에 사양하

---

144 앞의 책, 안세영, pp. 211–212, 긴 시간지평 vs 짧은 시간지평.

는 것이 예의이나, 두세 번 권하면 받아들여라. 완전히 거절하면 실례다.

'노'라는 말은 거칠고 무례하며 엄중하게 받아들인다. 직접적인 반대 의사표시는 적대적으로도 인식할 수도 있다. 우회적인 거절(evasive refusal)이 상식적이고 예의를 갖추는 것이다. 부득이한 사유로 거절해야 할 경우 "고려해 보겠다(I'll try)"라고 하면 긍정적으로 받아들인다.

인도인이 대화 도중 고개를 양옆으로 가볍게 흔들거나 8자형으로 빠르게 움직이는 것은 상대방의 말을 부정하는 것이 아니라 이해한다는 의미가 강하며 우리가 위아래로 끄덕이는 것과 같다.

인도인들은 귀납적인 방식으로 사안을 인식하는 경향이 있다. 이들이 상황을 정확하게 이해하고자 주제와 직접 관련되지 않는 다방면의 질문을 할 경우가 있는데 이때 경청하고 이들의 입장을 이해하는 모습을 보여주며 대화를 이어가면 된다. 경청하는 것은 말을 많이 하는 것보다 더 좋은 협상방법이다. 상대방의 입장 및 전략 파악에 도움이 된다.

서구인이 인도인에게 타이트한 스케줄을 강조하면 난감해 하는 경향이 있는데 이는 다음 표에서 보는 것처럼 스케줄에 대한 인식에 차이가 있기 때문이다. 이를 이해하면 오해의 소지를 줄일 수 있다.

	스케줄에 대한 인식	
	서구인(연역적 접근)	인도인(귀납적 접근)
접근방식	[큰 틀을 짜놓고 구체적 사안을 접근] • 협상 스케줄 확정 • 확정된 스케줄의 이행을 위해 장애요소 제거 • 스케줄에 맞추어 계약사항 이행	[구체적 사안을 모아 큰 틀에 접근] • 느슨한 스케줄(이행 변수 고려) • 의사결정 지연(시장상황 변경, 장애요인 등 발생 시 인과관계로 인식하기 때문임) • 이에 따라 상대방에게 스케줄의 조정, 합의사항 변경 등 요구
상대방에 대한 인식	[서구인의 인도인에 대한 인식] • 인도인은 일관성이 없고 계약 의무사항을 이행하지 않음	[인도인의 서구인에 대한 인식] • 서구인은 변수를 무시하고 융통성이 없음

▷ 비즈니스 접대(Business entertainment)

접대는 관계 형성을 위해 반드시 필요한 과정이다. 만찬, 골프, 음악회, 연극, 전시회 등이 있으나 식사가 대표적이다. 인도인은 오찬을 선호한다. 약속 시간은 정시를 표방하지만 저녁 초대를 받을 경우 공식행사가 아니면 몇 분 정도 늦게 가는 것이 보통이다. 집으로 저녁시간에 초대를 받는다면 15분에서 30분 정도 늦게 도착해야 한다. 준비에 여유를 주기 위한 것으로 보인다.

식사 전후 반드시 손을 씻는다. 힌두교 가정에서는 일상적으로 입안을 물로 헹구므로 손수건을 휴대해야 한다. 호스트가 신발을 벗으면 같이 벗고, 음식, 요리도구를 만지지 않으며, 주방에 들어가지 말고, 식사는 권할 때까지 기다린다.

식사할 때 반드시 오른손을 사용해야 한다. 왼손은 위생적인 일에 사용하므로 청결하지 않은 것으로 인식한다. 이들은 마치 해로운 것을 멀리 하듯 왼손을 무릎 위에 두고 식사하는 경우를 보게 된다. 왼손으로 음식을 먹으면 주위 사람을 불쾌하게 만들기 때문에 유념해야 한다. 인도에서 사업하는 한 왼손잡이 한국인이 인도인과 식사할 때 오른손을 사용하기 위해 평상시 오른손 식사 습관을 오랫동안 길렀다고 한다.

공통접시에 손을 대지 말라. 손을 대면 상대방은 그 음식을 기피한다. 자신의 접시에 있는 음식을 동석자에게 (배우자에게도) 권하지 말라. 타인의 음식이 자신의 접시 위에 놓이는 순간 오염된다고 여긴다.

인도인들은 감사함을 표시하는 데 인색하다는 느낌을 받는다. 그렇더라도 우리는 식사 대접을 받고 나서 감사의 뜻을 표명하는 것이 자연스럽다. 고위층일수록 감사함을 주고받는 데 익숙하다. 종업원 봉사료는 10%가 적당하다. 가사도우미에게는 호스트와 상의한 후 주는 것이 좋다. 의논하지 않고 과한 금액을 주면 호스트가 원하지 않는 선례가 될 수 있다.

우리 측에서 초대할 경우 가급적 오찬으로 하되 초대장을 보내고 행사 전 재차 확인해야 한다. 행사 당일 늦게 오더라도 관행으로 받아들여야 한다. 상대방이 채식주의자인지, 술을 마시는지, 피하는 음식이 있는지 세심하게 살펴야 한다. 요식업체를 이용할 수도 있다.

▷ 음식 및 음주 문화(Food and Drink)

북부지방은 밀이 주식이며 채식주의자가 많고 금속제 그릇을 주로 사용한다. 무슬림이 많아 돼지고기를 재료로 하지 않고, 약하게 조미한 음식이 많으며 요구르트와 기이(ghee, 맑게 녹인 인도식 버터)를 많이 사용한다.

남부지방은 쌀이 주식이며 튀김음식이 많다. 바나나 잎을 식기처럼 사용하며 대개 바닥에 앉아 식사한다. 힌두교도들이 많아 소고기를 재료로 하지 않으며, 매운 편이고 코코넛 밀크와 크림을 많이 사용한다.

식사 접대의 핵심은 주식을 밥이나 빵 또는 동시에 준비할 것인지 정하고 '달'을 정한다. 에피타이저로 파파드(콩을 갈아 만든 과자) 등을 준비하고, 야채요리를 정하는데 국물 있는 요리와 국물 없는 요리를 정한다. 야채는 계절에 적합한 것을 선택한다. 특정 육류를 피하는 사람들을 고려하여 생선과 닭고기, 양고기를 준비하면 무난하다. 그 외 처트니, 피클, 요거트 그리고 디저트로 단 것과 입가심으로 '빤(빈랑나무 초록색 잎)'을 준비한다.

대표적인 인도 음식
난: 밀가루를 발효시켜 화덕에 구운 평평하게 생긴 빵(보통 난, 마늘 난, 버터 난 등이 있으며 집집마다 맛이 다양함)
로티: 발효시키지 않은 통밀 반죽을 구운 빵. 인도의 빵을 일컫는 넓은
　　개념(둥글고 넓적한 차파티, 층이 있는 파라타, 풀카도 로티에 속함)
퓨리: 식물성 기름이나 기(ghee)로 튀겨 부풀린 빵
달: 향신료를 가미한 콩, 팥 등 잡곡을 삶아 죽처럼 만든 스튜(종류가 많고, 녹두로 만든 북인도 달 마카니, 남인도 황색 달이 유명)
커리: 채소와 고기에 향신료를 넣고 끓인 다양한 음식145
야채 플라우: 볶음밥의 일종

탄두리 치킨: 원통형 점토화덕에서 구운 닭고기

도사: 쌀가루를 반죽하여 여러 가지 형태로 튀긴 것(감자, 양파 등 야채와 향신료, 양념들과 함께 말아 먹음)

비리아니: 쌀에 샤프란 향료, 여타 소스를 섞어 토기에서 쪄낸 밥(닭고기를 넣으면 치킨 비리아니가 되며 한국 사람 입맛에 어울림)

탈리: 커다란 식판에 밥, 커리, 달, 차파티 등이 함께 나오는 정식(구자라트 탈리, 남인도 탈리가 유명)

라시: 시큼한 맛이 나는 발효 우유

짜이: 향신료를 가미한 밀크티(전통 차, 마살라 짜이)

왼쪽 위에서부터 시계방향으로 난, 로티, 퓨리, 탄두리 치킨

인도 음식에는 복합 향신료 '마살라'를 많이 사용하는데 식물의 열매, 씨앗, 잎, 뿌리로 만들며 톡 쏘는 맛과 독특한 냄새가 난다. 인도 음식문화는 마살라의 문화라 해도 과언이 아니다.146

---

145 커리는 재료에 따라 다양하며 시금치 커리(팔락 파니르), 야채 커리(베지터블 바지), 렌틸콩 커리(달 부카라), 양갈비 커리(램 로건 조쉬), 닭고기 커리(치킨 반달루) 등이 있다.

146 향신료와 허브는 식욕을 촉진시키는 식물성 물질로 음식의 풍미를 더한다. 방향성과 자극성이 뛰어난 인도산 후추와 계피 등이 시작이다. 고대에는 향과 약초만 가리켰으나 현재는 약, 요리, 향료, 살균, 살충 등에 사용되는 식물 전부를 뜻한다. 고추, 겨자, 고추냉이, 산초, 샤프란, 파프리카 등 방향성 착색제와

인도인들의 상당수가 채식주의자이나 육류를 먹는 사람도 적지 않다. 육류를 먹더라도 힌두교도는 소고기, 무슬림은 돼지고기를 먹지 않으므로 인도음식에는 닭고기, 양고기, 채소가 많이 쓰인다. 무슬림은 금주이고, 자이나교도는 금주, 금연이며 뿌리식품(마늘, 양파, 감자, 무, 고구마 등)을 먹지 않는다. 상위카스트일수록 엄격한 채식주의자가 많고 단백질은 유제품, 콩으로 보충한다.

술

술에 대해 엄격한 편이다. 힌두교 지도자들이 술의 해악을 강조한 탓에 힌두교인들은 대체로 술을 꺼린다. 연방헌법은 "주 정부가 술 소비를 금지하도록 노력해야 한다"라고 규정하고, 국경일, 종교기념일, 총선 때는 전국적으로 술을 못 팔게 하는 드라이데이(Dry day)가 선포된다.

주류광고는 불법이며 구자라트 주를 비롯한 5개 주는 종교적 영향으로 주류판매를 금지한다. 음식점, 주점에서 술을 시키면 주세가 20% 붙기 때문에 술을 공개적으로 마시지 않는 편이다.

첸나이에서는 타밀나두 주 정부산하 주류판매공사(TASMAC)가 독점판매하므로 술을 구하기 어렵고 소매용이라서 식당에서 팔 수 없다. 주류판매 허가는 하늘의 별따기다. 한국 식당에서도 술을 팔면 불법이므로 인도 경찰에게 좋은 먹잇감이다. 소주판매는 밀수죄까지 적용받는다.

개방적인 뉴델리에서는 식당도 주류허가를 받을 수 있으나 비싸고 매년 갱신할 때마다 천만 원 이상 든다. 소매용 주류를 팔다가 적발되면 상당한 액수의 벌금을 문다.[147]

대도시를 중심으로 술 소비가 늘고 젊은 층에게는 퇴근 후 맥주가 인

자극이 순한 월계수, 타임, 민트, 세이지, 로즈마리, 바질, 오레가노 등이 있다 (앞의 책, 기탄잘리 수잔 콜라나드, 박선영 옮김, p. 189).

147 일본인들은 인도에서 술을 마실 때 상당히 조심한다. 주류 판매 허가를 받은 곳에서만 마시고 편법으로 판매하는 식당에서는 마시지 않는다. 이들은 술과 관련된 사고를 별로 일으키지 않는다.

기다. 술을 마시는 인도인은 독주를 즐기며 뉴델리에 스카치위스키, 보드카, 인디안 럼 등 다양한 주류를 갖춘 바가 있다. 이들은 대개 저녁식사 전까지 많이 마신다(저녁식사는 대부분 늦게 시작함). 여성은 대부분 금주, 금연이나 사회적으로 활동하는 여성은 그렇지 않은 경우도 있다.

채식주의자와 비채식주의자(Vegitarian and Non-vegitarian)

채식주의자와 채식주의자가 아닌 사람을 엄격하게 구분한다(일상에서는 '베지'와 '논베지'라 부름). 채식주의자만 입장되는 음식점이 있고, 비채식주의자와 동석을 거부하는 사람도 있다. 채식주의자라도 종류가 있다. 예컨대 계란을 먹는지 여부 등에 따라 여덟 가지로 나뉜다.[148]

인도인의 식성에는 다양한 기준이 존재하므로 일일이 대응하기 어렵다. 우리 식의 권유보다는 도움을 청하면 도와주는 편이 낫다. 우리 식의 강한 권유는 강요로 비춰지고 인도인의 정체성에 대한 간섭으로 인식될 수도 있다.

비행기 탑승 시 승객들은 채식주의자인지 아닌지를 밝히며, 이에 맞추어 기내식을 제공한다. 마크 트웨인이 인도여행 후 인도를 '다양성의 나라'라고 말한 것처럼 인도인들은 개별적이고 다양성에 맞추는 디테일과 소프트웨어에 강하다.

▷ 인사(Greetings)

종족, 언어, 종교별로 고유한 인사방식이 있으며 대부분의 인도인들은 남녀 간 공개 접촉을 피한다.

---

148 여덟 가지 채식주의 타입: 순수 채식, 계란은 먹지만 치킨은 먹지 않음, 계란이 들어간 케이크는 먹지만 오믈렛이나 삶은 계란은 먹지 않음, 육즙으로 만든 소스는 먹지만 고기는 먹지 않음, 외식에는 고기를 먹되 집에서는 채식, 술 마실 땐 고기를 먹되 안 마실 땐 채식, 옆에서 권하면 고기를 먹음. 화, 목, 토요일에는 채식이나 수, 금, 일요일엔 고기를 먹음(『인도 출장 가이드』, 플랜지: 북스, 김웅기, pp. 161－162).

악수 및 신체 접촉

악수는 오른손을 사용한다. 대개 남자는 남자끼리, 여자는 여자끼리 악수한다. 서구화된 힌두교인은 양성 간에 악수를 청할 수도 있고 악수를 할 수도 있다. 무슬림은 남녀 간 신체접촉이 없으며 무슬림 남성이 여성과 접촉했을 때는 기도하기 전에 몸을 정화한다. 여성은 무슬림 남성에게 악수를 청할 수 없고 무슬림 남성도 마찬가지다.

시크교도 역시 양성 간 공개 접촉을 피한다. 인도남자와 서구화된 인도여성은 외국남자, 외국여성과 악수를 청할 수 있다. 서구여성은 인도남성에게 먼저 악수를 청해서는 안 된다. 인도인들은 공개적으로 양성 간 신체 접촉이나 애정 표현을 탐탁지 않게 여기므로 인사할 때 포옹이나 입맞춤은 안 된다.

나마스떼

힌두식 전통 인사는 나마스떼이다. 턱 밑에 기도하듯이 합장하고 가슴 가까이 가져가 부드럽게 고개를 끄덕이거나 가볍게 숙인다. 악수가 수용되지 않을 때 유용하며 서구여성이 인도남성에게 악수를 대체하는 좋은 방법이다.

산스크리트어로 '안녕하세요', '감사합니다'이지만, 상대방을 존중하는 의미가 크다. 아인슈타인이 간디에게 나마스테의 의미를 편지로 묻자 간디는 다음과 같이 답장했다. "저는 온 우주가 거하는 당신의 내면에 절합니다. 빛과 사랑, 진리와 평화, 지혜가 깃든 당신의 내면에 경의를 표합니다. 이것이 나마스테입니다."

▷ 몸짓 언어(Body language)

머리 흔드는 모습

인도인들이 머리를 특이하게 흔드는 모습, 즉 물결모양으로 상하좌우로 움직이는 것은 긍정을 의미하지만 서양인에게는 부정하는 것처럼 보인다. 단호하게 머리를 좌우로 흔드는 것은 부정을 뜻한다. 앞뒤로 끄덕이는 것은 확실하게 긍정을 의미하며 "좋습니다, 굉장합니다, 그런 것 같습니다, 물론입니다, 얘기해 주셔서 감사합니다" 등의 의미다. 그렇다고해서 반드시 상대방의 말에 전적으로 동의한다는 뜻은 아니다.

신체 사용

부주의한 신체 접촉은 대화에 지장을 줄 수 있다. 머리는 영혼의 의자라 여기므로 상대방의 머리에 손을 대면 안 되며 아이들의 머리를 만지거나 쓰다듬으면 안 된다.

손을 사용하는 것을 존중하며, 호감을 준다. 사람을 부르고자 할 때 손바닥을 밑으로 향해 국자모양을 만들어 손가락으로 신호를 보내면 양해가 된다. 반대로 손바닥을 위로 하여 사람을 부른다거나 손가락 하나로 까딱거리는 것은 모욕으로 여긴다. 인도인들은 무엇을 가리킬 때 턱을 사용한다. 손가락으로 사람을 가리키는 것은 실례. 양손을 허리에 짚고서 있는 모습은 화가 났거나 공격적인 자세 또는 싸우려는 뜻으로 오인될수 있다.

귀는 신성한 부속물로 간주되어 상대방의 귀를 잡아당기면 안 된다. 뺨을 때리는 것은 심한 모욕이다. 발은 불결하다고 여기므로 발로 사람을 가리키거나 발이 상대방을 향하면 안 된다. 신발이나 발이 다른 사람에게 닿았다면 즉시 사과해야 한다.

비언어적 표현

사람 간의 편안한 거리는 힌두교인 기준으로 대략 1m 전후다. 대화할 때 눈맞춤(eye contact)을 간간이 하는 것이 예의를 갖춘 것이다. 눈맞춤은 특히 서양인들과 협상 시 중요하므로 잘 숙지해 두어야 한다.149 윙크는

---

149 동양협상문화권 사람들은 상대방과 눈맞춤에 대해 그리 중요시하지 않는다. 연장자나 상급자와 눈맞춤을 하는 것을 예의에 어긋난다고 생각하는 경향이

모욕을 주거나 성적 유혹으로 해석될 수 있다. 휘파람은 예의에 어긋난다.

인도인들이 'No'란 말을 쓰지 않는 이유는 부정적인 표현은 상대방을 불편하게 만든다고 여기기 때문이다. 따라서 몸짓 언어로는 동의하지 않음을 표시하면서 말로서는 긍정적인 표현으로 예의를 갖추고자 한다. 즉 상대방이 듣고 싶은 말을 하거나 듣기 원할 것이라 생각되는 말을 한다. "진실한 것보다 즐기운 것을 말하는 편이 낫다"라는 속담에 따르는 것이다. 협상의 관점에서는 상대방의 이런 종류의 동의나 찬성에 유의해야 한다.

침묵, 어조, 몸짓 언어 표현에 주의를 기울여야 한다. 침묵은 부정을 의미할 수 있으며, 어떤 종류의 긍정은 부정을 의미할 수도 있고, 부정 역시 긍정을 의미할 수 있다. 이럴 경우 대부분 몸짓 언어가 실제 의미를 전달한다. 예컨대 "I don't know"를 표시할 때 서양식으로 어깨를 으쓱(shrug)하지 않고 오른 손바닥을 위로 치켜들고 좌우로 비튼다(twist).

▷ 선물(Gift)

'선물은 일종의 대화'라 할 만큼 인도인과의 협상에 필수다. 우리가 선물을 받았을 경우 그 자리에서 오픈하지 말고 선물 준 사람이 자리를 떠날 때까지 옆에 두면 된다. 우리가 선물을 전할 경우에 유의사항은 다음과 같다.

선물 대상자 및 품목

있다. 그러나 서양협상문화권에서는 눈맞춤이 협상테이블에서 중요하다. 눈맞춤을 피하는 것은 상대방을 속이거나 협상할 의사가 없거나 협상에 불성실하게 대하거나 상대방을 무시하는 것으로 받아들인다. 만약에 우리가 실리콘밸리에서 구글사와 전략적 제휴 협상을 하고 있을 때 상대방 얼굴을 쳐다보지 않고 자료만 보고 설명한다면 협상결과는 불 보듯 뻔하다. 신뢰감과 예의를 구글사 협상팀에게 보여주지 못했다는 의미가 된다(앞의 책, 안세영, pp. 245-246, 비언어적 행위, 눈맞춤 참조).

미팅 참석자 중 서열 1위에게 공개적으로 두 손으로 증정하고 담당자들에게는 비공개로 전하는 것이 좋다. 서열 1위에 합당한 선물로는 자개 공예보석함 등 전통 공예품이 적합하다. 문구류, 과자류, 식품, 가죽제품은 피하는 것이 좋다. 인도인 가정을 방문할 경우 좌장격 어른에게 전하고 부인에게는 금 장신구가 효과적이다. 인도인들은 유별나게 금을 귀하게 여긴다. 인도는 세계 금 소비의 30%를 차지하고 결혼식 때 신부의 금 장식 수준이 부의 척도를 나타낸다.

상대방이 술을 마시면 수입 위스키가 효과적이다. 한국식품(홍삼 포함)에 대해 알지 못하는 인도인은 선물로 받아도 먹지 않는다. 굳이 식품을 선물로 주려면 상대방의 식습관을 확인해야 한다. 예컨대 상대방이 계란을 피하는 채식주의자이면 식재료에 계란이 없다는 것을 확인해야 한다. 지금은 인도에도 웬만한 것은 다 있으므로 선물의 품질에 신경을 써야 한다. 한국에서 중국산을 구입할 경우도 있다.

금으로 장식한 신부의 모습

힌두교인들에게는 소 관련 품목을 피하는 것이 좋고,150 무슬림들에게는 주류, 개 형상의 장난감, 개가 그려진 물품은 적당하지 않다. 현금을

---

150 앞의 책, 김응기, pp. 102－103. 인도기업에서 손님용 기념품으로 소가죽 지갑을 선택하기도 하는데 품질 좋고 부담이 적기 때문이다. 소가죽 제품의 인도 로컬 브랜드가 상승세를 타고 있어 소가죽 제품 선물도 무방하다는 의견도 있으나 굳이 소가죽 제품을 선정할 필요는 없다.

선물로 해야 할 경우(축의금 등), 금액을 홀수로 맞추고 끝자리에 숫자 1이 오도록 한다. 예컨대 10불 대신 11불, 300루피 대신 301루피이다.

가정에 초대받으면 초콜릿, 꽃 등 작은 선물을 준비한다. 사탕, 과자, 초콜릿 등 단 것은 긍정적인 것으로 간주된다. 그러나 프랜즈패니 꽃은 장례식과 관련되므로 피해야 한다.

포장은 화려한 색깔(초록, 빨강, 노랑 등)이 좋다. 화려한 색깔은 행운을 뜻한다. 불길함을 뜻하는 검은색 또는 흰색은 피해야 한다.

▷ 지위(Status)

사회적 지위는 연령, 교육 수준, 직업, 카스트로 결정되며, 평생 신분이 보장되는 공직자는 훨씬 고상한 것으로 인식된다. 사회적으로 지위가 높다고 간주되는 사람들에게는 상응한 대우를 해 주어야 원만한 관계를 맺을 수 있다. 미팅이나 식사 시 직위순으로 좌석을 배치한다. 명함 교환 시 높은 직위의 사람에게 먼저 건네는 것이 좋다.

계급사회의 속성상 상사의 지위가 절대적이므로 직원들이 상사의 의견에 반박하는 경우는 거의 없다. 상위 직책의 의사결정권자와 연계를 강화해야 협상에 효과적이다.

대부분 남성들이 가정이나 직장에서 의사결정을 주도한다. 외국 전문직 여성들이 인도의 여성차별문화에 적응하는 것이 쉽지는 않지만 비즈니스의 성공을 위해 극복해야 한다.

▷ 호칭(Title)

타이틀

인도인에게 있어 직업은 신분과도 같다. 사회적으로 상당한 사람이라고 인정받고자 한다. 타이틀을 중시하여 교수, 박사, 전문직 등의 직함을 붙이고 자신이 나온 대학원, 학부, 과거 직장 및 직위 등을 명함에 상세히 밝힌다. 군 장성일 경우 퇴역 후 고문이나 프레지던트 등의 직함을 가지더라도 퇴역 장성(retired general)을 덧붙인다. IAS(행정고시), IPS(경찰고시) 등이 병기되어 있으면 고위 공직자 출신이다.

인도인들은 사소한 만남에서조차 상대방의 직업과 직위, 배경을 알고 자 한다. 우리가 인도인을 만날 때 이들의 타이틀을 인정해 주고 우리도 과거의 다양한 경력과 경험을 알려주는 것이 낫다.

이름

본명은 친한 사이이거나 본인이 허락할 때만 부른다. 보통 미스터, 미시즈, 미스를 사용하며 존칭으로 성 앞에 스리(남성 존칭), 스리마티(기혼 여성 존칭)를 붙인다. 이방인들에게는 브하이야(형제), 바한지(자매), 연장자에게는 바파지(존경하는 아버지), 마타지(어머니)로 부른다. 접미사 '지'는 존경과 애정을 나타낸다.

호칭 관습이 변하고 있다. 첸나이, 벵갈루루, 하이데라바드 등 남부지역 관습은 점차 뉴델리, 구르가온, 노이다 등 북쪽으로 이동한다. 북인도 사람들은 성을 일반적으로 사용하며, 결혼한 여성은 남편의 성을 따르며 전문직 여성은 결혼 전 이름을 고수하기도 한다. 남부에서는 전통적으로 성을 쓰지 않으며, 다음과 같이 아버지 이름 머리글자 뒤에 이름을 붙인다.151

힌두교인 이름

힌두교인 남자는 아버지 이름 이니셜에 자신의 이름을 붙인다. 예컨대 어떤 사람의 이름이 V. Thiruselvan이면 Thiruselvan, son of 'V'의 뜻이 된다. 법률상 목적으로는 두 이름을 상세히 표기한다. 이름 사이에 's/o (son of)'를 넣는 경우 Thiruselvan s/o Vijay로 표기하며 그는 Mr. Thiruselvan으로 알려진다. 긴 이름은 축약되며 Mr. Thiru 또는 Mr. Selvan 중 자신이 선택한다. 힌두 여성도 아버지 이름 이니셜에 자신의

---

151 KISS, BOW OR SHAKE HANDS, MORRISON AND CONAWAY, Adams Media, pp. 230-231.

이름을 붙인다. 상세 표기는 'd/ɑ(daughter of)'를 사용한다. 결혼하면 남편 이름에 자신의 이름을 붙인다. 예컨대 S. Kamala란 여성이 V. Thiru란 남성과 결혼하면 Mrs. Kamala Thiru로 통한다.

기독교 및 자이나교인 이름

성서 인물의 이름(아브라함, 제이콥 등)을 사용하고, 고아지역에서는 포르투칼의 성(로자리오, 데실바 등)을 사용하며, 미스터 제이콥 또는 미스터 데실바로 부른다. 체리엔, 쿠리엔, 제이콥은 케랄라 주의 시리아 기독교 공동체에서 나온 이름이다. 자이나교인은 마지막 이름이 자인이다.

시크교인 이름

이름 뒤에 남성은 Singh(사자), 여성은 Kaur(공주)를 붙인다. 카스트제 폐지를 주장하여 이름에 출신 계급이 드러나지 않도록 개혁하였다. Singh은 용맹을 상징하는 사자를 뜻하나 지금은 영어 Mr.처럼 쓰인다.

무슬림 이름

자신의 이름＋bin(son of)＋아버지 이름으로 되어 있다. 예컨대 어떤 무슬림의 이름이 Osman bin Ali라면 "Osman, son of Ali"라는 뜻이다. 그는 Mr. Ali가 아니라 Mr. Osman이다(Ali는 아버지 이름).

무슬림 여성들도 같다. 자신의 이름＋binti(daughter of)＋아버지 이름으로 되어 있다. Khadijah binti Fauzi란 여성은 'Khadijah, daughter of Fauzi'란 뜻이다. 미혼 또는 결혼에 따라 Miss Khadijah 또는 Mrs. Khadijah로 불린다. 어떤 여성은 비즈니스 목적상 남편 이름을 붙이기도 한다. Khadijah가 Osman과 결혼했다면 이름을 Mrs. Khadijah Osman으로 할 수 있다. 서구화된 무슬림은 bin 또는 binti를 빼기도 한다(영어로 binti가 binte로 쓰임).

메카 순례(Hajj)를 다녀온 무슬림 남성은 Haji, 여성은 Hajjah가 이름 앞에 붙는다.[152]

카스트 및 커뮤니티와 관련된 이름

인도인의 이름을 보면 카스트와 커뮤니티를 짐작할 수 있다. 법적인 이름을 들으면 어느 지역 출신인지, 계급이 무엇인지를 짐작할 수 있다. 예를 들면 성직자, 빨래꾼, 무두장이처럼 뜻이 있다. 그러므로 개종하고 카스트를 버리는 사람은 이름까지 바꾼다. 외모를 보아도 카스트를 대강 구분할 수 있다. 상위카스트는 대개 키가 크고 하얀 피부에 이목구비가 서양인, 이란인, 터키인, 아랍인에 가깝다.

어떤 사람의 이름이 '수산타 쿠마르 마하파트라'인 경우 브라만 계층임을 알 수 있다. 마하파트라가 브라만에 속하는 커뮤니티이기 때문이다.

성이 야다브이면 북인도에서 암소를 사육하는 하위카스트 공동체 소속이다. 샤르마, 무커지는 브라만 성이고, 싱, 초한은 크샤트리아 성이며, 굽타, 간디, 아가르왈은 바이샤 성이다.

최근에는 쿠마르처럼 카스트 구별이 어려운 이름을 사용하므로 이름만으로 카스트를 구분할 수 없는 경우도 있다. 이 경우 출신지역, 부모 직업 등을 통해 추측할 수 있다.

이름이 차터지, 바너지, 무커지는 벵골 출신이며 고위층이다. 보세, 고세, 굽타도 벵골 출신이지만 카스트는 다르다. 마줌다는 구자라트나 벵골 출신이고, '가바스카르'나 '라나데이'처럼 이름 끝이 '카르'나 '데이'이면 전형적인 마라쉬트라 주 사람들이며 카르는 상류카스트, 데이는 하류카스트

---

152 무슬림들의 메카 성지순례는 일생에 한 번은 의무이다. 순례기간은 이슬람력 10−12월 10일이며, 주요의식은 12월 1−10일 사이에 거행된다(8−10일이 절정). 3대 성지는 메카, 메디나, 예루살렘이며, 메카에서 실천한 선행은 10만 배, 메디나에서의 선행은 천 배, 예루살렘에서의 선행은 5백 배 보상을 받는다고 한다. 메카는 무함마드 부친의 고향. 메디나는 피신처이자 모친의 고향(10년간 계시받은 곳). 예루살렘은 2대 칼리프 우마르가 점령, 기독교 교구장 소프로니우스로부터 인계받은 곳이다. 예루살렘에서 무함마드가 승천했다는 반석 위에 바위사원을 세운다. 이슬람력 홀수 월은 30일, 짝수 월은 29일, 일 년 354일이며 32년 만에 정초가 합치된다. 이슬람력은 유목생활 중심, 농민들은 태양 중심의 아랍력을 사용한다(『이슬람문화의 이해』, 신지평, 최영길, pp. 123−134, pp. 214−217).

이다. 메논, 나이르는 케랄라 주의 힌두어 이름이다. 스리니바산, 파드마나브한, 크리쉬나마카리는 전형적인 타밀어 이름이다. 여러 음절의 이름은 남인도에서 왔을 가능성이 높다.[153]

▷ 복장(Dress)

통상적인 비즈니스 복장은 시구식 정장과 넥타이를 착용한다. 더운 날씨에는 양복 상의와 넥타이를 생략하며 IT분야는 스니커즈를 신는 등 캐주얼 의상이 보편화되어 있다. 여성은 전통의상 또는 정장을 선호하며 외국여성이라도 짧은 치마나 반바지는 피해야 한다.

가죽 옷(지갑, 벨트, 핸드백 등 포함)은 불쾌감을 줄 수 있어 착용하지 않는 것이 좋으며 힌두사원 방문 시에서는 더욱 그러하다. 엄격한 힌두교인들은 가죽 제품을 사용하지 않는다.

캐쥬얼 복장은 짧은 소매의 셔츠와 긴바지가 선호된다. 짧은 옷은 조깅할 때만 가능하다. 여성은 팔 윗부분, 가슴, 등, 다리가 노출되지 않아야 한다. 조깅하는 여성은 긴바지를 입는다. 여성들은 긴 의상을 착용하고 신체를 노출시키지 않는 것이 예의를 갖추고 겸손한 모습이라 인식한다.

153 앞의 책, 기탄잘리 수잔 콜라나드, 박선영 옮김.

V
금기사항(Taboo)

▷ 대화 시 민감한 화제는 피하라

국경분쟁 및 지역갈등에 대한 이야기는 피해야 한다. 2020년 중반 인도－중국 간 충돌과 극한적 대치상황 속에서 반중국 정서가 극도로 높아 중국제품 불매운동이 벌어지고 있는 마당에 중국과 관련된 화제를 언급하는 것만으로도 분위기를 얼어붙게 만든다.

종교적 신념과 정치적 이념에 대한 이야기는 피하는 것이 좋다. 종교의식에 대한 순수한 질문은 환영받을 수 있으나 가급적 이와 관련된 주제를 먼저 꺼내지 말고 듣는 편이 낫다. 우리가 상대하는 인도인 파트너들 간에도 종교 간 대립과 정치 성향이 서로 다를 수가 있다.

인도를 욕되게 하는 말을 삼가야 한다. 영국 식민지배, 분쟁에 대한 경찰의 편파적 진압, 신분 및 여성 차별(사띠, 부엌살인, 명예살인, 다우리 등),154

---

154 사띠는 산스크리트어로 '참된 이'를 뜻하나 지금은 남편 화장터에서 (자신의 모든 것을 의미하는) 남편을 따라 목숨을 끊는 순장을 의미한다. 자발적 행위가 원칙이나 과거 영국 선교사들과 관리들에게 화장터에서 줄지어 산 채로 불타기 전 비명을 질러대는 여인들의 모습은 충격이었다. 19세기 초 법률로 금

교통지옥, 공해, 부정부패, 빈곤 등 인도의 부정적인 측면이다.

인도인들이 스스로 부정적인 면을 먼저 지적할 수는 있어도 우리가 나서거나 맞장구치면 안 된다. 그들의 자존심을 크게 상하게 만들며 그들과의 협상에 악영향을 끼치게 된다.

▷ 화를 내지 말고 신체 접촉을 삼가라

어떠한 경우에도 인도인에게 화를 내거나 신체적으로 위해를 가하는 행위는 안 된다. 설령 인도인이 하층민에게 가혹한 행위를 하는 경우가 있더라도 따라하면 안 된다. 언어적 폭력과 신체적 위해는 절대로 피해야 한다.

한국인 관리자가 조직을 통솔한다는 명분으로 인도인 근로자를 함부로 대하지 말아야 한다. 현지인을 격려한다는 취지에서 우리 식으로 어깨나 등을 툭툭 치는 행위도 안 된다. 질책하는 것으로 오해할 수 있다. 인도인에 대한 외국인의 모욕적인 언사, 폭력행사, 인권침해는 반발심을 크게 불러일으키고 심지어 보복을 당할 수도 있다.

▷ 종교적인 문화에 뿌리를 두고 있는 관습을 소홀히 여기지 말라

인도에서 실수하지 않으려면 현 상황을 종교와 연관지어 보는 습관이 필요하다. 예컨대 시크교인에게 담배나 애프터쉐이브 로션 선물은 환대받지 못한다. 이들은 금연에다 수염을 기른다. 무슬림에게 나마스떼라고 인

지되었으나 지금도 간헐적으로 (반강제로) 불 속에 몸을 던진다. 최근 사례는 1987년 9월 4일 시집온 지 7개월 된 18세 루쁘 칸와르이다. 경찰은 장작에 불을 붙인 시동생에게 살인죄 적용 등 남성가족들을 구속하였으나 종교계와 지역민들의 항의로 석방되었다. 1999년 11월 15일 남인도 일간지 '힌두'는 "최근의 사띠에 대해 경찰이 철저하게 조사하라"는 여성단체들의 기사를 실었다. 공공연한 비밀인 '부엌 살인'은 신부 측의 결혼 지참금(다우리) 부족에 대한 남편의 불만과 관련이 있고, 명예살인은 부모의 뜻을 거역한 사귐이 발각되면 친지들에 의해 죽임을 당하는 것이다.

사하면 반응이 신통치 않다. 힌두교인들은 스테이크에 혐오감을 느낀다. 시크교인과 무슬림에게 술을 권하면 등질 수도 있다.

힌두교사원, 시크교사원(구루드와라), 이슬람사원(모스크), 자이나교사원, 기독교 예배당 등 예배드리는 장소에서는 규칙을 지키고(신발 및 양말 벗기, 정숙 등), 보수적인 옷차림이 낫다. 팔, 다리를 드러내지 말고 심지어 머리카락도 가려야 한다. 모스크는 예배시간에 무슬림만 출입되며 여성은 특정 지역에 출입되지 않는다.

힌두교의 '순수함'에서 비롯된 관습에 유념해야 한다. 예컨대 병 속의 물을 마실 때 옆 사람에게 건네기 전에 머리를 뒤로 젖히고 입술을 대지 않고 위에서 입 안으로 부어넣어야 한다(water from above). 병에 입을 대면 주타(행위의 위반)이며 세균 전파를 의미한다. 나눔이라도 관습에 따라야 한다.

음식과 관련, 힌두교의 소고기, 이슬람교의 돼지고기와 술, 자이나교의 뿌리 식품, 시크교의 술, 담배 등은 종교에 따라 고려해야 한다. 이를 무시하고 식재료에 포함될 경우 문제가 발생하며 관계를 어렵게 만든다.

2019년 8월 인도 동북부지역 서벵골 주에서 일어난 사건을 보자. 음식배달앱 조마토의 일부 배달원들이 쇠고기, 돼지고기가 들어간 음식 배달을 거부하고 파업에 들어갔다. 조마토 본사는 "다양한 인도음식을 일일이 구분하여 배달하는 것이 불가능하다"고 해명했지만 파업은 지속되었다.

발단은 중부 마디아프라데시 주에서 한 힌두교인이 "힌두교인 아닌 사람이 배달한 음식은 받지 않겠다"고 하며 무슬림 배달원을 거부하고 주문을 취소한 것이다. 전국적인 이슈가 되자 조마토 본사는 "음식에는 종교가 없다"라고 하며 입장을 고수하였다.

상황은 엉뚱하게 흐른다. 파업에 참가한 한 배달원은 "배달원에게는 종교가 있다. 회사가 우리의 종교적 신념을 가지고 놀고 있다"고 응수하였다. 서벵골 주 정부는 "회사는 종업원의 종교에 반하는 행동을 강요해서는 안 된다"며 조사에 착수했다.155

무슬림 거래처와 협상 후 기념 촬영, 저자는 오른쪽에서 세 번째

저자는 협상테이블에서 다른 나라의 음식문화에 대한 이해가 얼마나 중요한지를 피부로 느낀 적이 있다. 일본에서 경험한 사례이다.

무슬림 거래선과 일본 동경의 한 고급 음식점에서 식사하는 도중에 의구심을 가진 한 무슬림 직원이 "혹시 이 음식에 돼지고기가 들어 있는지 모르겠다"라는 말을 불쑥 던지자 분위기가 순식간에 급랭한 경우가 발생했다.

순간적인 기지를 발휘하여 주방을 통해 돼지고기가 들어 있지 않음을 확인한 후 안도의 숨을 쉬고 분위기를 반전시켜 위기의 순간을 넘긴 경우이다.156

▷ 사소한 제스처, 몸짓 언어 하나의 잘못으로도 큰 오해를 살 수 있다

명함 건넬 때, 식사할 때, 악수할 때 왼손을 사용하면 안 된다. 왼손은 위생적인 일을 처리할 때 사용하므로 불결하다는 인식이 깔려 있다. 왼손

---

155 힌두 민족주의 성향인 집권 여당 인도인민당이 파업에 개입했다는 의혹도 제기되었다. 힌두 민족주의가 대두하는 현실에서 '탈종교' 발언을 한 '조마토'가 타깃이 되었다는 것이다(조선일보, 뉴델리 장형태 특파원, 2019. 8. 15.).

156 이슬람교에서 돼지고기를 먹지 않는 배경은 경전에 기록된 사유 외에도 이동해야 하는 유목민들에게 적합지 않고, 우유 같은 젖을 제공하지 않아 실용성이 떨어지며, 곡식을 먹으므로 인간의 식량을 축내기 때문이다(앞의 책, 마빈 해리스, 박종열·서진영 역, pp. 41−59, 돼지 숭배자와 돼지 혐오자 참조).

잡이는 오른손 사용 습관을 기르는 것이 필요하다.

상대방을 부를 때 손바닥을 위로 향한 상태에서 손가락을 사용해서는 안 된다. 상대방을 모욕하는 것이다. 대신 손바닥을 아래로 하여 손가락을 사용하면 용인된다. 양손을 허리에 짚고 버티고 서 있는 모습을 보이면 화가 났다거나 공격적인 자세로 오인할 수 있고 심지어 싸우려는 자세로 해석된다.

귀는 신성한 신체 부위로 간주되므로 상대방 귀를 잡아당기거나 뺨을 때리는 것은 심한 모욕이다. 발은 불결한 것으로 인식되므로 발로 상대방을 가리키거나 발 부위가 상대방에게 향하게 하면 안 된다. 신발이나 발이 상대방에게 닿았을 때 즉시 사과해야 하며 그렇게 하지 않으면 등지게 된다.

▷ 비즈니스 관행과 일상의 관습을 소홀히 여겨서는 안 된다

인도인들은 어떠한 상황에서도 부정적인 표현을 쓰지 않는다. 동의하지 않을 때는 몸짓 언어로 간접적인 표시는 하더라도 말로는 긍정적으로 표현한다. 부정적인 표현은 무례함 또는 예의를 갖추지 않는 것으로 인식한다.

입장을 바꾸어 보자. 우리가 만일 인도인에게 우리의 의견을 직접적으로 부정적으로 표현한다면 인도인들은 우리를 무례함 또는 예의가 없는 것으로 인식하게 될 것이다. 따라서 우리도 인도인에게 직접적인 거절이나 부정적인 의사를 표명하기보다는 우회적으로 표현하는 것이 협상분위기를 좋게 이어갈 수 있다.[157]

앞서 이야기한 것처럼 상대방과 인사할 때, 선물 전할 때 또는 접대 시에 인도인들의 관습을 철저히 고려해야 한다. 이를 소홀히 하면 신뢰가

---

157 이와 비슷한 일본문화가 혼네(本音)와 다데마에(建前)이다. 일본인은 대부분 우회적인 표현을 쓰므로 진의(혼네)를 파악하는 것이 쉽지 않다. 일본인과의 협상에서 진의 파악이 중요하며 일상에서도 유의해야 한다.

무너지고 협상실패로 이어질 수 있다. 만일 외국인이 우리에게 독도를 다케시마라 표현한다든지, 우리가 이란 사람에게 페르샤만을 아라비아만이라고 부른다면 신뢰관계가 무너질 수 있다.

VI
외국인이 본 인도문화

인도의 독특한 문화에 대해 외국인들도 느끼는 바가 다양하다. 이를 유심히 관찰한 인도 전문가가 다음과 같이 요약하였다.158

1. 인도문화 쇼크 10가지

1. 매운 음식
2. 짠 요구르트
3. 위에서 물을 부어 마심(water from above라고 표현하며, 마치 공중에서 물을 부어 넣는 것을 연상시킴)
4. 사람 사이 좁은 간격(끼어 앉는 것에 익숙함)
5. 길 건너기(건널목이 따로 없고 복잡하기 이를 데가 없음)

---

158 주로 일본인의 관점에서 작성되었다(유튜브 Mayo Japan에서 발췌).

6. 히즈라(Hijrah, 무슬림의 용어라 낯설게 느낌)[159]

7. 더운 날씨

8. 손으로 식사

9. 마켓에서 채소류 구매(채식주의자가 많아 어느 마켓에서나 구입. 다른 나라에서는 야채를 팔지 않는 상점이 있어 비교가 됨).

10. 화장지 없는 화장실

---

2. 외국인이 좋아하는 것 10가지

1. 인도 영화
2. 화려한 색깔의 의상
3. 주가드(Jugaad, 인도인의 독창적 아이디어나 능력을 지칭)[160]
4. 인도 음식
5. 인력거 및 택시
6. 동물(생명체에 대한 존중)
7. 다양성
8. 규칙이 마음을 다스리지 않음
9. 가족 우선
10. 사람(인간의 존재 자체에 대한 가치)

---

159 히즈라는 이슬람교 성천(聖遷)을 말한다. 무함마드는 기존 지배세력의 이슬람교에 대한 박해로 메카 북쪽으로 400km 떨어진 야스리브(현 메디나)로 활동 무대를 옮긴다.
160 주변에 굴러다니는 재료를 끌어모아 만든 엉성한 차. 낡은 지프에서 차체를 떼어내 나무판자로 짐칸을 만들고 지붕을 씌우는 식이다. 힌디로 예상치 못한 위기를 극복하기 위한 독창적인 아이디어나 능력을 말한다. 인도인의 실용성을 나타내는 말이며 자세한 내용은 부록 참조.

3. 외국인이 싫어하는 것 5가지

1. 노상 방뇨 및 침 뱉기
2. 외국여성 노려보기
3. 청결하지 못함
4. 차별(신분, 계급, 직업, 성별 등)
5. 무더위

4. 인도에서 알고 있어야 할 팁 10가지

1. 말 거는 사람 조심(여행사 호객꾼은 대개 사기꾼)
2. 물은 밀봉, 포장된 것만 마시기
3. 인력거 가격은 미리 알고 있어야 함
4. 유심 챙기기(인터넷)
5. 길 건널 때 신호등 없음
6. 영어 소통이 쉽지 않음(특히 시골)
7. 더운 날씨
8. 시골, 오지 피하기
9. 약속을 잘 안 지킴(심지어 대중교통까지도)
10. 늦은 시간에 공항 도착 시 공항 바깥으로 나가지 말 것

5. 인도와 일본과의 비교

인도와 일본의 유사점 10가지

1. 인력거
2. 수세식 변기
3. 집 안에서 신발 벗기
4. 힌디와 일본어 구조
5. 공손한 표현
6. 손님은 신
7. 몇 가지 미신
8. 힌두이즘과 신도이즘
9. 힌두이즘과 일본 불교
10. 심한 성별 차이(인도 112위, 일본 121위)

인도가 일본보다 나은 점 10가지

1. 인도 음식(길거리 음식, 채식, 다양성)
2. 기차(승객통행 측면에서 세계 최대의 철도 네트워크 보유)[161]
3. 운전 기술
4. 정치에 대한 관심
5. 영어 및 소통
6. 크리켓
7. 창조성(주가드, 스타트업 회사)
8. 영화
9. 춤, 노래
10. 가족 우선

---

161 세 개의 철도노선을 포함하는 인도 산악철도는 유네스코 세계유산으로 등재되어 있으며, 농촌지역, 드넓은 차밭, 히말라야 소나무가 울창한 숲 등을 지나는 환상적인 코스를 자랑한다.

협상사례분석

1. 협상전략 성공사례

가. 현대자동차 성공 사례 (단독법인 진출 전략)

단독법인의 장점 극대화

1997년에 인도에 진출한 현대차는 인도에 진출한 기업들을 분석한 결과, 합작법인의 어려움을 알게 되고 100% 단독 진출이 성공의 관건이라고 판단했다. 현대차는 자동차 생산 및 판매를 주도할 역량이 있으므로 갈등이 불가피한 합작파트너를 굳이 선정할 필요가 없었다.

인도 정부와 성공적인 협상 진행

당시 인도정부는 외국인의 단독투자를 불허하였으므로 현대차는 단독투자가 가능하도록 협상논리를 세웠다. 대규모 투자(초기 4억 달러) 및 높은 부품 현지화율, 높은 안전성, 수출 조건 등 인도에 유리한 win-win

조건을 내세워 인도정부를 설득시켰다. 이렇게 하여 100% 단독법인으로 출발하고 중요 사안이 발생할 때마다 신속한 의사결정을 내릴 수 있었다. 또한 현대 특유의 강한 추진력으로 시장 선점, 현지화, 차별화 등 다양한 마케팅전략을 구사하였다.

현대차는 첸나이 투자를 결정하면서 부지 확보, 전력 공급, 원부자재 공급 등 주 성부의 지속적인 지원을 보장받는 양해각서를 체결하였다. 전력사정이 좋지 않아도 현대차 공장에는 단전되지 않는다.

공장 건설 및 확충

남부 첸나이에 연 70여만 대 생산시설을 갖추었다. 제1공장과 제2공장에서 전략 SUV(스포츠 유틸리티 차량) 크레타와 싼타페, 이온, i20, 엘란트라, 액센트 등 9개 차종을 생산한다. 현지 직원만 약 7천 명에 달한다. 보통 한 공장에서 2-3개 차종을 생산하나 이곳에선 4-5개 차종을 생산한다. 아울러 기아차가 2019년 8월부터 남동부 안드라프라데시 주 아난타푸르 공장에서 연산 30여만 대 SUV 셀토스를 생산체제를 갖추어 이를 합치면 연 100만여 대 생산체제가 된다.[162]

초기 현지화전략 적중

시장조사 결과를 반영하여 1998년 '상트로(한국 브랜드 아토스)'를 출시하고 인도 국민차로 불릴 정도로 인기를 얻었다. 스즈키 '마루티 800'보다 크기와 디자인이 우수하여 인도 소비자들에게 어필하였다. 차도르와 터번을 쓰는 인도인들의 생활관습을 고려해 상트로의 천정을 높이고, 쾌적한 실내를 위해 에어컨 성능을 강화하고 복잡한 도로사정을 감안해 경적소리를 키웠다.

---

162 기아차는 2019년 12월 5일 준공식을 가졌으며 자간 모한 레디 안드라프라데시 주 총리, 신봉길 주 인도한국대사, 박한우 기아차 사장 등이 참석하였다. 2020년 이후 고급형 미니밴, 소형 저가 SUV를 출시한다(주한 인도대사관).

2007년 10월에 출시, '올해의 차'로 선정된 i10은 도로여건, 기후, 저가 모델 선호도 등을 종합하여 만든 현지화 산물이다. 2014-2016년 3년 연속 올해의 차(Indian car of the year)로 선정되었고, 중대형시장 공략으로 2015년 7월 출시된 SUV 크레타는 명품으로 평가받았다.

협력업체 동반 진출 및 유통망 확충

17개 한국 협력업체와 동반 진출하여 핵심부품을 원활하게 공급받았다. 인도 대법원이 배기가스 기준을 강화(유로 1, 2 기준)시키자, 협력업체의 협조로 다양한 사양을 신속하게 제시할 수 있었다. 현지 조달률을 90%로 높여 마진을 높이고 2015년 48만 대, 2016년에 50만 대를 돌파한다. 지금은 1차 협력사만 40여 개, 3차 협력사까지 합하면 100여 개가 넘으며 계열사들이 포진해 있다.

인도 전역에 딜러 및 서비스망을 확충하고(307개 딜러 및 627개 정비망 구축), 글로벌 유통채널을 구축하여 인도에서 생산한 차량을 유럽, 중동, 동남아 등지로 수출하고 있다(글로벌시장 전진기지 역할 수행).

차별화전략

카부레타가 아닌 전자제어식 MPFI 엔진을 장착하여 도로 특성과 인도인 취향에 맞는 차량을 출시하였다. 또한 미국 고속도로안전협회, 유럽 신차평가 프로그램 등에서 높은 등급을 받은 안전성을 무기로 삼았다.

발 빠른 마케팅전략 구사

전 세계 유수 자동차사들이 인도시장에 진입하고, 소형차 부문을 타깃으로 삼았다. 타타모터스는 최저가 자동차 '나노'를 출시하여 저소득층 공략에 나섰다. 당시 여섯 개 브랜드를 보유한 현대차는 치열한 경쟁으로 매년 2-3개 종의 신차 또는 페이스 리프트(부분 변경)를 내놓고, 800cc급 경차도 개발하였다.

현대차는 중국시장에서 완성차 업체와 경쟁이 심화되자, 인도를 새로운 전략 거점으로 삼았다. 글로벌 자동차 메이커들은 유럽, 중남미 등으로 진출하기 위해 인도를 생산기지로 삼는 추세이다. 인도의 자동차 제조 운영비 수준이 유럽 및 중남미보다 10－25% 저렴하여 자동차부품 소싱 최적지로 보고 있다. 우리나라 부품 제조기업들도 인도 내수와 더불어 수출까지 확대하기 위한 전략이 필요하다.163

효과적인 근로자 관리

현대차는 근로자들 성향이 온화한 남부 타밀나두 주 첸나이에 공장을 건설하고 양호한 임금과 복리후생을 제공해 왔다. 2000년대 중반 복수노조 결성 및 몇 차례 노사분규를 겪는다. 다인종, 다종교, 다언어, 다계급의 수천여 명 현지 근로자를 관리하는 것은 결코 쉬운 일이 아니다.

사회 공헌 및 브랜드 이미지 제고

현대차는 책걸상이 없는 인근 공립학교에 책걸상을 보급하였으며, 가족애를 그린 캠페인 동영상은 조회 수 2억 1천5백만을 넘기는 감동을 주어 현대차 이미지를 크게 높였다.

현대차 성공 뒤에는 인도 국민배우 샤룩 칸이 있다. 그는 현대차의 인도 진출 초기부터 간판 모델이었고 이후 인기가 높이 치솟아 현대차 브랜드를 널리 알리는 데 큰 힘이 되고 있다.

현대차 성공요인

인도시장 점유율 2위인 현대차의 인도 진출 성공요인은 치밀한 시장분석, 인도정부를 윈윈전략 관점으로 설득하여 단독법인으로 출범, 현지화 및 차별화전략과 생산시설 확충, 인도문화에 대한 높은 이해, 사회 공헌

---

163 "글로벌 자동차 부품 생산거점으로 주목받는 인도", 인도 벵갈루루무역관 조주연(2020. 1. 14.).

활동과 스타마케팅을 통한 브랜드 이미지 제고, 효과적인 현지인 관리 등이다.

협상이론에 의하면 협상의 5대 요소[164] 중 첫째가 협상목표의 설정이다. 현대차는 인도와의 협상의 궁극적인 목표가 인도 비즈니스의 성공임을 놓치지 않았다.

현대차 성공 시너지 효과

현대차의 성공은 한국의 우수한 기술력을 인도 국민들에게 각인시켜주고 LG, 삼성 등 다른 한국제품에 대한 인도 소비자들의 인식을 높이는 데 큰 힘이 되었다. 2019년 하반기 이후 인도 경기침체, 배기가스규제 강화, 코로나 사태 등으로 현대차 인도법인의 판매가 위축되고 있으나 중장기적인 대응전략으로 극복해 나가리라 믿는다.[165]

나. 삼성전자 성공 사례 (프리미엄 시장 전략)

합작법인으로 출발, 단독법인으로 전환

삼성전자는 1995년에 인도 최대 가전사 비디오콘과 합작(51% 지분으로 경영권 확보)으로 인도에 진출하였다. 이익배당 및 경영방안, 시장관리 등에 대해 의견 불일치를 겪다가 이를 극복하고 단독법인으로 전환하였다.

생산 시설 건설 및 확충

뉴델리 인근 노이다공장과 구르가온 공장에서 주요 가전제품과 스마트폰을 생산하고 있다. 2007년부터 첸나이 공장을 가동하고 2018년 7월, 7

---

164 협상의 5대 요소는 '협상목표, 협상력, 관계, 바트나, 정보'이다. 앞의 책, 안세영, pp. 20–40, 협상의 5대 요소 참조.
165 "2018년 상반기 판매 28만 대, 2019년 상반기 22만 대", 한경, 정창민 기자, 2019. 8. 26.

억 달러를 투자하여 노이다 휴대폰공장 생산규모를 두 배로 늘렸다. 이 공장의 생산능력은 세계 최대(연 1억 2천만 대)이며 삼성전자 한 해 생산량의 30%를 차지한다. 갤럭시 A와 인도 내수시장 모델 갤럭시 M시리즈를 생산하며, 2020년 2월 출시된 최신 스마트폰 갤럭시 S20도 일부 생산한다.

프리미엄 시장전략

브라운관 TV, 단문형 냉장고 등 저부가가치 라인을 줄였지만 프리미엄 시장이 성장하지 않아 2005년까지 어려움을 겪는다. 이후 프리미엄전략이 빛을 보아 휴대폰, LCD/LED TV 등에서 괄목할 성과를 올렸다. 삼성전자의 해결 과제로 일본 가전사들의 진출 대응과 7−8억 명의 중저가시장 공략이다. 이에 따라 휴대폰 부문의 프리미엄전략을 탄력적으로 운용해 저가 모델 '크레스트 구루'를 출시하였다.

삼성전자는 인도 전자제품 주요생산 품목에서 1−5위를 차지하며 프리미엄 TV시장 점유율은 50%를 기록하고 2010년대 중반까지 스마트폰시장 1위를 지켰다. 2019년 4/4분기에 저가제품의 중국의 샤오미와 비보의 공세로 3위로 밀려났으나 저가폰 보급과 현지화, 비대면 마케팅 강화로 2020년 1/4분기 2위를 탈환하였으며, 이러한 여세를 몰아 2020년 6월 점유율 26%를 기록하여 24%인 샤오미를 제치고 1위에 올랐다.

이는 11개월 만에 1위를 탈환하고 7개월 만에 점유율 20%대를 회복한 것이다. 한편 2020년 6월부터 일곱 개의 새로운 스마트폰을 출시했는데, 이 중 세 가지 제품은 저가형 안드로이드 1만 루피(약 16만 원) 이하이며 75달러(약 9만 원)짜리 모델도 있다.

2020년 5월, 인도 전역 800여 개 매장의 페이스북 디지털 숍에서 온라인으로 스마트폰을 판매하고, 신용판매 플랫폼 '삼성 파이낸스플러스'를 통한 구매 시 직접 배송하는 서비스도 시작했다. 코로나 사태로 기간 내 보증받지 못한 소비자들의 보증기간 연장을 시행한 바 있다. 2020년 인도의 중국제품 보이콧 운동이 삼성에게 호기로 작용할 것이다.[166]

또한 인도 전자정보기술부는 2020년 10월 생산연계인센티브제도(PLI)

를 승인하고 인도 내 공장에서 15천 루피(24만 원) 이상 가격대의 스마트폰 매출증가액에 대해 4-6%의 인센티브를 주기로 하였으며 삼성전자는 큰 수혜를 입을 것으로 보인다. 여기에는 글로벌 제조사 5곳, 인도 국내 제조사 5곳, 인도 부품업체 6곳이 포함되었으나 중국 업체들은 제외되었다(서울경제, 김성태 기자, 2020. 10. 7.).

아울러 인도 우타르프라데시 주정부는 2020년 12월, 노이다 지역의 삼성디스플레이 공장설립 투자(6억 5,536달러, 7,156억 원)에 특별재정 인센티브와 세제상의 혜택을 제공하고 전폭적인 지원을 약속하였다. 삼성전자는 2019년 삼성 SDI(배터리 제조)와 삼성디스플레이 인도법인을 설립하여 착실한 탈 중국정책을 추진해오고 있으며 디스플레이공장은 2021년 가동될 것으로 전망된다.

사업 다각화 및 공격적 마케팅 구사

반도체, 네트워크 등 다양한 사업영역을 구축하고, 고급 브랜드 이미지를 유지하면서 신규분야에서 우위를 점하기 위한 전략을 추진 중이다. 인도 이동통신 사업자들은 3G 서비스 본격화 및 5G 서비스를 추진하며 네트워크 장비 구축에 힘쓰고 있다. 2020년 인도정부가 중국산 장비의 도입을 꺼리고 있어 삼성은 와이브로(모바일 와이맥스) 시장 진출에 유리하다.

삼성전자는 이동통신사 네트워크 확장사업 수주에 노력을 기울인 결과, 2012년 인도기업 지오로부터 네트워크 장비 단독공급자로 선정되어 인도 최초로 4G-LTE 전국망을 구축하고 2014년 수출입은행으로부터 7억 5천만 달러의 금융을 제공받았다.[167] 또한 2019년 10월 7억 5천만 달

---

166 인도 정부는 2020. 6월 "중국 앱들이 승인받지 않은 방식으로 사용자 정보를 인도 밖 서버로 무단 전송했다"는 이유로 틱톡, 위챗, 웨이보 등 106개 중국산 앱의 인도 내 사용을 금지한 데 이어 알리익스프레스 등 250개 이상의 중국 앱에 대해 추가 금지를 검토 중인 것으로 외신이 보도하고 있다.

167 인도 1위의 이동통신사 릴라이언스 지오 인포컴(Reliance Jio Infocomm Ltd.)을 말하며, 석유 및 가스, 석유화학사업을 영위하는 인도 최대 민간기업 릴라이

러의 금융을 추가로 제공받고 기지국 및 시스템관리장비, 코어시스템의 무선 접속망 등을 공급한다.

지오는 가입자 증가에 따른 데이터 수요 확대에 부응하고 안정적 서비스를 위해 삼성전자와 함께 네트워크 확장사업을 펼치며 인도 이동통신시장을 선도하고 있다. 삼성전자는 일류 글로벌 네트워크 장비제조사로서의 입지를 굳히고, 11개 부품 협력사의 동반 진출 기반을 조성하고 있다.

글로벌 네트워크 구축

삼성전자는 뉴델리를 중심으로 서남아 총괄체제를 유지하여 네팔, 스리랑카, 방글라데시, 몰디브, 부탄 등의 판매를 총괄하고, 전국에 20여 개 이상의 지점을 운영하고 있다. 고용인원은 1,600명을 상회하며 약 20%가 연구개발직이다. 삼성전자 인도법인은 삼성 인디아전자, 삼성 텔레콤인디아, 삼성 소프트웨어센터 등 개별조직으로 구분되며 서남아시아 지역본부가 총괄하고 있다.

현지화전략 추구

인도문화와 생활습관을 고려한 현지화 마케팅전략을 구사하고 있다. 예를 들면 액티브워시 세탁기는 인도 주부들이 빨랫감을 세탁기에 바로 넣지 않고 애벌빨래부터 하는 데에서 착안하였다. 인도영자신문 Times of India는 이를 인도의 역혁신 사례로 소개하였다. 또한 물을 절약하기 위해 2조식 세탁기에 한국이 개발한 나노 기술을 적용하였다.

스마트 컨버터블 냉장고는 채식주의자들을 고려해 버튼만 누르면 냉동실이 냉장실로 바뀌며 냉장고 안에 아이스팩을 부착하여 정전 시에 식품의 부패를 막도록 하였다.

또한 다양한 종교가 공존하고 있는 인도문화를 고려하여 예배기능을

언스(Reliance Industries Ltd.)의 통신부문 자회사이다. 수출입은행 제공 해외금융은 해외사업을 하는 우리 기업에게 큰 힘이 되고 있다.

가미한 종교적 의미가 있는 스마트폰을 보급하였다.

브랜드 인지도 제고 및 감성 마케팅

삼성전자 인도법인은 2009년 11월에 문화, 교육, 스포츠, 사회복지 등의 종합사회공헌활동 프로그램인 '삼성희망프로젝트'를 가동하고 타고르 문학상을 제정하여 수상자를 배출하였다. 또한 인도 현지 NGO와 협력하여 노이다 지역, 첸나이 지역의 고교졸업생 취업교육을 지원하고 뭄바이 IT 교육센터를 건립하였다. 체육 분야에서도 올림픽 인도대표 선수단을 후원하고 영연방게임, 아시안게임 등에 출전하는 인도대표선수단을 지원하였다.

또한 인도 수출영화의 대명사 '세 얼간이'의 주인공 아미르 칸을 홍보 대사로 기용하였으며 그는 갤럭시S 출시회에 참석하는 등 활발한 마케팅 활동에 참여하고 있다.

한편 인도인들을 감동시키는 감성 마케팅을 펼치고 있다. 삼성전자 서남아 총괄과 제일기획 인도법인은 시청각 장애인을 돕는 '삼성 굿 바이브' 앱을 공동개발하고 시청각 장애인, 교사 등에게 사용법을 교육시켰다. 송명숙 서남아총괄 상무는 "소외 계층이 더 나은 삶을 살도록 개발을 지속할 것"이라고 말했다. 삼성 인도법인은 이 앱 홍보로 2019년 9월 동영상 'Caring for Impossible'을 유튜브에 올려 불과 보름 만에 조회 수 1억을 돌파하고 "인류애를 다룬 내 생애 최고의 영상" 등 6천 개 이상의 댓글이 달렸다.

내용은 다음과 같다.

"중증 시각장애 소녀 디야의 부모는 아이를 시각장애인 합숙기관에 보내고 그곳에서 모스부호를 배운다. 가족에게 의사를 전하고 싶은 디야에게 삼성 스마트폰이 전달된다. 스크린 터치를 모스부호로 전환해 주는 '삼성 굿 바이브' 앱이 깔려 있다. 디야는 스마트폰을 더듬어 "엄마, 보고 싶어요"를 보내고, 엄마는 "디야, 사랑한다"를 전송한다. 첫 소통에 모녀는 눈물을 쏟는다."

삼성 계열사 진출

삼성건설은 2011년 초고층 주상복합빌딩 2개동 건설프로젝트 월리타워 공사와 2014년 뭄바이 중심지 복합문화시설 다이섹 프로젝트를 수주하였으며 수주 금액은 각각 5억 달러 및 7억 달러다. 삼성SDS는 지하철 IT분야, 삼성메디슨은 의료기기분야를 개척하고 있다.

다. LG전자 성공 사례 (현지화 마케팅 전략)

단독법인 진출

1997년 대규모 투자계획과 부품 현지화 등의 윈윈전략을 내세워 인도정부와 성공적인 협상을 진행하고 소니에 이어 두 번째로 단독진출 허가를 받아낸다. 뉴델리 인근 노이다공장에서 가전제품(TV, 냉장고, 전자레인지, 세탁기, 에어컨 등), 뭄바이 근처 뿌네 공장에서 가전제품과 프리미엄 스마트폰을 생산하고, 벵갈루루연구소를 운영 중이며 제3공장을 추진 중이다.168

현지화전략 추진

인도 진출 2−3년 만에 가전시장 주요부문에서 1위를 차지하며 돌풍을 일으킨다. 인도소비자에게 가장 사랑받는 가전, 디지털전자 메이커로 부각되고, 2008년 매출액 25억 달러 등 년 평균 20−30%의 신장을 거듭한다. 부품의 현지조달 확대로 원가를 절감하고, 소비자에게 친숙한 고급 이미지 구축과 소비자를 만족시키는 제품을 출시하여 2013년 인도전자제품 주요시장에서 1−5위를 기록한다.

전국 유통망 구축과 시골구석까지 발로 뛰는 마케팅과 사회공헌활동으로 브랜드 인지도를 높였으며 TV 누적판매량 5천만 대, 냉장고 3천만 대,

---

168 조선경제 오로라 기자, 2020. 3. 24.

세탁기 1.6천만 대를 기록하였다(2016년 기준).

현지 유통망 활용

경쟁업체(오니다, 비디오콘, 소니, 파나소닉 등)가 유통망과 A/S망을 직접 운영하는 데 비해 LG전자는 현지 유통망을 활용하여 지방, 농촌 등 인도 전역에 공급 및 서비스가 가능하도록 하였다. 지역거점 50개소, 지역사무소 130개소, 딜러 3천여 개소, 간접 딜러가 8,700여 개소에 달하며 A/S망은 2,700여 개소로 경쟁사들을 압도한다. 또한 해외 영업비용의 절감을 위해 인도법인을 수출거점으로 강화하여 중동, 네팔, 부탄, 유럽, 중앙아시아로 수출 확대를 추진 중이다.

현지에 맞는 상품개발

인도인의 생활 특성을 파악하고 상품기획에 반영하였다. 예를 들면 가정부가 냉장고 내 식재료를 몰래 가져가는 습성이 있다는 것을 알고 시건장치를 부착한 냉장고를 출시하여 대박을 터뜨린다. 또한 낮은 수질(水質)을 고려해 성능을 높인 정수기, TV의 음질을 높이기 위해 우퍼(베이스 스피커) 장착, 인도인의 식문화에서 뺄 수 없는 향신료를 보관하는 향신료 칸을 장착한 냉장고(2011), 전원이 끊겨도 7시간 동안 냉기를 유지하는 에버쿨 냉장고(2013), 초음파로 모기를 쫓는 에어컨과 TV 등이다.

스포츠마케팅

1999년부터 국제크리켓협회를 통해 각종 크리켓 대회를 후원하고 2015년 크리켓월드컵, 2016년에는 인도축구협회와 협력하여 IFA Shield Cup U−19를 후원하여 브랜드 이미지를 높였다.

사회 공헌활동

끼니를 거르는 아이들을 위한 '꼬르륵 소리를 없애요(Mute the Growl)'

캠페인, 물 부족 해결을 위한 저수지 개간사업, 어린이들에게 친환경 인식을 심어주기 위한 과학교실 운영 등이다. 2017년 1월 26일 공화국의 날에 국방 복지기금을 전달했다. 같은 해 6월 LG매장을 찾은 인도 고객들이 인도 군인들에게 응원 메시지를 보내는 이벤트도 마련했다. 응원 메시지가 담긴 메모지가 114,741장에 달했고 이를 이어 붙이면 8,338m나 되어 기네스 인증을 받았다. 이러한 활동을 통해 기업 이미지를 높이고 있다.

현지인의 관리

현지인들에게 권한과 책임을 명확하게 하고 그들의 문화관습을 존중하여 관리하고 있다. 또한 현지인들을 한국으로 초청, 본사 및 공장을 견학시키고, 관광, 음식 등 한국생활을 체험하게 하며 이를 통해 한국기업의 구성원으로서의 자부심과 공동체 의식을 심어주고 있다.

LG전자의 성공요인과 과제

LG전자의 인도시장 진출 성공요인으로 현지화전략을 들 수 있다. 연구개발을 통해 인도시장 특성에 맞는 제품의 개발, 현지 유통망 활용, 부품의 현지조달비율을 높여 원가절감, 현지인에게 권한과 책임의식 부여, 한국기업 구성원으로서 공동체 의식 및 자부심 고취, 스포츠마케팅 및 사회공헌 활동을 통한 브랜드 및 기업 이미지제고 등 경영현지화를 이루었다.

LG전자는 대중적인 인지도제고로 시장점유율 1위를 유지해 왔지만 로컬업체들의 성장과 저가 공세를 펼치는 중국 업체들의 진출로 경쟁이 치열해지고 있다. 이에 따라 LG전자는 제3공장 건설 등 부가가치가 큰 프리미엄 시장까지 공략하는 전략을 펼치고 있다. 인도의 중국산 제품 보이콧 운동의 반사이익을 누릴 수 있도록 마케팅 활동을 강화해 나갈 것으로 보인다. LG그룹은 LG전자 외에도 LG생명과학, LG화학, LG하우시스 등 계열사들이 활동하고 있으며 포스트 차이나 전략을 착실히 추진해 나가고 있다.

삼성과 LG 마케팅전략 비교: 프리미엄전략과 현지화전략

2017년에 삼성과 LG가 인도에서 가장 신뢰받는 브랜드로 TOP 3에 들고 삼성이 1위를 차지하였다(TRA리서치). 양 사는 소니, 파나소닉 등 일본계 기업에 비해 진출이 늦었으나 현지화전략으로 주력제품에서 50% 가까운 점유율을 차지하며 인도 전자제품 시장을 주도하고 있다.

삼성은 선발주자로서 초기 합작법인으로서의 난관을 극복하였으며, 인도를 수출 전진기지로 활용하고자 투자를 증대하고, 이동통신사업의 확대 등 사업다각화를 추진하고 있다. LG는 후발주자로서 시행착오를 최소화시키며 현지화 및 현지 유통채널 활용으로 내수시장 정착에 성공을 거두며 경쟁력을 발휘하고 있다.

양 사 모두 인도정부 및 고객과 우호적인 관계를 구축하고, 브랜드 이미지를 높이면서 현지인을 효율적으로 관리하여 사업의 안정적 성장과 수출 전진기지로서 위상을 높여나가고 있다.

라. 한국 식품업체 성공 사례 (인도인 미각 공략)

롯데제과

우리나라 식품업계의 선두로 2010년, 인도 남부 첸나이에 초코파이 제1공장을 세우고 인도 제과시장에 진출하며 초코파이로 인도인의 미각을 사로잡았다.

인도에서 팔리는 초코파이 맛은 한국 초코파이와 차이가 있다. 롯데제과는 채식주의자가 많은 인도시장의 특성을 고려하여 초코파이에 들어가는 성분을 바꾸었다. 한국에서는 육식 성분의 젤라틴이 들어가는데 이를 우뭇가사리에서 추출한 젤라틴으로 대체하여 순수 베지테리언 식품으로 출시하였다. 이것이 알려지고 인도 소비자의 미각을 사로잡아 수요가 급증하며 2015년 뉴델리 인근에 제2공장을 완공한다.

2004년 90년의 역사를 자랑하는 인도 제과기업 패리스를 인수하였다. 흡수합병을 통한 인도 진출 첫 사례이다. 인기 브랜드 커피바이트는 패리스 기존 제품을 롯데가 발전시킨 것이다. 롯데는 패리스와의 우호관계를 나타내고자 초코파이 포장에 'Together Forever'를 표기하고 유대와 화합을 상징하는 반다나 매듭의 엠블럼을 통해 친근한 이미지를 전하고 있다.

2017년 말에 인도 아이스크림 기업 '하브 모어'를 1,700억 원에 인수하였다. 롯데제과의 인도시장 확대전략으로 종합제과 식품기업으로서의 위상이 인도시장에서도 발휘할 것으로 전망된다. 롯데제과 매출 구성이 사탕 65%, 초코파이 32%, 껌 3%로서 달콤한 맛을 즐기는 인도인의 미각을 사로잡기에 안성맞춤이다.

오리온제과

인도 파트너를 통해 수출해 오다 인도 제과시장의 성장세를 감안하여 2019년에 500억 원 규모의 초코파이공장 착공을 발표하였다.

오뚜기식품

2018년 한국라면의 인도 수출액은 2017년 대비 127% 성장했다. 초기에 한국 커뮤니티가 대상이었지만 2018년 4월 오뚜기식품이 인도에 채식주의자가 많다는 사실에 착안하여 베지테리언 진라면을 개발하여 출시하면서 선풍적인 호응을 얻게 되고 이에 고무된 농심과 삼양도 참여하게 된다. 인도 식품시장에서 한국라면의 높은 신장세는 오뚜기식품을 필두로 한국라면 제조사가 본격 참여하면서 창출한 성과이다. 국물 없는 라면으로 네슬레가 좌우하던 1조 원 규모의 인도 라면시장에서 한국 라면 3사의 입지가 크게 강화될 것이다.

한국 식품업체의 성공과 과제

성공요인으로 롯데식품의 파이어니어적인 안목, 잠재력 큰 파트너 발굴 및 협력, 과감한 투자, 인도인의 미각의 특성을 감안한 제품 개발 등을 들 수 있다.

오뚜기식품의 베지테리언 라면으로 촉발된 한국 라면의 기세를 몰아 다양한 마케팅전략을 구사해야 한다. 식품 시장에서도 한류 열풍을 활용한 마케팅전략을 구사하면 상당한 효과를 거둘 것으로 예상된다. 아카데미 4관왕 영화 '기생충'에 나오는 짜파구리로 인해 한국의 라면계통 식품이 전 세계에 알려져 있고 인도에서 방영된 '대장금'도 높은 호응을 받은 바 있다.

파트너 선정전략

롯데제과의 인도 파트너 선정과 관련하여 협상이론의 파트너 선정전략에 대해 알아보자.

협상학자 시에라는 좋은 파트너의 3대 조건으로 3C 요소, 즉 공존공영 가능성(Compatibility), 보완적 능력(Complementary capability), 몰입 혹은 헌신(Commitment)을 들고 있다.

'공존공영 가능성'은 양 사 간부 간의 개인적 신뢰, 과거 공동사업 경험, 유사한 기업문화 등이다. '보완적 능력'은 상대 기업의 약점을 보완해 줄 능력, 즉 자원을 서로 가지고 있어야 하며 원가절감, 기술, 현지시장 접근 능력, 신제품 개발 등이다. '몰입'은 파트너로서 동등하게 헌신하고 서로 주고받아야 한다. 사업 성공을 위해 장기적 안목을 가지고 시간과 자원과 노력을 투입해야 한다. 핵심 사업일수록 서로 간에 몰입의 정도를 높여야 한다.[169]

---

169 자세한 내용은 앞의 책, 안세영, pp. 314-320에 기술되어 있다.

마. 성화산업 성공 사례 (배관입찰 수주)

성화산업은 발전소용 고온 고압의 배관 및 배관 지지대를 제작, 수출한다. 해외 인지도가 높아 세계적인 발전소 건설업체(시멘스, 알스톰, 도시바 등)의 주 공급업자로 인정받고 있으며, 시장 다변화를 꾀하고 있다.

현황 파악

전력이 부족한 인도는 발전용량의 증대를 위해 발전소건설에 심혈을 기울이고 있다. 인도 대기업들은 인도정부의 UMPP(Ultra Mega Power Project)에 따라 발전소 건설계획을 수립하고 자금 확보를 위해 노력(기업 공개 등)하고 있다.

가격에 민감한 인도는 과거 값싼 중국산 자재를 사용하여 품질 문제가 드러나 발전소 건설시장에 변화가 요구된다. 고품질 부품 사용 및 고효율 운영기술이 요구되므로 품질이 중시되는 시장으로 변화되고 있다.

배관입찰 참여 및 협상

성화산업은 이러한 변화를 읽고 인도시장 진출을 모색한다. TATA Power의 Mundra Project 배관 입찰에 참여하고 1여 년 협상결과 6800만 달러의 계약을 수주한다. 동 계약에 건설 부문도 포함되어 있어 2009년 7월 뭄바이에 인도법인을 설립하고 사무실을 개설한다.

성화산업은 자사의 높은 기술력과 시공능력, 시공사례 등을 상세하게 영문으로 작성하여 소개하고 윈윈전략의 관점에서 장기적인 파트너로서의 자세를 보였다. TATA Power가 제시하는 까다로운 조건에 대해 미리 학습하고 준비한 대로 설득하여 타이트한 협상과정을 통과할 수 있었다. 이 외에도 관세 등 복잡한 세금문제로 초기 사업 정착 및 프로젝트 진행에 어려움이 적지 않았으나 원활한 커뮤니케이션으로 극복하였다.

시너지 효과

TATA Power 외에도 NTPC, ADANI Power, JWS 에너지, BHEL 등의 고객들도 거래를 요망하고 있으며 전력이 절대적으로 부족한 인도시장에서 성화산업의 전망은 밝다.

시사점: 유능한 협상자의 자질

성화산업의 사전 학습과 관련, 협상이론에서는 유능한 협상자가 갖추어야 할 자질을 네 가지로 요약하고 있다.

첫째, 학습기술(learning skill)로서 학습기술을 바탕으로 자신의 경험과 전문기술을 접목시킬 수 있는 능력을 가져야 한다.[170]

둘째, 글로벌 리더십(global leadership)이며 협상경험과 어학능력, 전문지식 등을 겸비해야 한다.

셋째, 듣는 기술(listening skill)을 말하며 유능한 협상가는 말을 잘하는 것보다 적극적 경청능력이 더 중요하다. 말을 떠벌릴수록 우리 측 정보만 노출시키게 되지만, 적극적 경청은 상대방의 입장과 전략을 파악하는 데 도움이 된다.

넷째, 감정통제 기술(emotional control skill)로서 냉정하게 이슈에 대해 집중해야 하며 사람 간의 감정에 얽매여서는 안 된다.

유능한 협상자는 준비를 철저히 한다. 협상을 한마디로 말하면 '준비(preparation)'이다. 협상과 관련하여 준비를 구체적으로 풀어서 설명하자면 상대방의 전략을 파악하고 대응방안을 마련하며, 바트나(최선의 대안)를 확보하여 협상력을 높이고, 객관적이고 합리적인 기준을 정해 설득력을 강화하며, 창조적 대안(creative option)을 마련하여 쌍방이 만족할 만한 해법을 제시하고, 상대방의 예상 질의에 대한 답변을 마련하며, 회사 대내외적으로 설득 명분을 확보하고, 모의연습(role-play)을 실시하는 것 등이다.[171]

---

170 이에 대해서는 앞의 책, 안세영, pp. 90-98에 자세하게 기술되어 있다.

바. SD 바이오센서 성공 사례 (고객밀착 마케팅)

SD 바이오센서의 주력제품은 고가 장비 없이 혈액 한 방울로 HIV, 말라리아, 간염, 뎅기열, 매독 등의 감염여부를 20분 안에 진단하는 키트이다. 해외시장 규모가 크므로 창업 당시 해외 마케팅에 주력하였다. 주요 제품이 WHO 등 권위 있는 기관들의 임상평가에서 높은 품질을 인정받아 국제기구 및 140여 국가에 수출하며 원료에서 완제품까지 생산하는 세계 유일의 회사로 인도에서 충분한 경쟁력을 가지고 있다.

현지 진출 방침

SD 바이오센서가 각종 국제전시회를 통해 구축한 많은 해외 딜러 중에서 인도의 딜러가 초기에 높은 성과를 거두었다. 하지만 인도 딜러는 판매이익을 다른 회사 제품 판매에 투자하였다. 게다가 판매단가는 낮은데 관세, 운송비 등 부대비용은 높았다. 따라서 부대비용으로 공장 운영이 가능하리라 판단하고 현지에 공장을 설립하기로 하였다. 거대한 인구, 질병의 만연, 고가 검사장비 구축의 어려움, 전력 부족 등을 감안하면 현지 공장 설립이 유리할 것이라 판단되었다.

인허가 및 공장 설립

그러나 인도 진출 여건이 만만치 않았다. 인도 법규에 따른 진단용 시약 제조허가 및 품목허가가 문제였다. 현지 의료 관련 컨설턴트 2명과 계약을 체결하고 공장설립 및 제품 인허가를 맡겼으며 이들의 네트워킹이 좋아 목표 시점까지 인허가를 받았다. 2005년 2백만 달러를 투자, 델리 근교 마네사르 공단에 공장을 세우고 2007년 생산을 시작한다.

---

171 롤 플레이에 대해서는 앞의 책, 안세영, pp. 138-143에 상세히 기술되어 있다.

영업망

현지 경쟁업체들이 정부기관과의 커넥션, 카르텔을 형성하고 있고, 대리점을 통한 판매일 경우 대금회수에 어려움을 겪을 수도 있어 직접영업 방식을 택하였다. 영업조직을 구성하고 어떤 지방의 누구와 독점 판매권 계약을 체결할지가 과제였다. 헤드헌터를 통해 핵심인력을 뽑아 영업, 재무, 총무 조직을 구성하고 한국에서 지사장과 생산 책임자 2명을 파견하였다. 현지 영업 책임자를 통하여 지방 대리점을 구성하였다. 현지 사정에 정통한 인도인이 영업조직을 만들고, 지방 영업사원을 채용하고, 주요 3인에게는 특별대우를 해 주며 한국에서 교육도 시켰다.

고객 밀착 마케팅

인도지사에 근무하는 한국인 직원, 잘 훈련된 인도인 직원, 한국에서 파견된 마케팅 직원 등이 인도 전역에서 연평균 50-60회의 제품설명회를 가졌다. 거의 매주 1회씩 가진 셈이다. 공공 및 민간부문 고객들과 접촉하고 병원 및 임상기관에 평가를 의뢰하여 품질을 검증받고, 고객지원, 불만 처리 등 영업활동을 수행하며 신뢰를 쌓았다. 영업 및 재무담당 한국 직원 외에 백여 명의 현지 생산직사원, 인도 전역에 40여 명의 영업사원들이 활동하며 매출 증대에 따라 시설 및 인력을 확충해 나가고 있다.

성과

매출액이 2007년 250만 불, 2008년 750만 불, 2010년에는 2천만 불로서 연평균 60-70%의 성장세를 기록하며 업계 선두그룹을 달리고 있다. 말라리아의 경우 연간 2천만 키트를 판매하여 95%의 시장을 점하고 2009년에는 인도정부 입찰에서 HIV 150만 키트를 수주하여 정부입찰시장에도 입지를 굳히고 있다.

비전

치료용 의약품 업체의 인수합병도 검토하며, 예방 백신, 치료제 사업으로 영역을 확대하여 "보건향상에 기여할 토탈 솔루션 회사로 발전해 나간다"는 비전을 실천하고 있다.

성공요소

SD 바이오센서의 성공요소는 인도시장의 분석, 인도 시장 진출 방침, 까다로운 인허가 절차의 성공적 수행, 현지화 마케팅전략, 현지 인력에게 권한과 책임의식 부여, 현지 직원의 한국기업에 대한 소속감(공동체 의식) 부여 등을 들 수 있다.

사. 지엠아이 성공 사례 (높은 기술 및 신뢰 획득)

2010년 출범한 지엠아이는 엽채류 및 컷야채 전처리설비업체이다. 2000년대 정부의 농산물 유통선진화 정책에 맞추어 산지농산물 수확 후 유통에 맞춘 생산라인을 구축해 왔다. 국내 200여 개소 농산물 생산단지에 수확농산물별로 자동화라인을 구축하면서 농산물 처리설비 노하우를 쌓아왔다.

농산물 저장시스템 큐어링 특허를 인증받고 세척, 건조, 살균, 선별, 포장에 이르는 기계라인의 차별화를 위해 연구개발에 힘써 왔다. 고구마세척건조라인, 양파자동탈피라인, 자동선별라인, 옥수수·무 자동절단기, 다목적 세척기, 컨베이어 자동화시스템, 큐어링플랜트시스템 등의 설비 제조, 설치기술을 보유하고 있다.

해외시장 개척

지엠아이는 해외 수출대상 국가의 방문 등 바이어 발굴에 나섰다. 수출멘토의 도움을 받아 인도 출장 후, 코트라를 통해 바이어와 소통에 필요한 외국어 통번역, 상호입장 조율, 계약서 검토, 문화 차이로 인한 갈등 해결 등을 지원받았다. 이번 수출 설비는 강황세척 및 탈피 전 과정을 한 라인으로 자동화하여 위생적이고 대량처리가 가능하다. 기존 인도업체는 수작업으로 강황을 세척하여 효율이 낮고 비위생적이므로 개선이 시급한 실정이었다.

협상진행

지엠아이는 인도 업체와 다각도의 협상을 거쳐 2016년에 인도에 강황 세척 및 탈피 라인을 설치하기로 계약하였다. 계약금액은 47만 불, 약 5억 원이다.

철저한 준비

지엠아이는 협상을 준비하면서 내부 토론을 많이 실시하였다. 해외 바이어에게 설비구매 확신을 심어주고자 소형 샘플 기계제작 및 시연 방안을 도출하였고, 대금결제방식 등 여러 협상조건들에 대해서는 합의기준을 먼저 정하고 이를 합의한 다음 세부 조건을 정해 나가기로 하였다.

본 설비의 인도수출은 창원대 조선해양과 전동헌 교수의 소개로 시작되었다. 지엠아이는 인도업체를 방문하여 준비해 간 자동화 전처리기계 샘플을 조립하여 시연하였다. 한국에 돌아와 인도산 강황으로 테스트하여 수차례 도면을 수정한 뒤 최종 계약서에 서명하였다.

전문가 도움

지엠아이는 6개월간의 협상기간 동안 코트라의 자문을 받았다. 수출전문위원은 불리한 계약 조항의 정정요구부터 계약금 수령 후 대금결제방식까지 프로세스별로 유의사항을 짚어주었다. 본 건은 플랜트수출이므로 기계제작, 선적 후 현지 설치와 시운전, 보증기간 동안의 A/S 등 복잡하고 예기치 않은 사안의 발생에 대비해야 한다. 인도기업은 협상과정을 통해 신뢰감을 가지게 되었고 추가발주를 약속하였다.

수출 멘토 이야기

"지엠아이를 처음 방문했을 때 엔지니어적인 열정이 가득하고 연구개발에 상당한 노력을 기울이고 있다는 생각이 들었다. 공장을 살펴보니 농산물 선별기 외에도 냉동고추 가공라인, 파프리카 응애 및 깍지벌레 처리기, 농약내성 연작피해 해소 특허 등 눈여겨볼 만한 기술들이 다수 있어 우리나라 농업발전뿐 아니라 해외에서도 성공가능성을 기대할 수 있었다."

비전

중남미, 동유럽 등 각국 특성에 맞는 다양한 형태의 라인을 구성하여 수출하고, 특허를 보유 중인 여러 농산물 건조시스템, 토양살균기 등의 해외시장 판로를 개척할 예정이다.

협상 성공요인

첫째, 내부 토의를 통해 소형샘플기계를 제작하는 등 철저한 준비로 상대방이 요구하는 품질기준을 맞추고, 현지에서 소형 샘플기계를 설치, 시연하여 높은 기술력을 선보였다. 본사에 돌아와 인도산 강황으로 수차례 테스트하여 설비의 보완 등 고객 만족을 끌어내었다.

둘째, 샘플기계제작 비용을 청구하지 않았으며, 현지에 맞는 설비의 개발과 시운전과정을 주기적으로 업데이트하고, 고객과 정보를 실시간 공유함으로써 신뢰관계를 구축하였다.

셋째, 코트라 등 전문기관의 자문을 받아 협상 초기단계부터 본 계약 및 수금에 이르기까지 전문성을 높였다.[172]

---

172 코트라 자문을 받아 인도사업에 성공적으로 진입한 사례를 발췌하였다(원 작성자: 심지원).

아. 미국 암웨이 성공 사례 (현지화 전략)

1998년 인도에 진출한 세계 최대 Direct Networking Market Leader 암웨이는 남인도 타밀나두 주에 생산 공장 건설과 뭄바이, 푸네, 콜카타 등에 R&D센터를 설립하고, 인도 특화상품 생산 등 마케팅을 강화한 결과, 2008년부터 2013년까지 연평균 20%의 신장과 1억 불을 상회하는 매출을 시현하였다.

현지화전략

뉴델리 소재 '암웨이 인디아' 핀크니 대표는 "외부에서 수입된 비즈니스 모델은 인도에서 제대로 작동되지 않는다"고 하며, "문화 차이를 극복하고 인도인 정서에 맞는 인도 모델을 개발해 빠르게 시장을 확장해 나가고 있다. 글로벌 모델이라도 인도시장에서는 통용되지 않을 수 있고 변화와 도전에 적응할 자세가 중요하다"고 말했다. 사람관리, 고객접점 중시, 이중 브랜드(double brand), 현지 생산을 통한 배달기간 축소 등으로 앞서가고 있다.

5개 상품 카테고리(Personal care, Home care, Nutrition and Wellness, Cosmetic, Great value)에 백여 개가 넘는 품목을 취급하며, Nutrition and Wellness 매출이 절반 이상이다. Network Base 강화를 위해 지사를 두 배 이상 늘리고 신제품 출시를 가속화하며, 픽업 센터(Pick-up center Branch)의 업무를 개선하여 고객들에게 수준 높은 서비스를 제공하고 있다.

어려운 점 극복

핀크니 대표는 인도사업 수행 시 어려웠던 점의 극복 경험과 중요한 점을 다음과 같이 회상한다.

인력관리

처음 부임했을 때 기업문화는 부드러웠고 종업원은 회사를 가족같이 생각하는 분위기였다. 종업원에 대한 피드백도 남녀에게 다르게 하고 민감한 반응에 대해 세심하게 배려해야 했다. 좋지 않은 일이 있을 경우 직접적으로 말해서는 안 되며, 전문적인 필요한 비판이라도 매끄럽지 않으면 인신공격으로 비춰질 수 있다. 사람들과 시간을 함께 보내면서 유대관계를 맺는 것이 중요하였다.

해고의 어려움

정규 직원이 500명인데 해고가 어려웠다. 대부분의 나라에서는 종업원이 잘못을 저지르면 간단하게 해고하면 되지만 인도는 다르다. 어떻게 하면 무리 없이 나가도록 해야 할지 숙고해야 한다. 자발적인 사직이 바람직하나 종업원이 가족부양을 책임지기 때문에 인도주의적 문제를 고려해야 하고 자존심이 상하지 않도록 유화적인 방법으로 조치해야 한다.

비밀유지의 어려움

인도 직원들은 그들의 우정(友情)을 업무보다 우선시 여긴다. 비밀이 없고 결국 누군가가 당신이 무엇을 하는지 알게 될 것이다.

관계 형성

인도인들은 영리하고 열심히 일하며 주는 것만큼 돌려받는다. 좋은 인간관계를 형성하는 데 노력한 만큼 보상을 받는다.

물류시스템

인도에 처음 왔을 때 많은 비즈니스 모델과 가설(assumption)을 준비해왔지만 통하지 않았다. 예컨대 호주 등 다른 나라에서는 물류창고(warehouse) 하나로 전역을 커버하고 배송한다. 유통업자(distributor)들은 대부분 온라인으로 주문한다. 이를 신속히 배송하도록 인프라를 구축하는 것이 통상적이다.

인도도 같을 것이라고 생각하고, 주요 도시에 5개 지점(branch)만 설치하였다. 유통업자의 20%만 직접 물건을 픽업하러 올 것이고 나머지 80%는 온라인으로 주문할 것으로 예상했지만 반대로 유통업자의 80%가 센터에서 직접 픽업했다. 따라서 5개의 지점을 130개로 늘려나갔으며 물류창고를 1개에서 44개로 늘렸다. 당연히 고정비가 훨씬 더 늘어나게 되었다.

시장 환경 적응

인도에서 크게 배운 점의 하나로 외부 모델을 가져와 인도에 그대로 적용시킬 것이 아니라 모든 가설을 한곳에 담아놓고 적용가능성을 하나씩 검토해 나가야 한다는 것이다. 인도시장의 독특한 환경에 기꺼이 적응하는 자세를 갖추어야 한다.

따라서 세계의 다른 시장에서 시도해 보지 않았던 방식을 많이 시도했다. 포장 및 용기사이즈를 다양화시키고(멀티플 사이즈), 글로벌 브랜드와 로컬 브랜드를 함께 갖춘 이중 브랜드(double brand) 전략을 구사하였다. 가격이 1/3 수준에 불과한 로컬 브랜드에 맞추어 고객을 세분화하였다. 또한 코코넛오일같이 인도에만 있는 상품군의 판매는 상대적으로 쉬워 이를 판매하면 자연스레 타 제품군으로 연결된다.

생산방식의 현지화

인도 내 마케팅제품의 90%를 현지에서 제3자 제조방식으로 생산한다. 적격 제조업체의 선정이 쉽지 않지만 배송에 강점이 있다. 수입 배송 시 9개월이 소요되지만 인도에서 제조하면 6-7주면 가능하다.

시사점: 경험의 자산화

암웨이 인디아의 여러 난관을 극복한 경험이 암웨이의 다른 조직에 벤치마킹되고 있다. 인도는 정부규제 장벽이 높고, 주마다 복잡한 세제는 수시로 변하고 새롭게 전개된다. 때때로 좌절감이 들기도 하지만 미국 본사에서 이러한 어려운 점들을 일일이 알 수가 없다. 인도법인장 홀로 있다는 느낌이 들 때가 있으나 이런 환경에서 거둔 성공은 자산이 된다. 인도의 사업 환경은 계속 변하고, 인도법인에 대한 본사나 타 해외사업장의 인식도 변한다.

인도의 성공사례를 미국 본사와 타 사업장에서 벤치마킹하고 있으며, 로컬 및 글로벌 브랜드 2개 축의 상품개발 및 마케팅전략을 남아메리카에서도 시행하고 있다. 암웨이 인디아의 일부 인도인 매니저들은 본사 글로벌 역량팀(Global competency team)에 속해 있다. '인도에서 잘해 낼 수 있으면 다른 나라에서도 잘할 수 있다'는 평판이 알려지고 있다. 인도에서의 도전과 난관, 규제, 경쟁은 세계 어느 나라보다 심하다.[173]

2. 협상전략 실패사례

가. 포스코 일관제철소 건설 무산 (주민 설득 실패)

포스코 인도법인은 인도 북동부지역 오리사 주 정부와 2005년 양해각서를 체결하였다. 120억 달러(약 14조 원)를 투자하여 오리사 주 파라딥 해안에 연산 1,200만 톤 규모의 일관제철소(Integrated mill)를 짓고 인근에 있는 광산의 철광석을 원료를 사용한다는 계획이었다. 입지조건이 유리해 생산비를 대폭 절감할 수 있는 뛰어난 프로젝트이다.[174]

---

173 코트라 인도 뭄바이무역관 최동석(2010. 7. 13.).
174 철강제품은 제선–제강–연주–압연 공정을 거쳐 생산된다. 제선은 고로에서 철광석을 원료탄으로 녹여 쇳물을 만들고, 제강은 쇳물의 불순물을 제거하며, 연주 및 압연은 쇳물을 커다란 판 형태로 뽑아 압력을 가하는 과정이다. 일관제철이란 이 모든 과정이 한 번에 이루어지는 것을 말한다. 일관제철소는 규모가 크며, 세계적인 규모를 자랑하는 제철기업들이 운영하고 있다(포스코, 현대제철, 신일본제철, 티센크루프, 아르셀로 미탈 등). 대부분의 철강업체들은 선철, 고철 등을 받아 최종 제품을 만들거나 제강 및 제선 작업을 수행한다.

지역주민들의 반발과 갈등 심화

그러나 지역주민들의 반발로 공사는 시작도 못했다. 생활터전을 지키겠다며 진입로를 막았다. 경찰의 진압과정에서 주민이 총상을 입기도 했다. 2007년 10월 포스코 직원들이 주민들에 억류되었다 풀려나고, 2008년 6월에는 의견이 대립되는 주민들 간에 사제폭탄을 던지는 등 유혈사태가 벌어져 한 명이 숨지기도 했다.

사태가 악화되자 시민단체들이 나섰다. 국제 앰네스티 인도지역조사관 라메시 고팔라크리시난은 2011년 오리사 주의 일관제철소 건설은 지역사회에 악영향을 끼칠 수 있고 2천여 명 주민이 공유지를 이용하지 못해 지역경제가 나빠질 것이라는 성명을 발표했다. 2010년 이명박 대통령까지 인도총리에게 지원을 요청했지만, 주민들의 반발을 꺾을 수 없었다.

중앙정부와 주 정부 대립

인도 중앙정부와 주 정부의 산업정책, 세금정책 등 입장이 다를 경우 인도 진출에 어려움을 겪을 수 있다. 차우다리 비렌다 싱 철강부장관은 기자회견에서 오리사 주 정부가 노력을 기울이지 않는다고 비난했다.

프로젝트 무산

2017년 3월, 인도 언론들은 포스코가 일관제철소 건설 예정 부지를 반환한다고 보도했다. 오리사 주 정부가 포스코에 토지세 등 140여억 원을 납부하라고 하자 포스코는 확보 부지 중 1,092만㎡를 반환하겠다고 답했다. 오리사 주 정부는 2017년 4월, 760만㎡의 부지를 돌려받음으로써 포스코의 프로젝트가 무산되었다. 포스코가 입지조건이 좋은 부지를 물색하여 투자를 성사시키고자 12여 년 동안 엄청난 노력을 기울이고 한국정부도 지원을 하였으나 환경문제, 철거민 이주문제 등 주민들의 반대로 성사되지 않았다.

하공정 분야 투자

포스코는 일관제철소 투자 협상을 진행하는 가운데서도 하공정 분야 투자 사업을 병행 추진하였다. 이에 따라 하공정 분야에 9천억 원을 투자하여 냉연공장(2011년 11월 착공, 2015년 준공)에서 자동차 강판을 생산하여 지엠, 폭스바겐, 타타, M&M, 바자즈 등에 공급하고 있다. 이 외에도 물류법인 포스코 ISDC와 가공법인(푸네, 델리, 첸나이)을 운영하며 열연, 냉연, 전기강판 등 다양한 철강제품을 공급하고 있다.

시사점: 협상실패 원인 및 분석

인도인들은 외국 업체의 인도 진출에 대한 경계심이 깔려 있으며, 외국 투자업체로부터 상당 부분의 혜택을 보는 것이 정당하다고 여긴다. 지역사회의 영향력이 크며 중앙정부도 통제하기가 어렵고, 경쟁업체의 견제도 만만치 않다(미탈 스틸, 타타 스틸 등).

포스코가 본격 협상에 앞서 지역사회 자치기구 판챠야트의 대표 및 주민들과 접촉하여 명분을 쌓고, NGO의 입장을 알아보며, 경쟁사의 동향을 파악하고 언론의 협조를 구하는 등 선제적으로 대응했더라면 협상을 순조롭게 진행했을지도 모른다.

포스코의 진출이 인도의 국익과 지역사회에 상당한 이득을 가져다줄 것임을 알리고 인도 철강산업의 발전을 위한 상생의 명분을 공유했더라면 성사 가능성을 높일 수도 있었을 것이다.

인도 중앙정부 및 오리사 주 정부도 지역사회 주민들에 대한 설득이 포스코와의 직접 협상 못지않게 중요한 과제임을 인식하였더라면 결과가 어떻게 되었을까. 타산지석으로 삼아야 하겠다.

퍼트남의 두 단계 게임이론

위의 사례와 관련하여 협상학자 퍼트남의 두 단계 게임이론이 많은 참고가 된다.[175] 두 단계 게임이론이란 협상상대방과 협상을 통해 잠정 합의안을 만드는 1단계 게임과 이를 내부 이해당사자로부터 협조와 승인을 받는 2단계 게임이다. 두 단계(1, 2단계) 게임 간에는 네 가지 원칙이 적용된다.

첫째, 1, 2단계 게임은 상호작용을 한다. 둘째, 이익집단들은 시위, 로비 등을 통해 1단계 게임에 영향력을 행사하고자 한다. 셋째, 유능한 협상자는 1단계에서도 수시로 2단계 게임 이해관계자들의 반응을 의식하고 설득한다. 넷째, 2단계 게임이 1단계 게임보다 더 어렵다.[176] 인도 정부와 포스코가 이러한 협상이론의 관점에서 미리 준비하고 대응했더라면 협상의 성공을 점칠 수도 있었을 것이다.

[판챠야트(마을회의)]

위의 사례에서 주민들의 영향력을 실감하게 된다. 따라서 인도의 주민자치 기구인 판챠야트에 대해 관심을 기울일 필요가 있다. 판챠야트 대표는 주민들이 선출한다(대표자 호칭: Chairman, President 또는 Headman이라 부름).
소규모 그램 판챠야트(마을 단위의 작은 규모, 전국에 25만 개), 중규모 블록 단위 판챠야트, 대규모 디스트릭 판챠야트(그램이 여러 개 모인 집단으로 전국에 686개)가 있다. 판챠야트 대표는 지역의 도로, 상하수도, 폐기물 배출 등 생활과 밀접한 일에 관여한다. 선거에 동원되며 선거 공약 이행에 역할을 맡는다. 해당 지역 입주 업체는 주민 생활과 관련된 제품 구매와 서비스 이용 시 지정 업체를 이용해야 하며 가격은 시세보다 높다. 판챠야트 대표는 업체의 특별한 위반사항이 없어도 핑곗거리를 잡아 협박하며 포크레인으로 진입로를 파헤치

---

175 앞의 책, 안세영, pp. 49–58, 퍼트남의 2단계 게임이론.
176 2단계 게임이 어려운 사례로서 예컨대 한미 FTA는 양국정부가 1여 년 치열한 협상과정을 거쳐 2007년 합의하였다. 그런데 농민단체, 노조, 시민단체들의 반발로 4년간 국회에 비준할 엄두조차 못 내다가 2011년에 와서야 국회에서 비준되었다.

고 전기선을 절단하고 경비원을 폭행하기도 한다. 요구 사항도 갖가지다(노트북, 활동비, 승용차 등). 대표의 요구를 들어준 것으로 끝나지 않고 다른 간부가 금품을 요구하기도 하고 나중에 대표가 다른 것을 요구하기도 한다.

우리 기업의 현지 법인장이 부임하면 판챠야트 대표가 면담을 요청한다. 이때 될 수 있는 한 불법적 요구에 응하지 않고 지역사회 공헌활동을 통해 지역주민들로부터 인정받는 편이 낫다.

판챠야트와의 관계가 중요하므로 커뮤니티를 위해 협조할 부분은 협조하고 건설적 대화 등 공존을 위해 협력하는 모습을 보여주어야 한다. 헌신적이고 선량한 대표도 많다.

문제가 있는 간부들에 대해서는 원칙을 정해 대응할 필요가 있으며 한국기업 또는 외국투자기업과 협력체제를 만들어 공동 대응하는 것도 좋은 방법이다.[177]

나. D사 자동차사업 철수 (준비 부족 및 현지관행 소홀)

D사는 1994년 인도시장 진출을 위해 일본 도요타사와 협상을 시작하였다. 서둘러 트럭 생산회사 DCM 도요타를 인수하고 빠르게 진출하였다. 생산라인을 개조하여 1년 만에 중형차 '씨에로'를 생산하였으나 2001년에 조업을 중단하고 청산에 들어갔다. 본사 파산이 영향을 크게 미쳤지만, 다음과 같이 인도 진출전략 및 운영상으로 여러 가지 문제가 많아 결국 실패하고 말았다.

합작투자 진출

합작투자로 주요사안의 의사결정에 애로사항이 많았으며, 배기가스 규제 강화 등 상황변화에 조기 대응이 어려웠다.

177 포스코 인도법인의 한 관계자는 판챠야트의 막강한 권한을 나중에야 실감하였다고 한다(앞의 책, 박민준, pp. 123-126).

준비 부족

현지 시장조사, 판매예측, 생산계획, 사업성 확보 등 철저한 분석과 준비는 협상을 성공시키기 위한 핵심요소이다. D사는 궁극적인 사업 목표의 핵심을 놓치고 있었다. 당시 소형차시장을 주도하는 스즈키사를 인식하여 중형차 공략방침을 세웠다. 중형차 수요를 파악하고자 예약을 받아보았다. 11만 명이 예약하자 설비능력을 10만 대 규모로 늘린다.

막상 판매가 시작되자 예약자 11만 명 중 1만 명만 구입했고, 판매량이 2만 대에도 미치지 못했다. 당시 예약제가 생소한 인도 소비자들에게 온전한 계약이행을 기대한 것이 무리였다. 심지어 일부 소비자는 계약을 취소하면서 이자까지 물어달라고 하였다. 낮은 가동률에 따른 높은 고정비 부담을 해결하고자 부품 현지화를 위해 대규모 트랜스미션 공장을 세운 결과 투자비가 10억 달러에 육박하였다.

관리 부족

근로자 성향이 온화한 남인도 첸나이와 달리 북인도 델리 근로자들의 성향이 대부분 강성이다. 게다가 검증되지 않은 현지 업체를 통해 인력을 조달하였다.

현지 관행 소홀

"구내식당만 잘 관리해도 노사문제의 절반을 해결할 수 있다" 할 정도로 인도인들은 신분의식이 강하다. 이러한 분위기임에도 관리직 직원에게 공장 바닥청소를 시키고 군대식 정신무장 훈련을 받게 하였다. 자존심이 강하고 계급의식과 신분을 중시하는 인도인에게 육체노동 등 걸맞지 않은 일을 시키고 강압적으로 훈련을 받게 함으로써 반발심을 크게 사게 되었다. 이는 직원들의 사기를 떨어뜨리고 회사 충성심이 낮아지며 결과적으로 회사의 실적 악화로 귀결된다.

다. L통신 연계공사 손실 감당 (막연한 낙관론)

인도통신공사의 요청

갠지스강 유역 프라야그라지178에서는 6년마다 열리는 쿰브멜라 축제 기간에 수천만 명 이상의 순례객 및 관광객이 몰린다(쿰브멜라 축제에 대해서는 부록 축제 참조).

인도통신공사는 동 축제기간에 대처할 통신망 구축방안을 궁리하였다. 당장 넓은 지역에 유선 통신망 구축이 어려워 우선 시급한 지역에 무선전화 보급망을 깔고 유선전화처럼 사용하는 방안을 모색하게 되었다. 이에 따라 인도통신공사는 한국 L통신에게 무선통신망 구축 방안을 제시해 줄 것을 요청하였다.

L통신의 대응

인도통신공사가 긴급하게 협조 요청한 사안인 데다 먼저 연락해 준 것에 대해 고마운 생각이 들어 신속하게 의사결정을 내리고 성심성의껏 도와주기로 하였다. L통신은 기술 및 관리 인력을 최대한 동원하여 무선전화공사를 위한 설계, 업무 프로세스 설계, 기술 및 행정적인 문제 해결 등 시간, 노력, 비용을 아끼지 않았으며 순조롭게 마무리하였다.

L통신의 연계공사로 인한 손실 발생

이후 L통신이 인근 지역에 연계공사를 하다가 예상치 못한 일로 상당 부분의 손실이 발생한다. 연계된 공사이므로 인도통신공사에게 일부라도 보상을 요청하였으나 아무런 보상이 없었고 적반하장으로 문제점에 대한 책임전가 등의 곤혹까지 치르게 된다.

L통신은 "인도통신공사가 설마 우리에게는 그렇게까지는 하지 않을 것

---

178 프라야그라지는 인도 북부 우타르프라데시 주에 있으며, 세 강줄기가 만나는 곳이라 인도에서 가장 신성한 지역으로 여긴다.

이다"라고 믿었지만 담당자는 부탁할 때 보였던 것과 확연히 다른 모습을 보여주었다. 냉정한 어조로 "사전에 약속한 바가 없었다"는 것이다. L통신은 헌신적으로 그들을 도와준 만큼 그들 우리 식의 배려를 해 줄 것으로 기대했지만 결과는 정반대였다.

시사점

L통신은 막연한 낙관론이 얼마나 위험한 것인지를 체득하고, "인도인은 단골에게 바가지를 씌운다"는 이야기를 확인한 셈이다. 한국 식으로 생각하지 말고 그들의 협상문화, 조건의 번복가능성 등을 염두에 두어야만 했다.

세부 조건을 명확히 하여 문서로 남기고 명문의 약정서 체결 등 관련 사안을 처음부터 철저히 챙겨야 한다는 사실을 새삼 깨우치게 되었다.

라. 미국 엔론 발전사업 철수 (주민 반대 및 정치적 리스크)

미국 에너지기업 엔론

엔론은 1985년 7월 텍사스주 Houston Natural Gas와 네브라스카주 InterNorth of Omaha의 합병으로 탄생한다. 텍사스지역에 천연가스를 공급하는 작은 회사였으나 1990년대에 급성장한다. 설립자 케네스 레이 회장(당시 63세)의 천부적 로비스트 기질과 돈을 벌기 위해서라면 직원들을 극단적으로 몰아가는 제프리 스킬링 대표의 90년대 초 입사가 계기가 된다.

발전사업 합작투자

1991년 인도정부 라오수상은 신경제정책으로 무역과 외환자유화, 외국인 투자를 장려한다는 정책을 발표한다. 엔론은 1992년 서부 마하라슈트라 주 다브홀에 30억 달러 규모의 LNG 복합화력 발전소(규모: 2,015MW)

건설을 발표한다. 당시 인도 최대의 외국인 투자 프로젝트다.[179]

엔론은 마하라슈트라 주 정부와 발전소를 건설, 운영할 합작회사 DPC(Dabhol Power Co.)의 설립 계약을 체결하고 첫 단계로 9억 2천만 달러를 투자하여 695MW급 발전소 건설을 시작한다(담당 부사장: 레베카 마크).

정치적 리스크

인도의 정권이 바뀌면서 합작회사 DPC는 정치적 리스크에 직면한다. 새로 집권한 인도국민당이 전 정권 인도국민회의가 수의계약으로 체결한 계약을 백지화한다. 부정부패와 지나친 특혜를 제공했다는 이유다. 수의계약은 신속한 외자도입을 위함이고, 엔론에 유리한 조건은 프로젝트 조기 성사를 위한 노력이었다고 한다.

1단계 발전소 완공 및 2단계 프로젝트 중단

엔론은 일부 조건을 양보하여 중단되었던 발전소 건설을 계속하고, 1999년에 1단계 발전소를 완공한다. 그러나 8개월 후 주정부가 설계사양이 계약과 다르다며 전력대금을 지불하지 않고 벌금을 부과하였다. 여기에다 미국 본사가 회계부정 스캔들로 파산되자 합작회사 DPC도 발전소 조업과 2단계 건설 프로젝트를 중단하게 된다.

주민들 반발

발전소 인근 주민 9만여 명은 주로 농어업에 종사한다. 첫 발전소 건설 후 해수 온도 상승으로 어획량이 줄고, 농업용수가 부족해지기 시작했다. 문제를 제기했지만 소용없었다. 주민들의 반발이 계속되자 환경운동가와

---

179 우리나라 원자력발전소의 발전시설 규모는 평균적으로 1,000MW수준이다 (700–1,400MW 사이). 중부발전의 인천 LNG 복합화력 발전소는 1,462MW, 포스코에너지의 인천 LNG 복합화력 발전소는 3,412MW, 분당 LNG 복합화력 발전소는 922MW 규모이다(1MW=1,000kW).

정치인이 합세했다. 시위진압 과정에서 주민이 폭행당하자 국제 인권단체들까지 가세하고 호의적이던 언론마저 돌아선다.

합작계약 파기 및 평가

엔론에 대한 부정적인 여론이 높아지자 인도정부는 계약을 재검토하고 일방적인 계약조건도 문제가 되어 2001년 6월, 계약을 파기한다. 그 해 말 미국 본사는 파산신청을 한다. 엔론의 인도투자 손실은 10억 달러에 달하며, 해외투자의 대표적인 정치적 리스크 사례로 꼽힌다. 더욱이 아래와 같이 인도의 입장을 존중하지 않고 과욕을 부린 계약 조건 측면에도 문제가 많았다.

엔론이 부과한 계약조건은 다음과 같다.

(1) 연방정부는 주 정부의 대금지급 보증(리스크 회피)

(2) DPC는 전력만 생산하고 송전은 주 정부 전력청 책임(부담전가)

(3) 대금은 미 달러로 지불, 환율은 36루피/$로 고정(환 리스크 전가)

(4) 20년간 발전설비의 엔론 운영권 보장(장기 경영권 확보)

(5) 주 정부 전력청은 생산 전기의 90% 구입(고정 판매 확보)

(6) 세후수익률 16% 보장(과도한 수준)

(7) 분쟁 시 영국법에 따르며 영국에서 해결(인도입장 무시)

(8) 수의계약 체결 및 환경영향평가 면제(특혜 제공)

이러한 조건은 외국인의 착취에 대해 민감한 인도국민의 자존심을 상하게 했다. 게다가 인도정부가 심각한 전력난 해소를 위해 '신속추진(Fast Track) 프로젝트'로 결정하고 수의계약을 체결했는데, 이것이 부정부패 주장의 빌미를 제공하였고, 환경영향평가 면제에 대해 농민과 NGO 및 정치인들이 크게 반발하였다.

더욱이 엔론은 파트너사로 벡텔, GE 등 미국회사만 선정하고 인도 국내 회사를 선정하지 않은 것도 협력관계에 걸림돌이 되었으며, 엔론 보유 지분 20%를 비밀리에 미국회사에 넘기려는 시도가 알려져 인도 국민들의 반감을 더욱 키웠다.

시사점

엔론의 인도투자 실패사례는 외국투자 협상 시 단순하게 사업성만 보아서는 안 되며 해당국가의 문화와 국민 정서, 정치역학까지 고려해야 하는 복합적인 과정임을 보여주는 대표적인 사례다. 원칙에 의한 협상을 하였더라면 정권이 바뀌더라도 바뀐 정부에 대해 설득이 가능하였을 것이다.

인도의 경제발전에 크게 도움이 되는 프로젝트라는 인식을 심어주었더라면 이를 반대할 명분이 없었을 것이다. 협상은 마치 살아 움직이는 생물과 같아서 민감하므로 동식물을 키우듯 정성을 다해 다루어야 함을 실감하게 된다.

3. 특허 관련 협상사례

가. 인도인 엔지니어 특허침해 소송 남발 적극 대응[180]

특허 관련 소송

인도 남부 마두라이지역의 엔지니어 람쿠마르는 인도 내 휴대폰 듀얼 SIM 특허를 가지고 있다. 그는 2008년 첸나이 세관에 관련 업체(삼성전자, 멀크전자, 스파이스 모바일)가 로열티를 지불하지 않으면 해당물품의 통관을 불허해 줄 것을 요청한다. 이에 관련업체는 로열티 납부를 거부하고 해당 휴대폰을 통관해 주도록 델리고등법원에 소송을 제기했으나 관할권 없음을 이유로 기각한다.

람쿠마르는 관련 업체를 상대로 마드라스 고등법원에 소송을 제기해 듀얼 SIM 휴대폰 제조 및 판매금지를 신청한다. 마드라스 고등법원은 람

---

180 "인도 특허 침해소송 동향", 오윤식, 코트라 인도 뉴델리무역관(2020. 1. 16.).

쿠마르의 주장을 받아들여 해당제품의 제조 및 판매 금지를 결정한다.

전형적 특허사냥

해당 사건은 람쿠마르가 자신의 기술특허를 활용해 관련 업체의 휴대폰 제조 및 판매를 방해하면서 막대한 돈을 강탈하기 위한 전형적인 특허사냥이다. 이미 많은 기업이 막대한 돈을 지불한 바 있다.

관련업체의 적극 대응

관련 업체는 적극 대응하여 특허법 제64조에 따라 특허취소 소송을 제기한다. 이에 대해 인도 지적재산권 항소위원회(The Intellectual Property Appellate Board)는 람쿠마르의 특허가 특허권 요건인 신규성(novelty) 및 독창적 진보성(inventive step)이 결여되어 있다고 판단하여 2012년 6월 그의 특허등록을 취소하면서 사안은 종결된다.

시사점

종결까지 약 4년 소요되었으며 인도에서의 소송으로는 신속히 이루어진 경우이다. 우리나라 기업이 인도인 엔지니어의 불합리한 행위에 적극 대응하여 승소한 것은 기술적 전문성과 공정성에 바탕을 두고 설득한 것이 주효했다. 람쿠마르의 특허가 특허로서의 요건이 미비함(독창성, 진보성, 참신함 등)을 설득하고 향후 타 기업들이 계속해서 피해를 당하지 않도록 공정한 처분을 요청한 것이다. 이 사례는 특허권자의 특허권 남용 및 불법적인 사냥행위를 막기 위한 적절한 조치를 이끌어낸 대표적인 사례로 평가된다.

나. 인도기업 간 장기간 특허분쟁 종결

Bajaja사의 소송 제기

TVS사가 2007년 트윈스파크 플러그 형태의 엔진을 장착한 오토바이 'Flame'을 개발하여 출시했다. 이에 대해 Bajaj사는 "자신이 특허권(트윈스파크 엔진 DTS-I 기술)을 가지고 있어 TVS시가 개발한 오토바이 'Flame'은 자신의 특허를 침해한다"고 주장하고 <TVS사가 해당 특허 및 Flame 판매를 금지하도록 요청하는 소송>을 제기했다.

TVS사의 소송 제기

TVS사는 "Bajaja사가 TVS사의 개발제품 'Flame'의 출시를 방해하는 것은 아무런 법적 근거가 없는 위협에 불과하다"라고 주장하며, 동년 10월, 특허법 제105조, 106조에 의거, 마드라스 고등법원에 소송을 제기한다. TVS사는 <Bajaj사가 TVS사의 Flame의 출시를 방해하지 말 것>을 주장하는 한편, 아울러 특허법 제64조에 따라 인도 특허심판원에 <Bajaj사가 가진 기술 특허취소 소송>을 제기한다.

Bajaj사 소송 제기 및 고법 판결

Bajaj사는 특허법 제108조에 따라 마드라스 고등법원에 <TVS사의 특허기술의 영구 사용금지를 요청하는 소송>을 제기했으며, 이에 대해 해당 고등법원은 2008년 2월 <TVS사의 개발제품 Flame의 출시금지 명령>을 판결한다.

TVS사의 불복 및 항소

TVS사는 고등법원의 판결에 불복하여 상급재판부에 항소하고 "Bajaj사가 트윈스파크 기술에 대한 특허침해 행위를 입증하지 못했다"고 주장하며 <출시금지명령 취소 소송>을 제기한다.

Bajaj사, 대법원에 고법명령 집행신청 및 대법원 판단

Bajaj사는 대법원에 <고등법원 판결의 집행>을 신청한다. 이에 대해 대법원은 <Bajaj사가 주장하는 특허침해를 인정>하면서도 <TVS사의 개발제품 Flame의 판매 허용>을 결정한다. 그러면서 해당 판매 기록을 유지하고 마드라스 고등법원에 관련 사안의 관재인을 임명할 것을 명령한다. 또한 가처분명령을 통해 상표권, 저작권 및 특허권 관련 사안은 민사소송법 규정에 따라 지체 없이 심리되어야 함을 강조했다.

양사 분쟁 종료 합의

12여 년간 법정다툼을 벌여 온 양 사는 2019년 10월 여러 법원에 계류 중인 모든 소송을 철회하고, 양 사 간 권리 침해를 더 이상 주장하지 않고, 어떠한 보상이나 손해배상을 청구하지 않기로 하였다. 12여 년 동안 막대한 법률비용과 소송에 시달리다 결국 종료하기로 합의한 것이다.

시사점

양 사는 엔진기술개발 사업이란 측면에서 경쟁관계이면서도 동종업계란 측면에서 동업자적인 관계에 있다. 이들은 먼저 양 사 관계가 Pizza-cutting(경쟁) 관계인지 아니면 Pizza-cooking(상생) 관계인지 Position(입장)을 정한 다음, 원칙에 대해 합의(principled agreement)를 하고, 절충을 위한 협상을 시작하였더라면 좋았을 것이라는 아쉬움이 크다.[181]

인도는 경제성장과 도로사정의 개선으로 엔진시장이 커가는 상황이다. 양 사가 협력을 강화했더라면 12년이란 세월 동안 본업(기술개발, 엔진개

---

181 원칙을 정하고 이를 먼저 합의하면 이후 협상을 진행하는 데 여러모로 편리하고 효율성을 높일 수 있다. 기업 가치를 평가할 경우 원칙을 정해 놓고 합리적인 기준을 정하는 것이다. 예컨대 시장점유율, 매출액 비율, 지난 3년간 매출액 신장률, 공신력 있는 기관의 공식 발표자료(예: 물가지수) 등의 선정 기준을 미리 정해 놓고 기업가치를 평가하는 것이다.

발, 제품개발 등)에 집중하고 소송비용의 절감 및 기술협력으로 사업 확충에 박차를 가할 수도 있었을 것이다.

대법원의 상기 결정은 지적재산권 소송이 제기되면 기업의 경영활동에 대해 면밀한 검토 및 신속한 심리를 통해 특허권 침해로 인한 민사상 손해를 예방해야 한다는 가이드라인을 설정하는 계기가 되었다. 비록 양 사간 소송이 12년 동안 지속되었지만 사법부의 선도적인 결정으로 합의로 마무리되었다는 점이 고무적이다.

위의 사례를 참고로 하여 우리 기업의 인도 진출 시 우리 기술이 보호받고 특허침해를 당하지 않도록 준비해야 한다. 아울러 인도기업이 우리 기업을 상대로 자신들의 기술에 대한 특허침해라고 주장하며 소송을 제기하는 경우도 생길 수 있음을 염두에 두어야 한다.

4. 협상사례 교훈

우리 기업들은 앞의 협상사례를 통해 어떠한 글로벌 협상전략을 수립해야 할까. 다른 나라 고유의 문화와 상관습을 소홀히 한 채 '우리는 남과 다르다'거나, '우리 방식으로 밀어붙이면 된다'라는 막연한 낙관론을 가지고 해외기업과 협상에 임하다가는 번번이 실패할 공산이 크다. 혼신의 노력을 했음에도 정치, 사회적 문제로 인해 협상에 차질을 빚고 프로젝트가 무산된 경우를 보았다.

하버드대 휘셔-유리교수, 워튼스쿨 리차드 쉘 교수 등은 협상의 참모습을 다음과 같이 설명하고 있다.[182]

- 상대방의 말을 잘 들어주는 기술이 필요하다(listening skill).
- 비언어적 행동으로 더 많은 소통을 해야 한다(몸짓, 표정, 눈맞춤 등).

182 앞의 책, 안세영, pp. 3-19, 협상의 참모습.

- 조직 내부 이해관계자와의 협상이 더 힘들고 중요하다(level II 게임).
- 서로가 마음을 움직여야 하는 상호작용(interactive)을 하는 게임이다.
- 상대방의 자발적 양보와 함께 비자발적으로도 양보하도록 만들어야 한다.
- 보다 나은 성과를 얻기 위해 갈등을 줄이거나 해소하는 과정이다.

인도에 진출하고자 하는 기업들은 자사가 보유한 인적, 물적 자원과 역량을 객관적으로 평가하고, 현지시장과 관련 산업 환경을 면밀히 분석하여 적합한 진출전략을 수립해야 한다.

진출전략을 수립하고 나면 협상상대방(기업, 정부 등)과의 협상전략을 수립해야 한다. 협상은 <협상 전 단계-본 협상단계-협상 후 단계>의 세 단계로 나눌 수 있으며 각 단계별로 세부 협상전략을 수립해야 한다.

복잡한 협상과정을 한마디로 요약하면 '철저한 준비(preparation)'다. 도상훈련에서부터 role-play까지 철저하고 디테일하게 준비해야 한다. 협상은 프로젝트나 건축물 설계 또는 예술 활동과 다르지 않다.

글로벌 협상과정(Global)을 거쳐 현지에 진출하면 현지화(Local)를 통한 문화 적응력을 키우고 환경변화에 유연하게 적응하며 현지에 적합한 전략(Glocal)을 추진해 나가야 한다.

외국인과 다양한 협상을 경험한 저자는 글로벌 협상을 다음과 같이 정의하고자 한다.

"협상은 여건에 따라 입장이 수시로 바뀔 수 있다. 협상은 사업성의 철저한 분석을 바탕으로 하여 해당 국가의 정치, 사회, 문화, 관습, 종교, 언어, 종족 등 다방면을 면밀하게 살펴보고 이를 반영해야 하는 복합적인 과정이다. 협상은 마치 살아 움직이는 생물과 같아서 민감하므로 동식물을 키우듯이 정성을 다해 다루어야 한다."

인도 사업 환경과 진출전략 방향

1. 사업 환경

인도는 상대적으로 인프라와 신용시스템이 취약하고, 법규 및 제도 측면에서 명확성이 부족한 편이고, 복잡한 정치 행정체제로 개혁이 지연되고 있으며, 부정부패와 레드 테이프가 존재하여 비효율적인 측면이 강하다. 계급차별, 종교의 다원성, 정서적 민감성 등을 고려할 때 사업 환경이 쉽다고 단정 짓기 어렵다.

그러나 외국인 투자가 증가하고, 인프라 투자 확대, 세제 개선, 친기업 정책, 낮은 임금, 생산가능 인구 증가, 중산층 소비 증대 등으로 투자환경이 개선되고 있다. 해외기업과 인도기업 간 차별이 작고 모디 총리 2기 집권 이후 개방정책과 노동시장의 유연성 강화로 해외 투자기업에 유리한 여건을 조성해 나가고 있다. 모디 총리는 주 정부 재직 시 경제살리기에 성공한 경험을 가지고 있다.[1]

아울러 위험요인도 존재한다. 수출 증대를 위한 자국 산업 보호, 개선 속도가 더딘 경영 환경, 중국 및 일본기업과의 경쟁심화 등이다. 2019년 중반 이후 성장이 둔화되고 2020년 코로나 사태로 어려움이 가중되고 있다. 이에 따라 인도경제동향에 대한 모니터링, 한-인도 유관기관 네트워킹 강화로 무역규제 개선, 기업애로사항 해소, 신산업 협력강화 등 우리

---

[1] 모디 총리는 2001-2013년 구자라트 주 수상 재직 시 연평균 10% 성장(인도 최고), 농업 및 서비스업 2배 이상 성장, 전자정부시스템 도입으로 레드 테이프 및 부정부패 척결, 외국기업 투자유치 창구단일화, 세제감면, 토지 제공(Tata자동차 유치), 24시간 전력공급(인도유일) 등을 이룬 바 있다.

의 차별화된 진출전략을 수립해야 한다.[2]

인도와 중국의 다른 점은 중국은 중앙집권적이므로 해외기업에 대한 통제가 직접적인 데 반해 인도는 지방정부가 재량으로 정하는 사항이 많다. 따라서 우리 기업이 인도 사회에 적응하고 신뢰를 구축하여 공존할 방안을 찾으면 더 많은 기회를 창출할 수 있다.

인도시장 진입 장애는 한국의 기술력과 끈질긴 실행력으로 극복가능하며 유수의 한국기업들이 진출해 있는 것도 큰 이점이다. 인도는 앞으로 우리의 글로벌 시장을 위한 전진기지 역할을 하게 될 것이 분명하다.

2. 인도 진출전략 및 정책 방향

가. 진출전략

1) 전략 수립과 목표 설정

장기적인 전략을 수립하고 단계적인 목표를 세워야 한다. 인도시장의 큰 흐름을 읽고 우리의 강점을 발휘해야 한다. 진입방식으로는 개인사업 단위 진입 후 점진적인 확대방식과 기업단위(시스템) 진입 후 거점 확대방식이 있다. 인프라 투자 참여, 양국 간(민간 및 정부주관) 교류 행사와 박람회 등을 활용하고, 니치마켓전략을 수립해야 한다.

2) 시장 세분화전략

인도시장 전체를 상대로 하면 효율성 확보가 어려우므로 지역선정이 중요하다. 그리고 민간주도시장인지, 정부주도시장인지를 파악해야 한다. 또한 소득계층별로 프리미엄 시장을 공략할 것인지, 대중시장을 공략할 것인지를 정해야 한다. 목표 시장(target market) 선정과 시장 세분화

---

2 "인도경제 동향과 투자환경진단", 무역연구원, 전략시장 연구실 조의윤 연구원 (2019. 12.).

(segmentation)전략이 필요하다.[3]

3) 리스크 관리

진출방식으로 단독법인, 합작법인, 흡수합병 등이 있으며 각각 장단점이 있으므로 현지의 특성, 상대방의 평판, 우리의 주도적 추진능력 등을 고려해서 결정해야 한다. 기진출 한국기업, 글로벌 기업 등과 연계하면 신인도와 안정성을 높일 수 있다. 세제, 노무관리, 법률, 행정절차 등에 대해 인도인 및 우리나라 전문가(코트라, 무역협회, 자문회사 등), 유경험자 등의 자문을 받으면 큰 도움이 된다.

4) 현지화전략

인도시장은 넓고 지역언어가 존재하며 기후 풍토도 다르므로 지역별 문화와 상관습을 파악해야 하며, 현지 시장에 맞는 제품을 디자인하고 개발해야 한다. 인도 소비자들은 가격에 민감하므로 가격경쟁력을 우선적으로 고려해야 한다. 또한 스펙, 납기, A/S 등에서 우월성을 확보해야 한다. 까다로운 인도에서 성공하면 중동, 아세안, 아프리카 등 주변 시장으로 확대해 나갈 수 있다.

5) 협력분야

인도정부는 인프라 구축, 스마트시티, 에너지, 인공지능, 산업로봇, 의료 및 바이오, 영농분야 등에서 한국의 진출을 희망하며 정부차원의 협력 강화가 필요하다. 2018년 한–인도 정상회담 이후 한국 스타트업의 인도 진출 지원방안으로 'K–ICT 부트캠프'가 벵갈루루에 설치되고, 2019년 2월 모디 총리의 방한 시 구르가온에 '코리아 스타트업 센터' 설치를 합의

---

3 인도는 빠른 속도로 디지털 경제를 구축하고 있다. 2018년 인터넷 사용자는 5억 6천만 명이며 인구의 40%만 가입된 점을 고려할 때 성장 가능성은 매우 크다. 한국은 미래에셋과 네이버 등이 공동 펀드를 조성, 디지털 영역에서의 기회를 모색 중이다.

했다.

인도의 다양한 수요에 맞추어 인도의 소프트웨어와 한국의 하드웨어가 결합되면 윈윈전략이 가능하다.[4] LH는 2018년 7월 뭄바이 사무소를 개설하고 인도 건설시장 및 부동산개발 사업을 검토하고 있다. LH는 인도 스마트시티 개발사업 진입을 모색 중이며, 마하라슈트라의 깔리안－돔바블리 및 반드라 스마트시티 등 3개 사업에 대해 인도정부와 협의 중이다.[5]

6) 창업 대국

인도는 세계의 자본이 몰리는 창업 대국으로 변모하고 있다. 스타트업이 2만 개에 달한다. 한국에서는 규제로 창업이 제한적이나 인도에서는 가능한 스타트업이 다수 있으며 10여 개의 한국 스타트업이 뉴델리, 벵갈루루를 중심으로 진출했다. 대표적으로 공유 주방, 차량 공유, 핀테크 등이며 인도 진출 스타트업은 다음과 같다.[6]

한국 정보통신산업진흥원과 중소기업진흥공단은 벵갈루루와 뉴델리에 스타트업 공유 사무실을 열고 한국 스타트업의 인도 진출을 돕고 있다.

국내 벤처캐피털업계 네오플럭스, KTB네트워크, 한국투자파트너스, 스틱벤처스, KB인베스트먼트 등이 적극적인 행보를 보이고 있다. 이들의 관심 투자처는 리시우스(육류 가공), 헝거박스(카페관리 솔루션), 팝엑스오(여성전문 커뮤니티), 닌자카트(농산물 도매 플랫폼), 노브로커닷컴(부동산 플랫폼), 그로퍼스(식료품 플랫폼), 해피이지고(온라인여행사), 글로우로드(소셜 전자상거래), 던조(배송 중개 서비스 플랫폼), 리비고(트럭 물류 스타트업) 등이다. 현재 벵갈루루 등 대도시에서는 기존 산업과 연계한 모바일 서비스 수요가 폭발적으로 늘고 있어 잘 활용할 필요가 있다.[7]

---

4 "한국－인도 경제협력의 획기적 격상방안", 중앙대 국제대학원 안충영 석좌교수 (2020. 3. 17.).
5 "오늘의 세계경제, 무디 출범 의의와 경제정책 방향", 대외경제경책연구원, pp. 14－15.
6 조선일보 벵갈루루 장형태 특파원(2019. 11. 5. 조선경제 B2면).

상호	밸런스히어로	고피자	아우어	더플랜지
업종	소액 대출, 보험 등 핀테크	1인용 화덕 피자	인터넷 영상 쇼핑 (비디오 커머스)	교육용 앱
대표	이철원	임재원	김동현	이경아
진출 연도	2014년	2019년	2018년	2016년
현황	• 신용카드 없이 대리 할부, 뎅기열 등 인도 특화 보험 • 5년간 누적 다운로드 7,500만 건, 누적 투자액 740억 원	• 인도 실리콘 밸리 벵갈루루 1-2호점 오픈 • 공유 주방에 입점해 설비, 마케팅 비용 절감	• 한국형 비디오 커머스 인도에 첫 도입 • 샤워기 필터, 발가락링 등 아이디어 상품 인기	• 스마트폰중독 방지앱(오딩가), 코딩교육앱(오딩가코딩가), 수학교육용앱 • 인도학교(12곳) 시범 운영

7) 현지 인력 활용

진출지역의 노무관리의 특성을 고려하여 관리해야 한다(임금 수준, 인센티브 제공, 관련 업체 동향 등). 판매 확대를 위해 현지 대리점을 활용할 경우 평판이 중요하다. 이들은 자신들의 능력을 과대포장하며 대부분 독점권을 요구한다. 대리점계약 후 이들이 불성실하여 곤란을 겪는 사례가 적지 않다(약속 위반, 대금 지불 연기 등).

인도인에 대한 신인도 파악은 쉽지 않으며, 단골에게 바가지 씌운다는 말이 있을 정도이다. 영업권 위임계약을 체결할 때에는 기간, 지역을 정하고 실적에 따라 재계약 또는 해지하는 조건을 명확히 합의해야 한다. 특정 지역의 대리점이 인도 전역을 대상으로 하기는 어렵다.

8) 사업장 노무관리

인도에서 제조공장 등 직접 사업장을 운영할 경우 노무관리에 크게 신경을 써야 한다. 근로자 300인 이상 사업장은 인력감축 또는 공장폐쇄 시에 정부승인을 득해야 한다. 갖가지 조항의 퇴직금, 상여금 제도를 두고

---

7 한경, 2019. 11. 4., 김채연 기자.

있고, 1년 이상 근무한 근로자의 해고 시에 석 달 전에 통지 및 정부허가를 받아야 한다.

인도에 진출한 많은 외국기업들이 노동경직성에 대해 우려를 표명하고 있으며 인도정부도 관련 법규의 개정을 추진해 왔으며, 2019년 8월 및 2020년 9월에 중앙노동법을 개정하였다(관련 내용은 인도 노사협상전략 참조). 근로자들은 수동적인 데다 책임회피 경향이 강하다. 동기부여로 인센티브를 제공할 경우 인건비 부담으로 작용하고, 성장산업의 경우 이직률이 높고, 숙련 근로자의 확보도 쉽지 않다. 채용대상 인력이 경력과 학력을 속이는 경우도 있어 해당 기관에 직접 확인해야 한다.

9) 애로사항 및 정책 변화 파악

인도시장 진입 시에 겪게 되는 현실적인 애로사항과 정부 정책의 변화를 살펴야 한다.[8] 열악한 인프라(전력부족 및 낮은 전력품질, 도로, 공항, 항만, 철도 등), 원부자재 및 부품조달의 어려움, 첨단기술의 도입지연, 낮은 노동생산성, 복잡한 법과 행정절차(중복 서류, 느린 업무, 담당자 돌발 휴가 등), 부정부패, 높은 세율 등이다. 인허가를 받으려면 상당 기간 여유를 두어야 한다.

시장개방 초기에는 인도정부가 외국기업의 투자규모나 업종에 대해 그다지 규제하지 않았으나 지금은 자국경제에 대한 기여도(세금납부, 고용 창출, 제조업 육성 기여 등)를 따져가며 선별적으로 규제조치를 취하고 있다. 2013년 회사법(Company Act) 개정으로 법인 이사 선임 시 182일 이상 인도 거주가 의무화되었다. 외국기업이 인도에서 사업하려면 182일 이상 체류하면서 외국인 등록을 하고 소득세를 납부하거나 아니면 인도인을 이사로 참여시키려는 무언의 압력 제도이다. 또한 외국기업 대표의 상용비자 발급 시 업종과 매출액에 따라 차별을 두는 경우도 있어 장기적으로

---

8 "인도 직접진출사례 분석과 시사점", 김응기 외대 겸임교수, 대외경제정책연구원(2018. 9. 5.).

인도경제에 기여하고 인도 소비자와 함께 번영할 수 있는 전략을 수립해야 한다.

나. 정책 방향

인도에 진출한 우리 기업의 애로사항은 첫째, 현지의 낮은 기술수준과 비즈니스문화 차이, 둘째, 협력업체에 대한 정보 부족으로 인한 현지 기업과의 협업이 어렵다는 것과 셋째, 전력, 용수, 도로 등 열악한 인프라, 넷째, 제조업 육성을 위한 인도의 잦은 정책의 변화를 꼽을 수 있다.

인도를 통한 글로벌 가치사슬(GVC: Global Value Chain)을 강화하고 교역을 확대하기 위해서는 한국의 강점을 활용, 제한적인 자원의 효율적 활용을 위해 선택과 집중을 하고, 우리 기업의 애로사항을 해소해 나가야 한다.

국가 정책적으로 우리 기업이 활동하는 지역의 인프라 구축 강화 지원, 산업단지 개발 참여 및 활용, 기술 인력의 육성을 지원해야 하며 이를 위해 공적개발금융(ODA)을 활용하는 것은 좋은 대안이다. 아울러 FTA 등 자유화 수준을 높이고 한-아세안-인도 간 협의체를 강화하여 지속적인 관심을 높여나가야 한다.

외국인 투자 집중지역

대인도 외국인 직접투자는 2019년 기준 490억 달러로서 전년 동기 대비 16% 증가하였으며 세계 8위를 차지하고 있다. 지역별로는 다음 표에서 보는 바와 같이 뭄바이, 뉴델리에 집중되어 있고 벵갈루루, 첸나이, 아흐메다바드, 하이데라바드, 콜카타가 그 뒤를 따르고 있다.[9]

---

9 주 인도 한국대사관 경제과, 인도 경제지표 동향(2020. 2. 18.).

지역별 투자규모

(단위: 백만 달러)

순위	지역	2018/19 (4-3월)	2019/20 (4-9월)	누계(2000-2019. 9월)	비중(%) (누계)
1	뭄바이	11,383	3,617	130,706	29.29
2	뉴델리	10,142	7,171	91,812	20.57
3	벵갈루루	6,721	4,649	42,320	9.48
4	첸나이	2,613	1,348	31,196	6.99
5	아흐메다바드	1,803	3,461	24,006	5.38
6	하이데라바드	3,457	512	18,981	4.25
7	콜카타	1,229	418	5,850	1.31
8	찬디가르	618	303	2,393	0.54
9	코치	257	152	2,373	0.53
10	자이푸르	363	88	2,048	0.46

인도중앙은행(2019년 9월 기준)

다. 인도시장 조사

인도시장을 조사하는 방법으로서 여러 가지가 있으며, 경험자의 의견을 토대로 정리하면 다음과 같다.[10]

첫째, 신문 및 잡지이다. 일간지로는 타임즈오브인디아, 힌두스탄 타임스, DNA 등이며, 경제지로는 이코노믹스, 비즈니스 스탠더드, 파이낸셜 크로니클, 파이낸셜 익스프레스, 민트, 파이낸셜 타임스, 월스트리트저널, 닛케이 아시아리뷰 등이다. 잡지로는 인디아 투데이, 비즈니스 투데이, 아웃룩, 기타 관심 분야 전문잡지를 들 수 있다. 또한 인터넷을 활용하는 방법으로는 인도연방 및 주 정부 사이트, 구글 등 관련 사이트를 검색하는 것이다.

둘째, 전문조사기관과 컨설팅 업체를 활용한다(삼일회계, 삼정 KPMG, 딜로이트 안진, 어니스트앤영 등).

셋째, 무역 및 통상 전문기관, 연구단체(코트라, 한국무역협회, 대외경제정

---

10 『코끼리에 올라타라』, 이콘, 신시열, pp. 227-244에서 요약 발췌.

책연구원 인도남아시아팀, 인도연구원, 인도상공회의소, 인도산업연합 등)와 금융기관(수출입, 신한, 우리, 국민, 기업, 농협 등), **정부기관**(한국관광공사, 수출보험공사, 양국 외교부 및 대사관, 영사관, 코리아 플러스 등)을 통해서도 유용한 정보를 구할 수 있다.

넷째, 현지를 방문하거나 국내에서 직접 조사하는 방법으로서 세미나, 콘퍼런스, 전시회, 박람회에 참석하는 것이다(코트라, 무역협회, 주한 인도상공회의소, 지자체, 인도연구원 산하 인도비즈니스포럼 등).

벵갈루루

부록 II

2대 신화와 축제 및 자띠 운영체계

1. 인도의 2대 신화

가. 라마야나(라마의 여정)

라마야나는 방랑시인 발미키가 지은 것으로 AD 4세기경 현재 모습을 갖춘 것으로 보며 7편 2만 4천 시절(詩節, 1시절은 16음절의 2행시)로 이루어져 있다. 줄거리는 다음과 같다.

악마왕 라바나가 천상계를 유린한다. 비슈누 신은 이를 구하고자 코살라국 다사라타왕의 장자 라마로 태어난다. 라마는 아름다운 시타와 결혼하고 왕위를 약속받지만 자신의 아들을 후계자로 삼으려는 둘째 왕비 케이케야의 계략으로 숲으로 쫓겨나 아내 시타, 동생 락슈마나와 함께 유배생활을 한다. 다사라타왕은 슬퍼하다 숨을 거둔다. 악마왕 라바나가 시타를 납치하여 란카섬으로 데려가자 라마는 원숭이장군 하누만의 도움으로 치열한 전투 끝에 구출한다. 라마는 귀환하여 왕위를 계승한다.

이후 시타의 정절을 의심하는 백성의 소리를 듣자 라마는 불의 시련을 통해 아내의 순결을 밝힐 때까지 시타를 거부한다. 시타는 결백을 입증하려 불길 속으로 몸을 던져 목숨을 끊는다.

(여기에서 다른 문헌에 의하면 다음과 같은 스토리가 추가된다. 불의 신 아그니가 불꽃으로부터 황금빛 몸을 드러내 불길 속으로 몸을 던진 그녀를 구출해 라마에게 데려간다. 결백이 증명되었지만 수년 뒤에도 계속되는 험담으로 그녀는 절망에 빠져 눈물을 흘리며 대지의 여신인 어머니를 찾아간다. 시타는 밭고랑을 의미한다. 어머니 여신은 시타를 무릎에 앉힌 뒤 어리석고 의심 가득한 사내들로부터 멀리 떠난다).11

라마야나는 통치자의 도리(라마), 부부애(시타), 형제애(락슈미나), 충성심(하누만) 등 인간의 보편적인 행동규범을 제시한다. 라마는 고난을 이기고 용맹하며 다르마(신성한 의무)를 충실히 이행함으로써 비슈누의 화신으로 간주되며 라마신으로 추앙받는다.

인도 고전 문학 중 라마야나에서 따온 것이 많고 북인도의 람릴라 연극, 남인도의 카탁 춤, 자바섬의 인형극 형태로 전수되며 주변국에 널리 전파되어 있다.[12]

나. 마하바라타(위대한 바라타족의 이야기)

마하바라타는 일리아드와 오디세이를 합친 것의 몇 배에 해당하는 분량으로 고대 인도의 전설과 풍습과 특징들이 무수히 담겨 있다. 델리평야의 영토권을 두고 사촌 간인 쿠르족과 반두족이 벌였던 전쟁이야기가 실려 있다. 동족임에도 불구하고 18일간 투쟁을 벌이며 반두족이 승리하는 내용이 주절이다.

BC 4세기-AD 4세기에 걸쳐 현재의 형태를 갖춘 것으로 18편 10만 시절의 대작이다. 인도인들의 윤리와 사상에 커다란 영향을 미치며 다양한 인물의 등장과 사건 전개로 인도 고전문학에 많은 소재를 제공한다. 인도사회의 종교, 철학, 법률, 정치, 경제, 사회제도, 윤리, 역사 등을 다루는 백과사전 같다.

치열한 전쟁에서 반두족이 승리하지만 결국 천계를 향해 간다. 승자도 결국 패자와 같다는 것을 보여줌으로써 해탈과 적정(寂靜: 번뇌, 괴로움이

---

11 앞의 책, 스탠리 월퍼트, 이창식·신현승 역, pp. 74-76.
12 라마야나는 남쪽으로 자바, 말레이시아, 태국, 베트남, 캄보디아, 라오스 등에서 번안되고 극화, 무용, 그림자극에도 등장한다. 북쪽으로 티베트, 중국 등에 전해지며 중국 육도집경, 잡보장경 등 불전류에 수록된다(스토리텔링으로서 인도신화, 송정란, 건양대 공연미디어학과 교수). 태국에서는 1789년 쿠데타로 차크리 왕조를 연 라마 1세에 의해 '라마키엔(라마의 영광이란 뜻)'이 편찬됐다. 왕족 출신이 아니라 중국계 혼혈이던 그는 새 왕조의 정당성 확보 및 왕권 강화를 위해 '라마'를 왕명으로 삼았다(서울대 아시아연구소 김영선 객원연구원).

없는 경지)을 보여준다. 반두족의 영웅 아르주나가 동족 간의 투쟁에 대해 번민에 빠지자 전차의 마부 크리슈나(비슈누 화신)가 멘토링하는 내용이 전개된다. 크리슈나는 아르주나에게 전사로서의 의무를 상기시키고 개인의 이해보다는 신에 대한 믿음으로 자신의 임무를 수행하는 것이 더 높은 가치임을 일깨워준다. 주절은 전체의 1/5이며, 신화, 전설, 설화 등이 삽입되어 있다.

마하바라타는 인간의 도덕적인 문제와 신의 속성과 신을 알아가는 길을 다루며, 삶의 목적과 방법에 대한 담론과 수 세대에 걸친 경험과 종교적 사고가 융합되어 있다. 마하바라타에 나오는 아름다운 연애스토리와 기구한 운명의 날라왕, 정숙한 아내를 그린 사비트리 등 여러 주제들이 주변국에 널리 보급되었다.

바가바드 기타(약칭: 기타)

마하바라타 제6편에 전쟁이 시작되기 직전에 삽입된 짤막한 문답 형식의 바가바드 기타(의미: 축복받은 신의 노래)가 유명하며 요체는 다음과 같다. "우주와 사회는 하나의 유기체로 맞물려 조화를 이루어야 한다. 이를 위해 질서 체계와 윤리규범이 필요하며 자연 속 모든 존재가 본분을 다해야 한다. 개인은 주어진 의무를 철저히 실천해야 하며(가족 부양, 학생시절 공부, 기업 경영 등), 실천과정에서 사색, 철학, 지혜, 절제, 평정심, 절대자에 대한 사랑 등이 필요하다."13

바가바드 기타는 현세나 내세에서 해탈에 이르는 두 개념을 제시하고

---

13 바가바드 기타는 현실의 삶을 인정하면서 이를 초월하는 가치를 추구하는 방법을 제시하고 있다. 마하트마 간디는 이를 적용하여 비폭력투쟁 등 헌신적인 삶을 살았으며 독립을 앞두고 종교 갈등, 유혈충돌을 막기 위해 현장에 뛰어들었다. 서구 지성인에게 많은 영향을 주었으며, 1785년 찰스 윌킨스가 번역하여 유럽에 전파하였고, 괴테, 쇼펜하우어, 소로우, 니체, 훔볼트가 자신들의 사상에 반영하였다. 훔볼트는 바가바드 기타를 알게 해 준 신에게 감사한다고 하였다 (경북대 임승택).

있다. 첫째, 헌신을 의미하는 박티이며, 둘째, 업의 수행을 의미하는 카르마 요가이다. 박티는 헌신적인 비슈누 숭배로 이어지면서 일반 서민들에게 호소력을 발휘해 왔고, 카르마 요가는 엘리트 계층(전문가, 경영인, 관료 등)의 리더십에 영향을 주었으며 영국 식민통치에 저항하는 사상적 기반이 되었다.

카르마 요가에 의한 규율에 따르는 행동방식은 인도의 다양한 분야의 전문가들에게 긍정적인 효과를 가져다주었다. 이를테면 의무이행을 위한 아르주나의 사심 없는 헌신을 본받아 능률적이고 침착한 측면이 형성되었다. 업무 수행 과정에 집중하고 결과에 초연하는 이들의 태도는 현대 인도의 경제, 정치, 안보의 중요 메시지가 되고 있다.[14]

인도 지도자들은 이것이 찬란한 고대 인도문명의 유산임을 자랑스럽게 생각한다. 하지만 독립 이후 지금까지 최악의 반사회적 행위를 정당화시키며 폭력을 거리낌 없이 행사하는 데에도 사상적 기반이 되고 있어 위험하고 골치 아픈 존재로도 작용하고 있다.

모디 총리는 바가바드 기타를 '인도의 가장 큰 선물'이라고 하며 이에 담긴 인도정신을 강조한다. 2014년 9월 일본 거주 인도인들에게 연설하면서 아키히토 일왕에게 선물했으며, 이보다 더 값진 것이 세상에 없다고 강조했다. 같은 해 미국 백악관 만찬에서 오바마 대통령에게 '간디의 바가바드 기타'를 선물하였다.

바가바드 기타에 나오는 한 구절을 인용하면 다음과 같다. "행동 그 자체에만 정성을 쏟으라. 그 열매는 기대하지 말고 배운 대로 행동에 옮기되, 집착하지 말고 성공이나 실패에 초연하라."

다. 2대 신화에 대한 인도인들의 인식

인도인들은 누구나 2대 신화에 대해 친숙하다. 유대인의 탈무드처럼

---

14 앞의 책, 스탠리 월퍼트, 이창식 · 신현승 역, pp. 146 – 152 참조.

인도인의 삶과 밀접하며 신앙, 교훈, 가르침 등의 원천이자 정신적 바탕
이다. 2대 신화는 힌두교의 경전에 가깝고 등장인물이 힌두교 사원에 모
셔져 있다.

낭송, 연극, 방송 등을 통해 재연되고, 종교적 편협성을 넘어 문화유산
으로 받아들여지며 문화 원형으로서의 보편성은 인도사회를 통합할 수
있는 해결책의 하나이다.15

인도 국영방송 두르다르산에서 1987-1988년 라마난드 사가르 감독의
78부작 TV 라마야나가 방영되었고, 1988-1990년 초쁘라 감독의 94부작
TV 마하바라타가 방영되었다. 이를 통해 힌두민족주의에 대한 인도인의
높은 호응도를 끌어냈으며, 2020년 코로나 사태로 록다운 기간 동안 TV
라마야나가 재방되어 80% 이상의 시청률이 지속되고 4월 16일 시청자수
가 7천7백만 명에 달함으로써 세계기록을 세웠다.

2. 인도의 축제

인도는 가족 중심사회로서 가족은 결혼식, 명절, 집안행사 등을 통해
결속한다. 더 큰 가족 개념인 공동체는 모임과 축제 등 공동체 행사를 거
행한다. 지역별, 계절별, 종교별로 화려하고 큰 축제가 매월 전국적으로
열린다.

인도 전역에서 똑같이 중요성을 갖는 축제는 없다. 디왈리는 북부에서
인기지만 남부에서는 별다른 동요 없이 지나간다. 힌두교에서 찬미하는

---

15 모디 총리는 2017년 1월 한 그림전시회에서 "라마는 악한 존재 라바나를 물리
   쳐서가 아니라 가난하고 힘없는 약자들을 포용하고, 그들도 승리할 수 있다는
   확신을 심어줌으로써 위대한 존재가 되었다. 라마는 유배 생활을 하면서도 가치
   와 이상으로 가득한 삶을 살았고 우리에게 휴머니티라는 교훈을 가르쳐주었다"
   라고 칭송했다. 정치인들은 자신들의 입지 강화를 위해 2대 신화의 소재를 자신
   에게 유리하도록 최대한 활용한다.

축제가 이슬람교에서는 환영받지 못하거나 이와 반대의 경우도 있다. 같은 날의 축제조차 지역마다 다른 의미를 가진다. 월별 대표 축제는 다음과 같다.[16]

1월

인도에서는 다양한 새해를 맞이하므로 새해 전날에 별다른 의미를 부여하지 않는다. 힌두교 새해는 4월, 디왈리의 회계연도 첫째 날은 10월이다. 동남부지역 타밀나두에는 14-15일경 퐁갈이라는 추수감사 축제를 지낸다. 첫날에 악령을 집 밖으로 몰아내 거대한 횃불 위에 태운 후 대청소와 함께 집을 희게 칠하고 억새로 지붕을 잇는다. 다음 날 새 옷을 입고 새 냄비에 새로 추수한 쌀, 원당, 뭉달, 캐슈넛과 건포도를 넣어 특별 요리를 만든다. 사탕수수 줄기 껍질을 벗기고 달콤한 즙이 나오도록 씹는다. 셋째 날은 소를 씻긴 후 쿰쿰이나 심황 가루를 발라 장식하고 사원에 데려가기도 한다. 이 지역에 진출한 우리기업(현대차, 삼성전자, 협력업체 등)은 선물을 통해 관계처와 유대를 강화하고 있다.

공화국의 날(1월 26일, Republic day)에는 모든 주의 수도에서 경축하며 델리의 의식이 가장 화려하다.[17] 이른 아침 연방 정부기관이 밀집된 시내 중심 Vijay Chowk 일원의 군악대 퍼레이드를 보도록 의자를 비치하고 입장권을 판다. 해질녘에 분홍빛 사암으로 된 대통령 관저 앞 낙타부대 연출 장면은 장엄하고 감동적이다.

또한 인도 추수를 기념하는 가장 오래되고 다채로운 마카프 산크란티 축제가 열린다. 불운한 시기의 끝이자 성스러운 단계의 시작을 기원하는 의미가 담겨 있다.

---

16 앞의 책, 기탄잘리 수잔 콜라나드, 박선영 역, pp. 108-115 참조.
17 네루가 작성한 푸르나 스와라지(완전한 독립) 결의문이 1929년 국민회의 의원들에 의해 채택되고 1930년 1월 26일 국민회의 첫 번째 강령이 되며 1950년 이후 공화국의 날로 불리고 있다.

2-3월

힌두력 2-3월에 바산트와 북부 인도에 봄이 도착한다. 라자스탄과 구자라트에서는 홀리 축제를 즐김으로써 겨울이 끝난 것을 축하한다. 홀리는 봄을 맞이하는 축제로서 지역이나 종교에 따라 기간은 다르지만 최소 1주에서 최장 2주까지 개최된다. 여러 색깔의 가루와 물감을 서로 얼굴에 뿌리는 등 색채의 축제로 불린다. 여자들은 남자들과 싸우는 척하고, 하시시(인도 대마초 마약)를 우유에 타 마시고 취하기도 한다. 남녀노소 누구나 전통에 따라 뿌리는 다양한 색깔의 가루와 물세례 공격을 받는다. 통제되지 않는 상황으로 치달을 수 있어 도심 축제보다는 파티 같은 모임에 가는 게 낫다.

거리에 나가려면 낡은 옷을 입고 온갖 색깔의 가루와 물을 뒤집어 쓸 각오를 해야 한다. 이 축제는 전파력이 있어 해외에서도 열리며 우리나라는 한국체류 인도인들의 주관으로 3월에 해운대에서 열린다.

3-4월

자이나교 마하비라 탄신일, 힌두 신 라마 탄신일 기념축제(라마 나바미), 기독교 성 금요일은 국경일이며 종교공동체에서 기념한다. 편잡 등 북부 지역에서는 4월 중순경 수확을 즐기는 바이사키 축제가 열린다. 바이사키 축제는 시크교도 위주로 진행되는 축제로 우리의 설날과 유사한 형태를 띠고 있다.

4-5월

힌두교 새해는 바이사키의 달에 시작하며 북인도와 타밀나두 전역에 기념 축제가 열린다. 케랄라의 투라추어에는 웅장한 축제 푸어람을 치른다. 코끼리들에게 화려한 문양을 그려 넣고 장식하여 최면성 북소리와 음악에 맞추어 종일 행진한다. 축제는 새벽 불꽃놀이로 막을 내린다.

5-6월

석가탄신일 붓다 푸르니마는 힌두교 음력 보름에 열리며 그의 탄생, 득도, 열반을 기념한다.

6-7월

콜카타, 푸리, 하이데라바드 등지에서 힌두교 전통축제 라트 야트라가 열린다. 우주를 다스리는 신 자가나트가 1년에 한 번 전차를 타고 외출하는 것을 기념하여 자가나트 신의 형상을 세운 이륜 전차로 도시를 누빈다. 또한 크리슈나가 어린 시절 집을 떠나 고쿨라의 목동과 함께 마투라까지 모험하여 마투라의 왕과 싸워 이긴 것을 기념한다. 오리사 주 푸리에는 4천 명이 끌어야 겨우 움직이는 거대한 전차를 동원한다.

7-8월

몬순18은 그 자체만으로도 행사이다. 남서지방 고아에서는 몬순파티를 기념한다. 마디아프라데시에 있는 사막 도시 만두는 우기에 아름답다. 사막지방 라자스탄 주에서도 나무에 그네를 매달고 춤추고 노래하며 티즈 축제를 벌인다.

북인도 전역에서는 락샤반단 축제를 벌이는데 형제자매 간의 우애를 기리는 축제이다. 여자 형제가 심황으로 염색한 면이나 비단과 장신구로 보호한다는 의미의 끈 라키라는 팔찌를 만들어 남자 형제들의 오른쪽 손목에 감아주고 남자 형제들은 선물로 답한다. 이들이 반드시 혈연관계는 아니다. 독립기념일(8월 15일)은 영국 마지막 총독 마운트 바튼이 인도 초

---

18 계절을 뜻하는 아랍어 mausim에서 유래된 몬순은 대륙과 해양의 온도차이로 반년을 주기로 방향이 바뀌는 계절풍이다. 6−9월 히말라야 산맥을 넘어 만년설의 습기를 머금은 바람과 인도 남서쪽으로부터 인도양의 습기를 머금은 바람이 만나 강력한 강우전선을 만든다. 연 3m 이상의 강우량은 홍수, 기근, 수백만 명의 이재민으로 이어지며 인도인들의 운명론적 태도의 원인으로 지적되기도 한다.

대 수상 네루에게 권력의 이양을 기념한다. 총리는 올드 델리 붉은 성에서 연설한다.

8-9월

비슈누 신의 10 화신 중의 8번 째로 인간의 형상으로 땅에 내려온 신이 크리슈나이다. 힌두교에서 가장 유명한 그의 탄생일을 공휴일로 하고 크리슈나 잔마슈타미 축제가 전역에서 열린다. 수많은 군중이 운집하여 인간 피라미드를 쌓는다. 9월 보름에는 뭄바이, 마하라슈트라, 카르나타카, 텔랑가나 등의 지역에서 가네샤 차투르티 축제를 벌인다. 코끼리 머리를 하고 장애를 제거하며 배가 불룩한 가네샤 신의 탄생을 경축하며 잔치를 벌인다. 단 것을 즐기는 가네샤가 좋아하는 모다크19를 준비한다.

뭄바이에서는 열흘간 종교 의식을 올리고 '가네샤 차투르티' 축제를 연다. 격렬한 북소리에 맞추어 무용수들이 분위기를 고조시키며 수백 개의 가네샤 상을 들고 반나절 동안 아라비아 바다까지 행진 후 물속으로 뛰어드는 것으로 마무리된다. 축제기간 중 곳곳에 분홍색 가루가 뿌려진다. 케랄라 주에서는 8월 중 수확을 즐기는 축제로 오남 축제가 큰 규모로 열린다.

9-10월

신화 속의 신들을 기리기 위해 인도 전역에서 열흘간 각각의 축제를 벌인다. 북인도에서는 라마신이 악마왕 라바나에게 승리한 것을 기리기 위해 람 릴라 축제를, 남인도에서는 차문데쉬와리 여신이 소머리를 한 악마왕 마히샤수라에게 승리한 것을 기념하여 두쎄라 축제를 벌인다. 또한 힌두교 여신들을 기리는 나브라트리 축제가 개최되며 약 9일간의 축제기간에 여성은 금식을 하며 여신들을 숭배한다.

---

19 쌀가루를 공 모양으로 빚어 그 속에 달콤한 코코넛을 넣은 음식.

10-11월

5일간 열리는 디왈리(또는 디파발리) 축제는 한 해의 마지막 수확을 기념하며 람 릴라에 이은 빛과 꽃의 향연이다(빛의 날로도 불림). 디왈리(燈明際)는 산스크리트어 '빛의 행렬'이라는 뜻으로 힌두교 최대 축제이며 라마신의 오랜 망명 끝에 왕권의 회복을 기념한다. 부의 여신 락슈미와 가네샤에게 감사의 기도를 올리고 더 큰 행운을 가져와 달라고 빈다.

악마 라반을 물리치고 왕국으로 귀환하는 라마신이 길을 찾도록 집집마다 진흙으로 만든 기름등을 밝힌다. 집 안팎을 오색찬란한 조명으로 장식하고 폭죽을 터뜨린다. 신이 쉽게 찾아오도록 자신의 위치를 알리려 함이다. 크리스마스처럼 선물을 교환하고 쇠붙이로 된 물건을 선물한다. 업체들은 할인행사 등 판촉활동을 벌이며 가전제품, 자동차, 일반 소비재의 매출이 40-50%가량 증가한다.[20]

11-12월

인도 북서부 라자스탄 주의 한적한 마을 푸쉬카르는 힌두교 성지이며 사막지역답게 11월에 낙타축제가 열리며 낙타콘테스트, 낙타레이스 등 다채로운 행사가 개최된다. 라자스탄 사막과 파키스탄과 인접 도시 제살메르의 낙타사파리는 널리 알려져 있다.

강력한 태양, 사파리 도중 만나는 산양 무리, 별이 초롱초롱한 사막의 밤하늘은 평생 추억이 된다. 11월과 12월 보름에 사막 부족사람들과 낙타 상인들이 가축매매를 위해 인산인해를 이루며 이십만 명 이상 순례객과 관광객들이 모인다.

티루바이야루에는 음악가와 애호가들이 위대한 '카르나틱 음악' 작곡가 티야가라지 생일 축제에 몰려든다. 카르나틱 음악은 남인도 대표음악이며 인도 남동쪽 카르나타카 주에서 시작되었다.

---

20 조선경제 B8면 2019. 9. 16.

쿰브멜라 축제

2017년 유네스코 무형문화유산으로 등재된 축제로 전 세계 힌두교 신자 및 여행객 1억 명 이상 참여하며, 강물에 몸을 담그는 의식을 통해 영혼의 정화와 구원을 기원한다. 힌두신화에 의하면 우유의 바다를 휘저어 만든 불로장생의 약 '암릿'을 차지하기 위해 천신(deva)과 악마들(asura) 간 투쟁 중에 '암릿' 네 방울이 각각 네 군데의 강에 떨어졌으며, 이 네 군데에서 쿰브멜라 축제가 각각 열린다. 사람들은 여기에서 몸을 씻으면 축복과 구원을 받는다는 믿음으로 몇 달간의 여정에 참여한다.

개최 장소 네 군데는 ① 하리드와르(갠지스강), ② 프라야그라지(갠지스강, 야무나강, 사라스와티강의 합류지역), ③ 나식(고다바리강), ④ 우자인(시프라강)이며 12년마다 개최한다.

단, 개최장소 네 군데 중에서 하리드와르와 프라야그라지에서는 6년마다 개최되는데 이는 중간에 '아르다 쿰브멜라'를 개최하기 때문이다('아르다'는 절반이라는 의미). 2019년 초에 열린 프라야그라지의 쿰브멜라는 여기에 해당된다.21

쿰브멜라 축제

---

21 쿰브는 항아리, 멜라는 축제를 뜻한다. 프라야그라지는 '세 개의 강이 만나는

개최지별 순서가 있고 시차가 있어 전국적으로 2-3년마다 개최된다. 시기는 힌두력과 목성, 태양과 달의 위치를 보아 결정하며, 하라드와르 3-4월, 프라야그라지 1-2월, 나식 8-9월, 우자인 4-5월경이다.

숙소, 교통, 치안, 위생, 안전, 여성보호 등 대규모 편의시설 운영을 위해 많은 인력이 동원된다. 인도정부는 경기부양의 기회로 삼고 정치인들은 홍보의 상으로 활용한다.

2019년 1월 15일부터 3월 5일까지 49일간 인도 북부 우타르프라데시주 프라야그라지(옛 지명: 알라하바드)에서 열린 쿰브멜라 축제에 총 2억 4천만여 명의 순례객이 방문하였다. 여기에서 수백만 명이 한꺼번에 강물 속에 잠기는 보기 드문 장관을 연출하였다.

축제 마지막 날인 3월 4일에도 1천만 명 이상의 순례객이 강물에 몸을 담그며 죄를 씻어내는 의식을 치렀다. 입수 행사 등 공식 일정은 4일 마무리되고 5일에 폐막이 선언되었다(매일종교신문 2019. 3. 5.).

3. 자띠 운영 시스템

인도 경제를 지배하는 계층인 패밀리 비즈니스 커뮤니티인 자띠는 같은 업종의 사람들이 단합하여 강한 영향력을 발휘하는 일종의 정서적 조합으로서 가족과는 다른 개념이다. 쉽게 말해 자기가 속한 상인카스트를 자띠라 부른다. 자띠는 공동목적을 우선시하며 사업 확장과 다변화가 최대 목적이다. 시골의 소매상인, 대금업자들도 대부분 상인카스트이며 현금을 매개로 마을 경제의 중개자 역할을 하고 있다.

곳'이라는 뜻의 트리베니상감(Triveni Sangam)이라 불리며 가장 성대하게 개최된다. 프라야그라지의 이전 명칭은 알라하바드였으나 어원이 이슬람이라 2018년 10월 개명하였다. 산스크리트어 프라야그는 신성한 장소라는 뜻이다(인사이드 인디아, 2019년 1-2월호, 포스코경영연구원 김용식 수석연구원). 인도 초대 수상 네루의 유해는 델리의 샨티 가트(평화의 계단)에서 화장되고 재는 딸 인디라 간디에 의해 가장 성스러운 장소인 이곳 프라야그라지의 강물에 뿌려졌다.

지역별로는 서부 라자스탄 주에 뿌리를 둔 마르와리 상인, 자이나교를 신봉하는 제인 상인, 중서부 구자라트 주의 구자라트 바니아와 보라 상인, 편잡 주의 펀자비 힌두 카트리, 남인도 타밀나두 주의 체티아, 남인도 안드라쁘라데시 주의 코마티, 뭄바이의 파르시 등이 있다. 이 중에서 마르와리 상인은 인도 내에서 영향력이 큰 비즈니스 패밀리이며 인도 전역의 유통망을 장악하고 있다. 따라서 마르와리 상인들이 어떠한 시스템으로 자띠를 유지하는지 살펴보자.

마르와리 상인은 인도 서부 라자스탄지역의 마르와르, 준주누라는 작은 도시에서 시작하여 콜카타로 확장한 다음에 뭄바이로 진출하였다. 마르와리 상인들은 이름을 보면 대개 알 수 있다. 아가르왈, 오스왈, 마헤시와리, 두가르, 뽀르왈, 칸델왈 등이다.

원거리까지 교역하는 상인들은 원활한 교역을 위해 여러 가지 보호 장치가 필요했다. 먼 거리 지역에 장기 출타할 경우 가족들을 보호할 울타리(가족 간 유대)가 필요하고 상인 자신도 가는 곳마다 같은 커뮤니티의 도움을 받는다면 안심하고 교역에 전념할 수 있다. 이처럼 상인계층은 대가족시스템이나 상호부조제도를 철저히 시행해 왔다. 원거리 지역에 바사(basa)를 설치하여 집단 주거 및 급식이 가능하고 비용은 상호부조 또는 먼저 온 마르와리 상인이 부담한다.

이들은 커뮤니티 내 신용대출시스템을 운영한다. 필요시 현금을 신속히 동원하면 큰 거래를 성사시킬 수 있다. 전화 한 통화로 자금을 빌려주거나 빌릴 수 있고 밤중에도 상호 융통해 주는 시스템을 가지고 있다. 철저한 신용을 바탕으로 하므로 계약서가 없어도 된다.

같은 커뮤니티 내에서 결혼하므로 친척이라는 의식이 형성된다. 그렇지만 신용을 지키지 않으면 공동체 구성원으로 행세할 수 없다. 돈을 빌렸다가 실패하면 평생 걸리더라도 갚는다.

공동체는 자신의 보호막인 동시에 자신도 공동체를 위해 헌신한다. 사업에 실패해도 공동체에서 가족을 보살펴주며, 자신의 빚을 갚기 위해 평생을 바치는 것은 공동체를 위한 희생으로 여기고 감수한다. 마르와리는 다른 카스트보다 더 효율적으로 시스템을 운용하고 있다. 신용을 바탕으로 한 대출과 공동체가 보호막이 되는 보험 제도를 최대한 활용한다.

신용을 무엇보다 중히 여기는 마르와리가 인도의 최고 비즈니스 패밀리로 자리 잡게 된 점은 시사하는 바가 크다. 여기에서의 마르와리의 신용은 공동체 내의 신용을 말하며 외국인과의 거래에서 신용을 지킨다는 의미와는 차이가 있다.

마르와리 상인이 소매금융업에 많이 진출해 있고 인도 기업 상당수가 그룹 내 파이낸싱 회사가 있는 것은 이러한 전통에 기인한다. 단기대출이 많고 이자율도 높은 편이다.

마르와리 상인들은 합리적이고 치밀하게 계산하며 외부인을 잘 믿지 않는다. 그러므로 우리가 이들과 거래할 때는 우리 측도 치밀하게 계산하고 허점을 드러내서는 안 된다. 이들과 마음을 터놓는 친구가 되기는 어렵지만 이들은 계산이 정확하고 이익이 된다고 생각하면 언제라도 거래 관계를 유지하고자 한다.[22]

---

22 앞의 책, 이운용, pp. 176-202 참조.

영국의 지배 공과(功過) 및 유산

1. 영국지배의 공과

영국이 인도에 기여한 것 중 가장 중요한 것은 인도인들을 하나의 국민으로 만들어주었다는 사실이다. 20세기 초까지만 하더라도 인도인들조차 인도라는 개체가 존재하지 않는다는 인식을 가졌다. 인도는 영국지배 하에 통일감을 경험하고 하나의 민족으로 탄생하였으므로 인도인들은 영국에 대해 심각한 미움을 느끼지 않을지도 모른다.

독립 직후 친영 언론인 차우드후리는 "우리 안의 훌륭하고 활기찬 것은 영 제국에 의해 만들어지고 자극받았다"고 하였다. 영국은 지배 초기에 인도의 문화를 존중하고 인도의 나쁜 관습(사띠 등)을 폐지하려고 노력하였다.

영국의 인도지배 유산은 긍정적인 면과 부정적인 면이 공존한다. 의회 민주주의, 자유선거, 기독교 윤리, 법치주의, 자유경제체제, 집회와 표현 및 사상의 자유 등을 뿌리내렸다. 영국식 교육, 과학기술도 명백하다. 철도, 항구, 우편시설, 전보 등 기간산업을 구축하였다. 1852년 시작된 우편 전신서비스와 철도망은 분열되어 있던 인도인들의 의식을 하나의 민족의식으로 통합시키는 계기를 마련해 주었다. 아울러 보통법 체계, 사유재산권 보호로 시민의 권리와 자유를 확보하는 데 기여하였다. 그러나 인종주의적 편견으로 인도인들의 자존감을 크게 손상시켰다.

영국의 제도가 정상적으로 이식된 곳에서는 긍정적 효과가 부정적 효과보다 크다. 그럼에도 영국인들의 인종주의적 시각 때문에 문명화 노력은 처음부터 한계를 가지고 있었다. 그렇지만 많은 연구자들이 주장하듯이 영국식민주의는 다른 제국들보다 더 나은 유산을 남겼다는 말에는 동의하는 사람들이 적지 않다.

미국 루즈벨트 대통령의 미망인 엘레나 루즈벨트는 인도 독립 몇 년 후 인도방문 소감을 밝혔다. "인도인들의 영국인들에게 대한 친밀감은 불만을 압도한다. 영국인들의 좋은 행동을 기억하고 나쁜 행동은 넘어가는 경향이 있다. 오늘날 영국인들은 인도에서 상당한 인기를 누린다."

영국의 마지막 인도 총독 마운트배튼 경[23]이 1979년 영국에서 IRA 폭탄 테러로 쓰러졌을 때 인도 의회는 추도하기 위해 정회에 들어갔다. E. M. Forster는 "동서양이 만나 친구가 되려면 많은 시간이 필요하다. 간극은 빠르게 좁혀진 것처럼 보인다"고 하였다.[24]

2. 영국 내 인도의 위상(位相)

영국정부는 2020년 8월 영국 리시 수낙 재무장관(인도계 이민 3세)의 건의로 간디기념주화 제작을 검토하고 있다. 영국의 4대 핵심장관인 재무, 외무, 내무, 국방장관 중 재무, 내무장관 두 자리가 인도계이며 기업부장관도 인도계이다. 하원에 인도계 의원이 10명이 넘는다.

재무장관 리시 수낙은 영국에서 가장 인기 있는 정치인이며 미래의 총리감으로 지목받고 있다. 그는 지적인 신세대라는 느낌을 주며 옥스퍼드대를 나와 미국 스탠퍼드대에서 경영학 석사를 받고 골드만삭스 등 투자은행 업계에 종사하다가 35세에 하원의원에 당선하여 정계에 진출하였다.

영국 산업계에서는 IT, 금융, 통신 산업의 힌두자형제, 부동산재벌 루벤형제가 활약하며 선데이타임즈가 발표한 영국 최고의 부자명단에 올라

---

23 인도에서 영국 왕을 대신하는 지위의 사람을 부왕(viceroy)이라고 하며 마운트배튼 경은 부왕의 지위에 있었다.

24 앞의 책, 박지향, pp. 255-286.

있으며 각각 약 160억 파운드(25조 원) 재산을 갖고 있다. 영화 알라딘의 주연 나오미 스콧 등의 배우, 모델, 가수, 코미디언, 앵커들이 50여 명이 넘는다.

인도계가 영국에서 약진하는 이유는 영국지배로 이질감이 적고, 영국식에 가까운 영어를 구사하며, 인도인들이 1, 2차 대전에 영국군으로 참전하였고, 크리켓 등 영국문화를 즐기며 다방면의 전문 고급인력이 많다는 점이다. 2019년 영국통계청은 영국 내 인도인의 시간당 임금이 13.47파운드(약 2만 천 원)로 백인 12.03파운드(약 1만 9천 원)보다 높다고 발표했다.25

인도건국 지도자들은 영국 식민시대의 핵심 잔재, 즉 영국이 이식한 영어인 힝글리시(힌디＋잉글리시)와 크리켓을 국가통합 유산으로 승계했다. 크리켓 국제대회에서 인도가 영국을 이길 때 인도의 전 국민은 환호하고 통합된다. 힝글리시 인구가 잉글리시 인구를 압도할 것이란 전망도 나온다.

인도가 경제대국이 되면 힝글리시가 국제 표준이 될 수 있다. 영자신문 타임즈오브인디아는 구독자가 3백만 명으로서 세계 최대의 부수를 자랑한다. 영국 식민 잔재가 오히려 다민족, 다종교, 다언어 국민을 결합시키고 있다.

90분간 이어진 모디 총리의 인도 독립 70주년 기념연설은 과거를 탓하지 않고 인도의 자랑과 미래의 설계가 주류를 이루었다. 모디 총리는 2020년 8월에 중국과의 국경분쟁을 의식해 인도의 주권 존중이 최우선이라 했고 여당은 스와라지 정신, 야당은 중국과의 국경분쟁에서 희생된 장병에게 경의를 표했다.

3. 영국의 유산 스포츠, 크리켓

크리켓은 인도에서 가장 인기 있는 스포츠이며 세계적인 명성을 얻고

25 조선일보, 손진석 파리특파원 보도, 2020. 8. 4.

있다. 세계 최대의 크리켓 경기장이 인도에 있다. 크리켓은 11명의 선수로 구성된 두 팀이 벌이는 야구 비슷한 구기종목이다. 3개의 기둥에 가로장을 얹은 위켓을 두 곳에 설치하고, 공격 측에서 2명의 타자가 나와 위켓 앞에 선다. 타자는 투수가 던지는 공을 노처럼 생긴 배트로 받아 친 후 반대쪽 위켓으로 달려간다. 수비가 공을 포수에게 던지거나 위켓을 맞춰 가로장을 떨어뜨리기 전에 타자가 위켓에 닿으면 1짐을 얻는다. 파울볼이 없고 360도 공격이 가능하다.

5일간의 테스트크리켓 매치기간 동안 범국민적인 관심이 지대하다. 스마트폰의 보급 이전 최근까지의 상황을 떠올려 보면 크리켓에 대한 인도 국민들의 열광이 어느 정도인지 짐작이 간다. 경기 기간 내내 크리켓 화제로 꽃을 피운다.

특히 파키스탄과의 경기 시 TV주변으로 사람들이 몰려 업무가 마비된다. TV를 보지 못할 사정이면 점수를 확인하려고 집으로 계속 전화한다. 상점 주인은 줄곧 라디오를 듣거나 TV를 보며 손님에게는 신경 쓰지 않는다. 경기장 입장표를 구하려는 사람들로 교통이 마비된다. 낮에는 점수 파악에 온통 관심이 집중되고 밤에는 크리켓 선수들을 대접하기 위해 축제를 벌인다.

인도와 파키스탄이 경기할 때는 인도 거주 무슬림들은 파키스탄에 지원금을 보내기도 하고 경기 결과에 따라 폭동이 발생하기도 한다. 뭄바이가 가장 격렬하다. 열성팬들은 크리켓 선수들을 우상화한다.

4. 영국의 유산, 인도식 영어

영어는 인도 사회 전체를 연결시키며 비즈니스, 과학, 언론, 법률 등 모든 분야에서 사용된다. 더욱이 인도 지역언어 특성이 영어에 반영되어 인도식 영어 표현이 다채롭다. 저자는 옥스퍼드대 연수 시절에 인도인들이 구사하는 영어를 처음 접했으며 영국인들은 이들과 자연스럽게 대화를 이어가는 모습을 경험하였다.

인도인들의 영어구사력은 뛰어난 것으로 이미 정평이 나 있지만 인도식 영어는 모국어의 영향을 받아 강한 억양, 상투적 표현, 낯선 숙어, 오래된 문어체를 과장되게 사용한다. 인도의 특징적인 발음, 문법, 관용적인 표현이 발달되어 표준 영미식 영어를 사용하는 사람들에게는 거의 외국어처럼 느껴질 정도이다.

인도인들이 지역별로 달리 구사하는 구어체 영어를 살펴보자.

펀잡지역은 "룸 서비스를 원하십니까?"를 "Ju bant room saarbees?"라고 할 것이며,

타밀나두지역은 "계란을 충분히 드셨습니까?"를 "You yate yenup yeggs?"라고 물을 것이다.

straight, spin, school을 어떤 지역에서는 estrait, espin, eskool로 발음하지만 다른 지역에서는 satarait, sapin, sakool로 발음한다.

그리고 고풍스러운 문어체를 선호한다. 예컨대 '죽음' 대신에 '슬픈 종말', '축하'를 '행운으로 생각한다'라는 식이다. 인도의 모국어는 경어와 존칭이 복잡하다. 따라서 인도인들이 영어로 작성하는 편지나 연설문도 화려하고 미사여구가 많으며 격식을 차리고 정중한 표현을 사용한다. 예를

들면 다음과 같다.

'당신의 충실한 종(Your obedient servant)',

'부디 필요하고 도움이 되는 일을 하시기 바랍니다(Kindly do the needful)',

'10월에 참석하셔서 자리를 빛내주시면 대단히 감사하겠습니다(Grace the auspicious occasion with your October presence)',

'인사와 함께 큰 절을 올립니다(Salutations and prostrations)' 등이다.

그리고 고마운 일이 있든 없든 간에 마지막 표현으로 '감사를 드립니다(Thanking you)' 또는 '넘치는 감사의 말씀을 올립니다(Profusely thanking you)' 등으로 끝맺는다.

또한 인도 현실에 맞는 그들만의 영어가 있다. 가격 표시 물품이나 서비스 대가로 지불할 때 in white라 하고, 신고하지 않고 정상가격보다 더 받으면 black money라 한다. 검은 돈, 흰 돈으로 계산하는 것이 당연시되며 집세 등 일상거래까지 확대되면서 자연스러운 거래방식이 되었다.

공항에서 직원이 Please 같은 말을 생략하고 '거기 줄 서', '여권 줘'라고 해도 무례한 의도가 아니다. 인도어에는 부탁할 때 덧붙이는 단어가 없고 동사 자체에 정중한 뜻이 있다. 따라서 번역가들이 인도 언어를 번역할 때 애를 먹는다.

업무 서한에 '감사합니다'로 끝내면서 일상에서는 '감사합니다'라는 말을 거의 쓰지 않는다. 자신의 다르마(의무)에 따른 행동이라 여기기 때문이다. 선물 주는 행위 자체가 보답이다. 선물 주는 사람도 받는 사람만큼 이득을 얻는다. 누가 누구에게 감사해야 하는가. 진정으로 감사를 표시할 경우에 "만수무강하세요"로 대신할 것이다.26 인도인의 높은 영어구사력 배경에 대해 p. 175에 설명되어 있다.

---

26 앞의 책, 기탄잘리 수잔 콜라나드, 박선영 역, pp. 118-123.

부록 Ⅳ

주가드 혁신 및 현지어 인사말과 숫자 개념

1. 주가드 혁신

의미 및 원리

주가드 혁신을 알면 인도인들의 사고방식을 이해하는 데 도움이 된다. 주가드는 '혁신적인 해결방안, 영리함과 독창성에서 비롯되는 즉흥적인 해결법'을 뜻한다. 부족한 환경에서 현명하게 대처하고자 하는 인도인의 독특한 사고방식과 행동을 말하며 다음과 같이 여섯 가지 원리로 구성된다.

(1) 역경 속에서 기회를 찾는다(Seek Opportunity in Adversity)

(2) 작은 자원으로 더 많은 일을 한다(Do More with Less)

(3) 융통성 있게 생각하고 행동한다(Think and Act Flexibly)

(4) (문제를) 단순화시킨다(Keep it Simple)

(5) 주변 사람(소외계층)을 포함시킨다(Include the Margin)

(6) (본능과) 마음이 가는 대로 따른다(Follow your Heart)

미티쿨

주가드 혁신으로 개발한 제품 중에 미티쿨(미티는 흙을 뜻함)이 있다. 점토로 제작한 냉장고로서 전기 없이 작동된다. 미티쿨 내에 섭씨 8도가 유지되는데 섭씨 45−50도까지 올라가는 무더위에 전력이 부족한 환경에서 안성맞춤이다.

고교를 중퇴한 만수크 프라자파티는 2001년 지진 때 주민들이 냉장고 대용 점토항아리가 깨져 불편해하는 모습을 보고, 점토 항아리 내 음식보관 원리를 발견하고 이를 적용하여 미티쿨을 만들었다. 즉 미티쿨 위에 비치한 용기에 물을 넣으면 미티쿨 벽면을 타고 물이 내려오면서 증발열을 빼앗아가 실내를 시원하게 유지하는 것이다.

풍력터빈

다른 사례로서 섬유회사 수즐론의 창업자 툴시 탄티가 풍력터빈을 개발한 것이다. 그는 공장 운영비 중 전력비가 절반 가까이 차지하여 전력비 절감이 시급하였다. 다각도의 노력 끝에 풍력터빈을 개발하여 전력비를 대폭 절감하고 이를 기회로 1만 3천 명의 근로자를 고용하는 대기업으로 성장하게 되었다.

신개념 자전거 및 나노승용차

그 외에 비포장도로에서 앞바퀴에 가해지는 충격을 뒷바퀴의 동력으로 변환시켜 더 빨리 달리도록 만든 카낙 다스의 신개념 자전거, 타타 그룹의 나노승용차도 주가드 혁신 사례로 꼽힌다.[27]

2. 현지어 인사말

북인도에서는 손바닥을 모으고 인사하는 나마스테(또는 '나마스카르')는 '안녕하세요'와 '안녕히 가세요'를 모두 뜻하는 대표적 인사말이며, 타밀나두에서는 '워너껌'이라 한다. 헤어질 때 손님은 '뽀이 워루기렌(나중에 다시 오겠습니다)'이라 말하고 주인은 '뽀이 워룬갈(다음에 다시 오세요)'이라고 답한다.

27 주가드 관련 참고 서적으로는 2012년 발간된 『주가드 이노베이션』(2015년 번역서 출간)과 2014년 발간된 『검소한 혁신: 어떻게 최소의 자원으로 최대의 가치를 창출하는가』가 있다.

힌디와 우루두어, 타밀어는 글자로 표현할 수 없는 더 많은 소리가 담겨져 있다. 음역으로 인도 말을 정확하게 표현하기가 어려우므로 원음에 가깝도록 발음을 도와주는 원어민이 있으면 효과적으로 배울 수 있다.

힌디의 인사말과 답례: 나마스테, 나마스카르(당신을 존경합니다).

무슬림의 인사말과 답례: 살람 알레이쿰(평화가 함께 하기를), 바알레이쿰 살람(당신에게도 평화가 함께 하기를)

시크교도의 인사말과 답례: 사트 스리 아칼(진실은 영원합니다), 아치치하아(그렇죠. 알겠습니다. 좋아요), 티이그 헤(됐습니다. 좋습니다. 알겠습니다).

3. 인도 수학 발달배경과 인도식 숫자 개념

인도에서 수학이 발달한 배경에는 힌두교의 여러 철학 학파 중 바이세시카(Vaisheshika, 개별속성)학파의 영향이 크다. 이 학파의 주장은 "모든 자연은 불멸의 각각 다른 원자들로 구성되어 있으며, 이 다른 원자들은 서로 결합함으로써 물질이라 불리는 수많은 다른 실체들이 형성 된다"는 것이다. 그리고 이원론에 의해 세상을 '영혼'과 '다른 모든 것'으로 구분했다. 여기에서 브라마(Brama)라는 특정한 신이 등장한다. 그는 시간 주기가 시작될 때마다 최초로 원자를 움직이고 또한 수백만 년 후 시간 주기가 끝날 때 만물을 파괴하고 원래의 원자로 되돌린다는 것이다.

이 학파의 이론을 바탕으로 인도에서 전통적으로 주요한 과학이론이 정립되었고 인도가 수학을 비롯하여 다른 과학 분야에서도 앞서가는 나라가 될 수 있었다. 현대에 이르러서도 이러한 전통은 그대로 남아 순수 과학 분야에서도 인도에서 노벨 수상자들이 여럿 배출되는 배경이 되고 있다.

인도의 계산단위 락(lakh)은 십만, 끄로르(crore)는 천만을 나타낸다.

서양은 3자리씩 끊어 천(thousand), 백만(million), 십억(billion)으로 표기하고, 한국, 중국은 4자리씩 끊어 만, 억, 조로 표기하며, 인도는 5자리 또는 7자리로 끊어 락 또는 끄로르라 표현한다. 예컨대 3억 5천7백9십만 (357900000) 이란 숫자를 읽는 방법은 다음과 같다.

서양은 357,900,000으로 끊어 357million 900thousand라 읽고

한국과 중국은 3,5790,0000으로 끊어 3억 5,790만이라 읽고

인도는 3579,00000로 끊어 3579락(lakh) 또는

35,0000000로 끊어 35끄로르(crore)라 읽는다.

기초 힌디 숫자는 다음과 같다.

엑(1), 도(2), 띤(3), 짜르(4), 빤츠(5), 체(6), 쌉(7), 아트(8), 노(9), 더스 (10), 비스(20), 띠스(30), 짤리스(40), 빠짜스(50), 사ー트(60), 사따르(70), 아씨(80), 나베(90), 쏘(100), 락(십만), 끄로르(천만)

인도의 한류 열풍과 산업 효과

2천 년대 초반 인도 북동부 지역에서 시작된 한류가 점차 확산되고 있다. 2012년에 설립된 주 인도 한국문화원(뉴델리 소재)에서 매년 천여 명의 인도인에게 한국어, 태권도, K-pop 댄스, 한국 전통문화를 가르치고 있으며, 글로벌 OTT(Over-the-Top, 인터넷을 통하여 방송 프로그램, 영화 등 미디어 콘텐츠를 제공하는 서비스) 이용 확대로 한류에 대한 관심이 증가하고 있다.

코트라는 팬클럽, SNS 사이트 등의 조사를 통해 열성 한류 팬이 최소 27만 명 이상인 것으로 추정하며, 실제로는 훨씬 많을 것으로 보인다. 2013년 주 인도 한국문화원이 개최한 K-pop 콘테스트에 37명이 참가했으나 지금은 연례행사가 되었으며, 2019년에는 15개 주에서 3,475명이 참가해 약 100배 정도 확대되었다.

1. 주요 콘텐츠는 TV 드라마와 영화

한류를 이끄는 주요 콘텐츠는 TV드라마와 영화이다. 2014년 디디바르티(DD Bharti) 채널이 방영한 '허준'은 약 3,400만 명이 시청하였고, 2017년 지진다기(Zee Zindagi) 채널이 방영한 '태양의 후예'는 약 5,600만 명이 시청하였다. 타밀나두 주의 푸투유감(Puthuyugam) 채널은 2017년부터 한국 주요 드라마를 K-시리즈로 방영하였다.

2020년 인도 내 코로나19 봉쇄조치로 한국 드라마 관심이 더욱 높아졌다. 2020년 4월 인디아 투데이지가 2018년에 인도에서 방영된 한국 드라마에 대해 보도하였으며 전국 봉쇄기간 중 방영된 한국 드라마들이 인도 내 드라마 인기 순위에 진입하면서 한류에 대한 관심이 더욱 증가했다고 분석하였다.

인도 유력 매체 리브민트(Livemint)는 2020년 7월에 한국 콘텐츠에 대한 관심이 높아진 배경으로 인도 젊은이들이 인도 문화와 한국 문화의 유사성을 발견하고 한류 콘텐츠의 현대적 감각에 매료되었다는 점, 그리고 글로벌 OTT 서비스가 긍정적 효과를 가져다주었다고 보도했다. 한국에서 방송되는 드라마가 거의 실시간으로 인도에서 방영되고 심지어 해외 드라마 중 유일하게 인기 순위에 오르면서 디쉬 TV는 한국드라마 단독 서비스(Korean Drama Active)를 시작하였다.

또한 한국 영화 리메이크도 증가하고 있다. 2016년 상영된 '로키 핸섬'은 한국 영화 '아저씨'를 리메이크하여 350만 달러의 수익을 올렸고, 사르만 칸이 출연한 '바랏'은 '국제시장'을 리메이크한 것으로 4,700만 달러의 수익을 창출했다. 그 외에도 '악마를 보았다', '엽기적인 그녀', '세븐 데이즈', '몽타주' 등의 다양한 한국 영화가 리메이크하여 개봉되었다.

2. 한류 확산으로 주목받는 한국 제품은 뷰티제품과 식품

한국 화장품은 인도 젊은 층에 인기가 높으며, 상대적인 고가임에도 품질을 인정받아 수요가 증가하고 있다. 현지 매체 The Economic Times지는 인도 K-Beauty 시장이 2019-2024년 연평균 8.5% 성장할 것으로 전망하였으며 현지 패션산업 매체(India business of fashion report, 2018)는 2022년 K-Beauty 시장규모를 1억 달러로 전망했다.

인도 주요 화장품 판매점 Nykaa는 온라인 플랫폼 내 한국화장품 전용관을 개설해 이니스프리, 에뛰드 하우스, 이츠스킨, 토니모리 등 약 30개의 한국 제품을 홍보하고 있으며 전체 스킨케어 매출의 15%를 차지할 정도로 높은 성장세를 보이고 있다. 또한 Nykaa 공식 유튜브는 아홉 단계의 한국인 스킨케어 따라 하기 콘텐츠를 게시해 2020년 8월 기준 조회수 75만을 기록하고 있다.

2020년 8월 기준 5만 4천 여 명의 구독자를 보유하고 있는 유튜버 '콜미 페리'의 '불닭볶음면 챌린지(Fire Noodle Challenge)' 조회 수가 370만을 넘어섰다. 이후 다수의 유튜버에게 확산되면서 현지인들의 한국 식품에 대한 관심도가 높아지고 있다.

2019년 한국의 면류(HS Code 1902) 인도 수출은 전년대비 98.6% 증가한 129만 달러였다. 2018년에는 전년대비 238.0% 증가한 64.9만 달러를 기록하는 등 2017년부터 크게 증가하면서 2016년 8위 수출국에서 2017년 7위, 2018년 5위, 2019년에는 3위를 기록하였다. 또한 두유, 김 등 다양한 한국 건강식품 및 간편식도 인도시장에 진출하고 있다.

3. 한국 문화 및 제품 인지도 제고

아시아 국가 중 상대적으로 늦게 한류를 받아들인 인도이지만 인도 교육부가 2020년 7월, 28년 만에 개정한 인도 교육과정에서 한국어를 제2외국어로 채택하는 등 한류에 관심을 보이면서 한국 제품의 시장전망은 긍정적이다.

온라인 식품 배달업체 그로퍼스에 따르면 전국 봉쇄기간 동안 즉석식품과 냉동식품 매출이 각각 170%, 41% 급증하였다. 온라인 식품 배달업체 니어 스토어의 창업자인 아시쉬쿠마르는 냉동식품과 가정 간편식(ready-to-eat meal, home meal replacement), 밀키트(at-home meal kit) 등 안전성과 편의성을 갖춘 식품에 대한 수요가 증대될 것으로 전망했다. 이는 포스트 코로나 시대에 검증된 품질의 한국 식품이 다가갈 수 있는 좋은 기회이다.

4. 한국산 소비재 인도 진출

2020년 3월 인도 전역 봉쇄조치 이후 다양한 온라인 유통 플랫폼을 이용한 제품 판매가 급속히 증가하고 있으며 또한 인도 소비자들의 프리미엄 제품에 대한 요구가 커지고 있다. 따라서 한국산 소비재의 인도시장 진출을 적극 모색해야 하며 이를 위해 코트라 등 관련 기관의 다양한 지원 사업을 활용할 필요가 있다.

한류 콘텐츠 관련 OTT 서비스를 통해 인도 진출을 계획하고 있다면 인도 내 검열 규정 등 산업 특성을 고려해야 한다. 인도 관련기업 단체인 인도 인터넷모바일협회(IAMAI)는 2020년 2월 5일, 기존 규정을 발전시킨 '온라인 큐레이트 콘텐츠 공급자 규정(Self Regulation for Online Curated Content Providers)'을 제정하고 협회 내 자체 감독 기구 DCCCC(Digital Curated Content Complaint Council)를 발족해 규정을 위반하는 업체에 대한 제재 조치를 강화했다.

해당 규정에 따라 OTT서비스 내 동영상의 경우 인도를 모욕하거나 인도 정부, 기관 등을 상대로 테러나 폭력을 부추기는 콘텐츠는 검열 결과에 따라 방영 불가 조치를 받게 된다(오윤식 코트라 인도 뉴델리무역관, 2020. 8. 18.).

한국과 인도 간의 경제현안 자료수집 기관

　한국과 인도 간의 무역, 투자, CEPA, 기타 협정 등에 관한 정보를 수집하려면 아래의 대표적인 기관을 참고하면 편리하다.

코트라 www.kotra.or.kr
한국무역협회 www.kita.net
대한상공회의소 www.korcham.net
대외경제정책연구원 m.kiep.go.kr
주한 인도대사관 www.indembassyseoul.gov.in
주 인도 대한민국대사관 overseas.mofa.go.kr
수출입은행 m.koreaexim.go.kr

[저자 소개]

안세영

파리 유학 시절부터 독특한 역사와 문화를 가진 베트남에 매료된 국제협상전문가이다. 베트남과 투자지원, 교육협력 등 다양한 분야에서 협상을 하며 베트남과의 협상전략에 대한 연구를 하였다.

서강대학교에서 국제협상을 가르쳤으며, 독일, 일본 등에서 다문화협상(cross-cultural negotiation)을 강의하고, 국내에서는 삼성, SK, MBA, 최고경영자 과정 등에서 특강을 하였다.

또한 한국가스공사 등에서 비즈니스 협상을 자문하는 일을 하고, 박영사의 『글로벌협상전략』 등 여러 권의 협상 서적을 출판하였다.

주요경력

행정고시 17회 / 서울대학교 국제경제학과 / 해병 중위 예편 / 파리 P. 소르본느대학 국제경제학 박사 / 통상산업부, 대통령 경제수석실 / 서강대학교 국제대학원장 / 통상교섭민간자문회의 위원장 / 한국협상학회 부회장 / 하와이 동서문화센터 · 일본 와세다대 초빙교수

김형준

뒤늦게 인도의 역사와 문화에 심취하여 인도 마니아가 된 김형준 교수

고려대 경영대학에서 경영학을 전공한 경영학 석사로서 SK그룹 임원 재직 시 해외 여러 나라와 에너지 트레이딩 및 투자협상 등 다양한 국제협상 경험을 쌓았다. 특히 인도 릴라이언스 계열사와 중국 광동성 투자공사와 투자협상을 추진한 바 있다. 이러한 경험을 토대로 외대 및 광운대에서 글로벌 협상전략을 가르쳤으며 많은 기업체에 특강을 실시하였다.

미국 국제경영대학원에서 비교문화와 국제협상에 대해 공부한 김형준 교수는 다문화 협상전략(cross cultural negotiation)의 중요성을 실감하고 있으며 우리가 단일민족, 단일언어, 단일문화에 속하고 있다는 것이 국제 협상에서는 오히려 장애요인이 될 수 있음을 간파하였다.

이에 따라 협상 상대국가의 사람들이 우리와 비슷할 것이란 생각은 애당초 접어야 하며 그들의 독특한 문화배경 즉 역사, 언어, 종교, 종족, 상관습 등을 먼저 이해하고, 협상상대방의 특성을 파악한 다음 이에 맞게 대응해야 함을 강조한다.

아울러 기업체 컨설팅과 교수신문 칼럼니스트로 활동한 바 있으며 현재 한국코치협회 감사로서 코칭산업의 발전을 위해 헌신하고 있다. 코칭과 협상은 경청과 질문이 핵심이란 점에서 공통점을 지니고 있으므로 코칭분야에서도 이번 저서가 많은 도움이 되기를 기대하고 있다.

포스트차이나시대, 뉴비즈니스파트너
베트남, 인도와 협상하기

| 초판발행 | 2021년 1월 5일 |
| 중판발행 | 2022년 2월 10일 |

| 지은이 | 안세영·김형준 |
| 펴낸이 | 안종만·안상준 |

편 집	황정원
기획/마케팅	정연환
표지디자인	박현정
제 작	고철민·조영환

펴낸곳	(주) **박영사**
	서울특별시 금천구 가산디지털2로 53, 210호(가산동, 한라시그마밸리)
	등록 1959. 3. 11. 제300-1959-1호(倫)
전 화	02)733-6771
f a x	02)736-4818
e-mail	pys@pybook.co.kr
homepage	www.pybook.co.kr
I S B N	979-11-303-1165-4 93320

copyright© 안세영·김형준, 2021, Printed in Korea

정 가   14,000원